扶贫第一书记

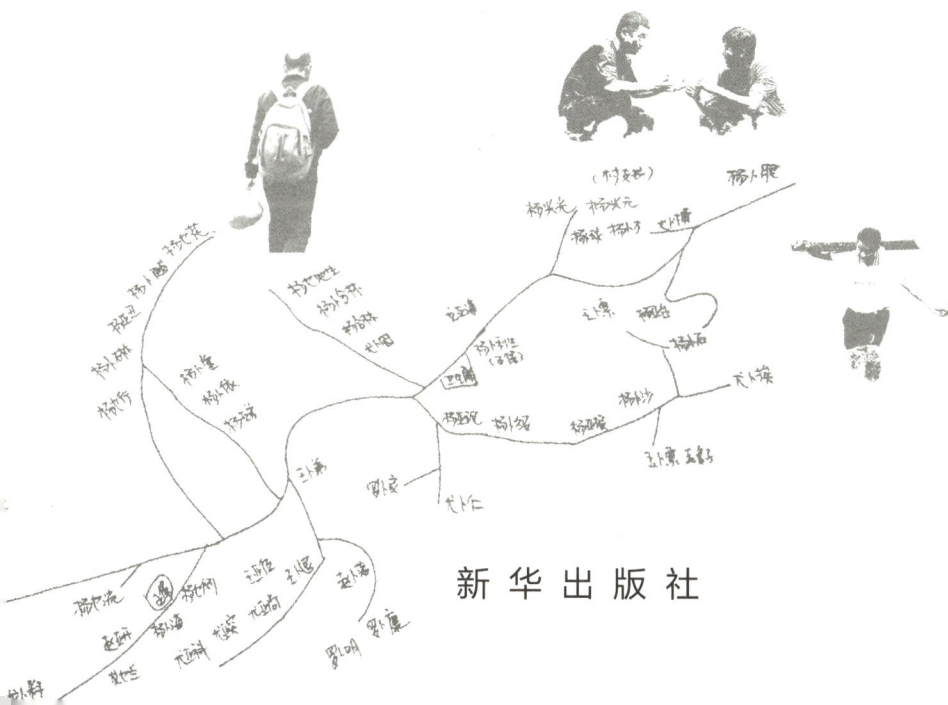

『扶贫第一书记』编写组 编

新华出版社

图书在版编目（CIP）数据

扶贫第一书记 / 《扶贫第一书记》编写组编. -- 北京：新华出版社, 2020.9

ISBN 978-7-5166-5322-7

Ⅰ.①扶…　Ⅱ.①扶…　Ⅲ.①扶贫－先进工作者－先进事迹－中国　Ⅳ.①D263

中国版本图书馆CIP数据核字(2020)第165933号

扶贫第一书记

编　　者：《扶贫第一书记》编写组

责任编辑：张　谦　　　　　　　　　封面设计：今亮后声

出版发行：新华出版社

地　　址：北京石景山区京原路8号　　　邮　　编：100040

网　　址：http://www.xinhuanet.com/publish

经　　销：新华书店、新华出版社天猫旗舰店、京东旗舰店及各大网店

购书热线：010－63077122　　　　中国新闻书店购书热线：010－63072012

照　　排：六合方圆

印　　刷：三河市君旺印务有限公司

成品尺寸：170mm×240mm

印　　张：27.25　　　　　　　　　字　　数：400千字

版　　次：2020年11月第一版　　　　印　　次：2020年11月第一次印刷

书　　号：ISBN 978-7-5166-5322-7

定　　价：78.00元

序 言

第一书记和他们奋斗的新乡村

    有一种"第一"代表着使命与担当，诠释出责任与坚守，这个"第一"就是驻村第一书记从外乡人变成贴心人，他们访民情、问民需、解民忧，初心使命变得很具体，建强组织，抓好队伍。系统完善、务实管用的村级管理运行机制在他们的帮助下，建立并运转起来：挖掘本地优势资源、发挥派出单位优势、吸引社会力量参与扶贫，他们帮助任职村建起可持续的脱贫产业，改善贫困地区基础设施和生活条件，提高村民文明素质和村庄文明程度，他们深刻改变着贫困群众的生存状态和生活方式。

    有这样一群人，告别城市、远离家人，驻扎在最贫困的基层；

    有这样一群人，不是村干部，却扛起了村干部的担子，忙碌在田间地头；

    有这样一群人，称呼不小，责任很重，心里装满的是贫困户的大小事……

    他们就是包括驻村第一书记在内的驻村干部。作为组织力量在乡村社会的直接嵌入，他们是活跃在脱贫攻坚战场上的"排头兵"，也是联结脱贫攻坚与乡村振兴的重要实践力量。

    目前，全国共派出 25.5 万个驻村工作队，累计选派 290 多万名县级以上党政机关和国有企事业单位干部到贫困村和软弱涣散村担任第一书记或驻村干部。

    贴心人、领头雁、主心骨……人们给了他们太多称呼。在全国广大农村地区，包括驻村第一书记在内的驻村干部，用行动和担当诠释着中国共产党人的初心与使命。

他们推开群众家门、打开群众心门，真心实意为民办事服务；协调与村两委的关系，建强基层组织，推动乡村治理水平提升；挖掘本地优势资源，吸引社会力量参与扶贫，有力推动精准扶贫；带来新鲜的想法和先进理念，助力激活乡村优秀传统文化……

在小村大变样的路上，一笔笔宝贵财富就这样被带来、留下，再传承。

一面旗帜：初心使命变得很具体

"上头把'提秤的人'给我们派下来了。""提秤的人"，是山西大同天镇县下天村村民对村里第一书记的称呼。

下天村曾是个典型的贫困村，交通不便、靠天吃饭，2014年建档立卡时，全村90户246人中贫困户就有61户142人，贫困发生率高达57%。2015年，扶贫工作队到来后，变化发生了。

"短短几年改变了几百年的村貌，村巷改造了，道路修通了，杂粮加工厂建起来了。"下天村的老支书对工作队驻村深有感触："没有他们，还真不行。"

第一书记等机关干部驻村帮扶工作制度，是我们党领导农村工作的光荣传统和成功经验，是改革开放的制度成果。党的十八大以来，中央提出精准扶贫精准脱贫方略，向着最后的贫困堡垒发起总攻，以第一书记为代表的驻村干部成为千千万万个突击队长。

脱贫攻坚，说起来震撼，做起来日常；说起来宏大，做起来琐碎。为了千金重诺，自2015年开始，我国大规模选派机关优秀干部到贫困村担任第一书记。他们来自不同行业，却怀揣同一颗初心，从西南到东北，从大漠到深山，奔赴中国最贫瘠的土地。

初来乍到，外乡人如何变成贴心人？

访民情，他们走村入户，带着一颗真心投入驻村工作。

到安徽金寨县大湾村采访，为了找到第一书记余静，记者有时得翻山越岭，追到丛林深处贫困户的天麻地上；有时要钻进猪圈，她正和老乡商量养殖项目；有时得来到贫困户家的厨房，她正一边帮忙生火，一边算着脱贫账。

为帮助这个贫困发生率曾超过20%的穷山村脱贫，余静访遍了全村37

个村民组。一次次敲开贫困户的家门，也敲开老百姓的心门。在村民张邦若心里，"这个女娃比俺亲闺女还亲"。

问民需，他们肯下"笨功夫"，定要摸清群众心思和贫困症结。

江西吉安永新县禾川镇汴田村驻村第一书记吴页宝，有一本厚厚的民情笔记本，里面密密麻麻地记录着村里每一位贫困户的家庭情况和致贫原因，以及急需解决的事项。问起村情村貌和村民情况，他都如数家珍。

解民忧，他们直面事关群众切身利益的问题，做守信重诺的有心人，办好群众期盼之事。

安徽临泉县韦寨镇柘树庄村第一书记陈孝谋，来自中国科学技术大学附属第一医院。为了解决贫困户就医看病难题，他确立了健康扶贫主攻点。驻村三年，协助 200 余位患者异地治病，为 23 位老人集中免费进行白内障康复手术，为 53 位残疾人评残定级争取政策补贴……

第一书记手中，一头是国家政策，一头是群众利益。他们将党和国家的意志，通过言语行动，化为关爱百姓的无数涓滴小事。扶贫政策千头万绪，从精准识别、建档立卡到衣食住行、医疗、教育，从产业发展、移民搬迁到生态补偿、兜底保障……一桩一件都要经过他们不折不扣地精准落实。

"铁肩担道义、为民谋福利"，这是河北阜平县骆驼湾村村民为驻村工作队员送上的锦旗。工作队来到这个九山半水半分田的穷山窝后，开民宿搞旅游，发展黑猪养殖，引来光伏树项目。2019 年底，仅黑猪养殖村里就实现纯利润近 40 万元，全村分了 9000 多斤猪肉，平均每个村民分到了 15 斤。分肉那天，村民们扭着秧歌，送来了锦旗。

第一书记、驻村干部为贫穷山村带来了好作风，带动村里更多党员干部想方设法为民服务。

在河北大名县宋尧村，"推一推、动一动"的懒人风气一去不返，村干部主动参与商量项目谋发展；在宁夏银川丰登镇和丰村，看到第一书记罗延华抗疫冲锋在前，村里 3 名老党员自发成立志愿服务队："我们也要为群众服务。"

"过去，觉得初心是梦想、是信念。现在，是一件件小事，它是泉坪村还没有完成的道路维修，是贫困户赵淑清家的安全饮水，是残疾人厚永发的医疗救助，是低保户杨跟明的危房改造，是使命，是担当。"甘肃定西内官营镇泉坪村第一书记刘文祥的心里话，也是290多万名第一书记、驻村干部的共同心声。

建强堡垒：夯实乡村治理根基

要让村子发展起来，让村民过上好日子，首先得让党旗高高飘扬，让党员干部的精神振作起来。

驻村后，摸情况、捋思路，不少第一书记很快发现，贫困的原因有很多种，但党组织不给力、村两委不团结、班子软弱涣散、办事没章法、工作缺制度、干部不担当，是最主要的制约因素。

到陕西延安延川县永坪镇黄家圪塔村任职第一书记没多久，田婷就和村支书吵了一架。她发现，有的已退出贫困行列的村民，还要求领取养殖发展扶持资金。而个别村干部怕得罪乡亲，遇到评低保、发补助就往后躲，久而久之，班子愈加不团结、不担责。

田婷决定从机制上解决这个问题。她找村干部一一谈心，完善村务公开、重大事项决策制度。之后遇到类似问题，村干部广泛征求群众意见，召开村民大会集体决策，并做好政策解读、信息公开等工作，得到了村民们的认可。

和田婷一样，建强组织，抓好队伍，是多地第一书记打响的第一场硬仗，也是解决村里各种问题的"牛鼻子"。他们着力化解村两委之间的矛盾，把大家拧成一股绳；抓住换届契机，选优配强村两委班子；帮村里建立标准规范的制度机制；着力挖掘培养有前途的年轻后备力量……强组织、严制度、改作风，在多地农村，系统完善、务实管用的村级管理运行机制建立起来、高效运转，村两委工作走上正轨，曾软弱涣散的基层组织变得运行规范、团结有力，党员大会、群众代表大会的功能发挥出来。

"长远来看，村庄的发展还要靠本土村干部。"河南栾川县冷水沟村党支部书记杨岳说。不少驻村干部注意为当地村干部"搭梯子"，让村两委班子特别是支部书记站到前台、成为主角。

过去，安徽颍上县吴寨村没有生产性企业，贫困发生率高达14.6%。扶贫队队长姚洪章发现，村干部不愿走村入户，老百姓指指点点，严重阻碍了发展。

姚洪章将党组织活动规范起来，带着党员干部加强学习，帮助班子成员提升能力。这个过去多年没得过荣誉的村党支部，近几年先后获得"先进党组织""五星级标准化规范化党支部"等荣誉称号。村里党员干部的带头意识被唤醒，组织有了组织的样子，群众就逐渐聚拢起来。

第一书记、驻村干部还带来了新视野、新方法，从易到难帮助村干部锤炼实战能力，解决政策不熟悉、扶贫办法少、想干不会干等问题。

年轻、干劲足、脑子活络，是陕西汉中城固县上元观镇新元村群众对26岁的第一书记余艺璇的评价。新元村是劳务输出村，全村1219名村民中有500多人常年在外务工。余艺璇建起外出务工人员微信群，把村民连在线上，把服务放到网上。群众要领取外出务工交通补贴，在微信群里就可以传资料，由干部代办。新方法帮助村干部把细碎烦琐的村务打理得井井有条。

激活乡村振兴源头之水，培养激发基层党组织活力的生力军，是第一书记建强基层堡垒的着力点。

陈孝谋所在的柘树庄村党员年龄偏大，学历低。怎么办？扶贫工作队"激活存量"，推动村两委完成换届选举，并加强干部后备力量培养，发展党员，为党组织注入新鲜血液。

余艺璇则选择"引进增量"，邀请村里因疫情未返校的大学生当志愿者，参与村务工作。"希望他们熟悉农村、热爱农村，日后有机会通过'三支一扶'回到农村效力。"余艺璇说。

帮钱帮物，不如帮助建一个好支部，给村里留下一支不走的工作队。村里的党支部自身过硬了，基层组织强了，说话就有人听，办事就有人跟，脱贫攻坚就有干劲、有奔头。

授人以渔：打造富裕乡村

拔穷根、真脱贫的关键在于是否有产业支撑。

江西南昌南新乡九联村靠近鄱阳湖，村里有养鸭子的传统，但村民习惯把鸭蛋直接卖给菜贩子，不仅价格低，还时常面临滞销风险。

驻村后，第一书记应文伟张罗着提升附加值。他召集村民组建种养专业合作社，统一收购、包装鸭蛋、大米、茶油、鲫鱼等农特产品，又打通销售渠道，直接把土特产卖到城里人的餐桌上。今年前几个月，合作社销售额达 70 多万元。产业发展带动了村集体经济增收，2019 年村集体收入达到 15 万元。

在任职村，多地第一书记想方设法挖掘当地资源，因地制宜发展特色产业，逐步拉长产业链条和价值链条。可持续发展是扶贫产业的生命力所在。提高产业扶贫质量和效益，关键要在"精准"上做文章。

编写管理技术要点、制定出一整套产业提升计划；引进特早熟品种，带动群众给果树做高接换头；在果园里，手把手教橘农修枝施肥……陕西汉中城固县橘园镇李家堡村第一书记罗磊既帮助村里提升改进种植技术，又从有关部门争取到 1.5 万株柑橘苗，在村里新栽补栽。他还动员村里能人成立了柑橘合作社，吸纳了 30 多户贫困户，引入配股分红机制。如今，合作社已分红 2 次，累计分红 4.8 万元。

发展产业还需要动员社会力量。

安徽金寨县大畈村水土贫瘠，村民过去靠种水稻勉强糊口。扶贫工作队队长吴辰华请来安徽农业大学专家为产业发展"把脉问诊"，结合当地高海拔的环境特点，搞起了高山茶叶、高山有机香稻、高山蔬菜等特色产业。2017 年大畈村顺利脱贫出列，2019 年成为安徽第一批美丽乡村重点示范村。

脱了贫，吴辰华又在想更长远的事，"未来扶贫队撤走后，也不能影响村里发展的势头"。如今，他正在依托专家资源为村里制定乡村振兴规划。

发展产业，提升农产品附加值，是脱贫奔小康的第一切入点。但多位受访第一书记说，升级农产品、发展产业的关键在"人"，只有让农业和农民双升级，才能真正摘掉穷帽子。

"要帮助那些'等靠要'的贫困户转变思想，提升主动脱贫的志气，教授脱贫方法。"提升柑橘产业的同时，罗磊更注重给贫困户强信心、传技术。在宁夏吴忠红寺堡区柳泉乡羊坊滩村，第一书记李强办起了英语补习班，希望通过教育帮助村里的孩子们改变命运。

物质脱贫管一时，精神脱贫管长远。发展产业，帮贫困群众鼓起了"钱袋子"；志智双扶，则攻克着贫困户心中的"堡垒"。

移风易俗：绘就美丽乡村

厕所曾是横在大湾村村民心里的一块大石头。

"传统旱厕一口大缸、两块木板，冬天四处漏风、夏天臭气扑鼻。"想起过去的情景，村民余能森仍不禁皱起眉头。

2017 年，金寨县实施改厕工程，一种被大伙称作"三格式"厕所的环保粪污处理装置建设起来；党员干部带领群众打扫房前屋后卫生，清理畜禽粪污，及时清运村组道路、河塘沟渠内的生活垃圾……村里变了模样。

这样的变化正在多地农村发生着。土坯房逐渐被拔地而起的小洋楼取代，用木柴和塑料布围成的脏乱差露天旱厕变成了"净亮美"的冲水厕所，水、电、路、气、网、水利等基础设施建设的覆盖面逐步扩大……村容村貌之变，也改变着贫困群众的生活方式。

美了"面子"，也不能忘了"里子"。在推动贫困群众生活方式由传统向现代转型的过程中，在多地农村，第一书记和驻村干部们立足村庄实际，激活乡村优秀传统文化，培育文明乡风。

在江西寻乌县南桥镇，第一书记与村干部一起，利用农村祠堂、社区、废弃校舍等公共场所，整合村民议事会、道德评议会、禁赌禁毒会、红白理事会的力量，在每个行政村建设社区服务中心，把"四会"统一组建成"村民理事会"，打造农村精神文明建设工作"融平台"。

同时，各村还创新基层治理方式，把村里德高望重、热心公益的"五老"人员选进村民理事会，修订村规民约，制定红白理事会章程。

从摆脱贫困到走向振兴，未来的农村将不再是贫穷与落后的代名词。

以忘我情怀践初心，用宝贵年华赴使命，一批批"第一书记"前赴后继来到中国最贫困的地区，加入脱贫攻坚这场没有硝烟的硬仗。当岁月流逝，越来越美的新乡村会证明，脚底沾满泥土、心中装满乡亲的他们，是一群"最可爱的人"。（《瞭望》新闻周刊记者，执笔：张康喆 参与采写记者：李兴文 范帆 姜刚 陈诺 陈晨 范世辉 杨稳玺）

目 录
CONTENTS

序　言　第一书记和他们奋斗的新乡村·································· 1

第一篇　我们的新长征：用生命坚守初心和使命

芳华无悔

　　——追记用生命坚守初心和使命的青年共产党员黄文秀·············· 2

"接棒"黄文秀的第一书记：代她走完扶贫"长征路"··············10

百坭村的春天···13

战士天职永出征

　　——追记四川达州殉职扶贫干部杨东······························16

一位殉职扶贫干部的驻村日记···18

永不归来的"战士"

　　——追记倒在脱贫攻坚一线的贵州沿河县驻村第一书记文伟红··········21

为了不让一个贫困户落下

　　——追记广西都安县驻村第一书记黄景教··························27

长寄此身在沂蒙

　　——追记山东能源临矿集团驻沂水县沂蒙扶贫"第一书记"刘建光········30

那些奋战在脱贫主战场上的扶贫干部们···································34

三年村干部 一世农村情

　　——记贵州石阡农村扶贫干部……………………………37

163份留任申请

　　——记江西吉安163位主动留任的第一书记 …………42

穷山村来了"富亲戚"

　　——云南驻村第一书记群像扫描………………………45

第一书记扑下身子"挖穷根"

　　——来自辽宁喀左县的扶贫见闻………………………49

春天，一个深度贫困村的特殊"接力"……………………52

从手绘脱贫地图看驻村第一书记李然的"奋斗足迹"……55

河南淅川：一位驻村第一书记的扶贫"三悟"……………57

第一书记的"三不承诺"……………………………………61

20个月，奔走5万公里，更换15个轮胎…………………63

与时间赛跑的极度贫困村第一书记………………………63

中越边境线上的扶贫"追梦人"……………………………67

"货郎干部"扶贫记…………………………………………69

驻村第一书记的12本扶贫日记……………………………73

"脱贫攻坚不获全胜决不收兵"……………………………75

　　——带着母亲儿女驻村扶贫的第一书记………………75

另一种"逆行"

　　——广西5300余名驻村第一书记提前返岗投身"两线作战" …………78

战"疫"冲一线，扶贫力不松

　　——安徽驻村"第一书记"走访速写……………………81

把"最能打的人"放在最需要的地方

　　——聚焦贵州未脱贫县里的"助攻干部"………………84

第二篇 住进村民的心里：用心用情扎下根

"驻村，更要住进村民心里！"

    ——近观海南驻村第一书记……………………………………94

一位深度贫困村第一书记的坚守……………………………………98

驻村第一书记原玉荣：百姓们的"家里人"……………………… 100

"成为村里人，才能得信任"

    ——记陕西省米脂县印斗镇七里庙村第一书记胡鹏……………… 102

以歌交心

    ——"山歌书记"的致富歌…………………………………… 104

"第一书记"房瑞标：吕梁乡亲"最亲近的人"………………… 106

从"被动员"驻村到请缨延任第一书记：2017年全国脱贫攻坚奖获奖者李朝阳… 110

从不信任到事事都找他

    ——贵州80后"博士书记"的驻村帮扶故事…………………… 113

李世杰：北京来的"第一书记"……………………………… 115

贫困村里来了个"画家书记"………………………………… 117

十年九旱之地来了"及时雨"

    ——记辽宁省彰武县哈尔套镇梨树村第一书记吴晓虹………… 119

驻村干部杨海春的"搬迁秘诀"……………………………… 121

"屯溜达"书记的驻村扶贫情………………………………… 123

"退休书记"的扶贫故事……………………………………… 125

辞职副局长当"村官"……………………………………… 127

连续5年为村民拍全家福

    ——一名扶贫干部的除夕……………………………………… 130

"带着"儿女去扶贫………………………………………… 133

驻村第一书记们的别样"春耕"……………………………… 136

第三篇 书记一定有办法：落实政策、发掘资源、培育产业

啃下扶贫"硬骨头"

——重庆中益乡驻村第一书记们的扶贫故事 ·············· 140

驻村第一书记三封"公开信"引来村庄发展"金点子" ·············· 142

大漠小村来了"土豆书记" ·············· 144

换种记——"辣椒之乡"见闻 ·············· 146

第一书记卖米记 ·············· 149

驻村第一书记的"牧草试验田" ·············· 151

"上天入地"也要带领乡亲脱贫

——记广东那毛村驻村第一书记彭彬 ·············· 153

"博士书记"驻村记 ·············· 158

下台村驻村第一书记邓生栋：把产业和经营智慧留在了大山 ·············· 160

扎根贫困藏区的"火炕书记"

——记扶贫驻村第一书记马生君 ·············· 162

"带货书记"的扶贫车 ·············· 165

"圆梦村"里圆梦人

——记福建武夷山大渚村第一书记王丰伟 ·············· 167

"朱大喇叭"吼出脱贫"幸福草" ·············· 169

让乡村振兴插上"数字翅膀"

——全国人大代表王萌萌履职记 ·············· 171

水痴书记"卖水记" ·············· 175

小赵书记有能耐 ·············· 178

驻村第一书记当起"虾农""牛倌" ·············· 181

从深度贫困村到集体经济示范村

——一个石漠化山区驻村第一书记的坚守 ·············· 184

驻村第一书记虎正南：守得花开见民富·····························186

"刷屏书记"的"富民工程"···································188

王立峰：产业扶贫的实干家·································190

驻村书记眼中的西海固山村巨变····························194

用改革之手拔穷根

　　——"第一书记"扶贫"计"···························196

百名第一书记组团进城卖年货································199

脱贫不松劲、发展上台阶

　　——重庆驻村第一书记的新春扶贫事···················200

第四篇　播种希望的人：激发乡亲们脱贫的内生动力

驻村第一书记"年终总结"里的喜与忧·························204

郭若桥：用青春架起大山深处"脱贫桥"·······················206

黄玉印的扶贫"攻心计"····································212

"懒汉庄"改名记··214

云南西盟：驻村第一书记王波的国庆假期······················217

驻村第一书记的"牧草试验田"·····························219

扶贫"新长征"：老区在路上·································221

落后村来了扶贫"亲戚"····································223

"种下稻子数鸭子"：黑龙江贫困山村春耕新事···················226

悠悠药草香　娓娓致富曲··································228

赣南第一书记，助力老区换新颜····························230

扶贫"老兵"驻村五年甘当农民"服务员"·······················232

麻花庄振兴记··235

第五篇　不走的工作队：留下强有力的基层堡垒

扎根农村天地　决胜脱贫攻坚

　　——各地各单位精准选派第一书记抓党建促脱贫攻坚⋯⋯⋯⋯⋯ 240

"夜宿夜访"助脱贫

　　——海南陵水县创新基层党建调查⋯⋯⋯⋯⋯⋯⋯⋯⋯⋯⋯⋯ 244

从软弱涣散到脱贫"领头雁"

　　——一名驻村第一书记与一个后进村党组织之变⋯⋯⋯⋯⋯⋯⋯ 247

一个贫困村"第一书记"驻村后的变化⋯⋯⋯⋯⋯⋯⋯⋯⋯⋯⋯⋯⋯ 250

"京城"来了夏书记⋯⋯⋯⋯⋯⋯⋯⋯⋯⋯⋯⋯⋯⋯⋯⋯⋯⋯⋯⋯⋯ 252

"警察书记"的第三个任期⋯⋯⋯⋯⋯⋯⋯⋯⋯⋯⋯⋯⋯⋯⋯⋯⋯⋯ 256

"诊所书记"高士平：听民意除"顽疾"　开良方治"穷病"⋯⋯⋯⋯ 258

跨省区苗寨的联合党支部⋯⋯⋯⋯⋯⋯⋯⋯⋯⋯⋯⋯⋯⋯⋯⋯⋯⋯⋯ 260

乌蒙彝乡"索玛花"袁博：守初心担使命　带领群众脱贫致富⋯⋯ 262

喇叭响了，人心亮了——黎掌村"变身"记⋯⋯⋯⋯⋯⋯⋯⋯⋯⋯⋯ 265

福建驻村第一书记：既做抗疫"防护者"　又当脱贫"领路人"⋯⋯ 267

选准一个人，撬动一个村⋯⋯⋯⋯⋯⋯⋯⋯⋯⋯⋯⋯⋯⋯⋯⋯⋯⋯⋯ 269

苗山脱贫影像志⋯⋯⋯⋯⋯⋯⋯⋯⋯⋯⋯⋯⋯⋯⋯⋯⋯⋯⋯⋯⋯⋯⋯ 271

这支队伍为什么不能撤?⋯⋯⋯⋯⋯⋯⋯⋯⋯⋯⋯⋯⋯⋯⋯⋯⋯⋯⋯ 282

第六篇　扶贫相册：将青春倾注在祖国广袤的大地上

青春之花绽放脱贫攻坚战场⋯⋯⋯⋯⋯⋯⋯⋯⋯⋯⋯⋯⋯⋯⋯⋯⋯⋯ 286

决战贫困——脱贫路上诠释初心与使命⋯⋯⋯⋯⋯⋯⋯⋯⋯⋯⋯⋯ 290

爬最高的山，啃最硬的骨头

　　——四川凉山坚决攻克脱贫攻坚最后堡垒⋯⋯⋯⋯⋯⋯⋯⋯⋯⋯ 292

在最艰苦的地方，有最温暖的你

　　——安徽省"第一书记"的新春坚守 …………………………………… 294

脱贫战场上的"娘子军" ……………………………………………………… 296

"第一书记"驻村记 …………………………………………………………… 298

广西贫困村里的"第一书记" ……………………………………………… 301

"第一书记"：脚板沾泥土 心里装百姓 ………………………………… 305

青春在大别山脱贫攻坚一线绽放 ……………………………………… 307

"80 后"北大毕业生苏勇力：第一书记的 6 年"扶贫路" ………… 310

余书记的新"蓝图" ………………………………………………………… 313

"驻守云端"的第一书记 …………………………………………………… 315

一名乡村女硕士的丰收愿景 ……………………………………………… 317

驻村女博士的"盐碱地之恋" ……………………………………………… 319

扶贫村第一书记"卖菜"记 ………………………………………………… 322

"君子兰书记"养花记 ……………………………………………………… 324

陈书记的"脱贫经" ………………………………………………………… 326

扶贫"夫妻档" ……………………………………………………………… 328

黑龙江兰西：驻村工作队发展产业"兴村旺民" ……………………… 331

黑龙江望奎：种植中草药 脱贫奔小康 ………………………………… 333

"跑腿干部"的大山扶贫之路 ……………………………………………… 334

带上妻儿去扶贫 …………………………………………………………… 338

带着女儿去驻村 …………………………………………………………… 342

"泥腿子专家"钻研大棚十三载 科研助力黎乡脱贫 ………………… 345

复苏的"空巢村"

　　——活跃在一线的"90 后"脱贫攻坚队伍 ………………………… 347

"带电"第一书记"点亮"贫困之家 ……………………………………… 349

驻村第一书记杨凯：防控脱贫两手抓 ………………………………… 351

中药材铺就致富路 …………………………………………………… 353

奋斗绘就"新天府" ………………………………………………… 355

俊闺女　好书记 ……………………………………………………… 359

藏族村寨的脱贫"贴心人" ………………………………………… 361

防疫不忘帮扶 ………………………………………………………… 364

扶贫"第一书记"的牵挂 …………………………………………… 366

大山里的"背包书记" ……………………………………………… 369

澜沧江源区的"阿布"第一书记 …………………………………… 372

手变糙了　村变富了

　　——黄土高原上的驻村"第一书记" ………………………… 373

"你们不脱贫，我就不回城"

　　——大黑山村"第一书记"阚阅的"军令状" ……………… 375

"群众不脱贫，我就不离村"

　　——藏族女干部索朗央吉的扶贫路 ………………………… 378

第一书记方海波的驻村帮扶工作记 ………………………………… 380

一位"第一书记"的责任担当 ……………………………………… 382

山沟沟"第一书记"让贫困山村蜕变 ……………………………… 384

张新建：让村民恋恋不舍的第一书记 ……………………………… 387

四川达州：退役军人任"第一书记"扶贫村大显身手 …………… 390

"这个女娃不简单"

　　——"90 后"第一书记张文妮驻村记 …………………… 392

深山贫困村的"胶鞋书记" ………………………………………… 394

贵州屋脊"第一书记"　七年坚守攻坚脱贫 ……………………… 397

"再苦再难也得让乡亲真正脱贫"：宁夏同心县贺家塬村第一书记丁海燕… 399

西海固扶贫书记的一天 ……………………………………………… 401

"土豆书记"扶贫记 ………………………………………………… 404

秦巴深山来了扶贫"第一书记"⋯⋯⋯⋯⋯⋯⋯⋯⋯⋯⋯⋯⋯⋯ 406

曾守福：撒播希望的驻村第一书记⋯⋯⋯⋯⋯⋯⋯⋯⋯⋯⋯⋯ 409

精准扶贫让五指山苗寨从脱贫摘帽到美丽乡村⋯⋯⋯⋯⋯⋯⋯ 411

"电"亮脱贫致富路

    ——第一书记开播啦！⋯⋯⋯⋯⋯⋯⋯⋯⋯⋯⋯⋯⋯⋯⋯ 414

第一篇

我们的新长征：
用生命坚守初心和使命

派扶贫工作队、第一书记，这些举措都有了，关键是要夯实，发挥实效。第一书记要真扶贫，扑下身子在这里干。

——2017年1月24日，习近平到河北省张家口市考察时强调

芳华无悔

——追记用生命坚守初心和使命的青年共产党员黄文秀

她的一生，定格在芳华绽放的 30 岁。

她北师大硕士毕业，放弃在大城市的工作机会，回到家乡革命老区百色；她选择到贫困村担任第一书记，把双脚扎进泥土，为群众脱贫攻坚殚精竭虑；她忍痛告别重病卧床的父亲，深夜冒雨奔向受灾群众，面对危险坚定前行，不幸遭遇突如其来的山洪，年轻的生命永远定格在扶贫路上……

她就是广西百色市乐业县新化镇百坭村第一书记——黄文秀。

璀璨的青春岁月，如流星般划过，闪亮夜空。壮乡内外、网上网下，无数人深情缅怀，有无尽的哀思，更有对这位年轻共产党员坚守初心、担当使命的深深敬仰。

笃定前行：朝着受灾群众的方向

每当进入雨季，广西百色大石山区时常遭受洪涝、塌方、山体滑坡等自然灾害侵袭。6 月 16 日晚，电闪雷鸣、暴雨倾盆，一条从百色市通往乐业县的山路被突如其来的山洪淹没。黄文秀在驾车返回乐业的途中遭遇山洪，不幸遇难。

车窗上的雨刮高频地刮动，车灯下却看不清前行的路，只有滚滚洪水从眼前涌过……从黄文秀用手机最后拍下的画面，可以看到当时的情景是何等危险。

在单位的工作群里，同事们纷纷给黄文秀留言："太危险，赶快掉头！""注意安全！""不要走夜路……"然而，凌晨 1 点以后，群里再也没有了黄文秀的回复，她的电话也拨打不通……

很多同事一直关注着黄文秀的消息，大家的心都紧紧地揪着。同事成明说，17日一早得知凌云县路段发生塌方，有车辆被山洪冲走，她和几个同事立即赶去塌方现场，此时黄文秀的名字已出现在失联人员名单中。

救援一直在紧张地进行，等待的时间是煎熬的，黄文秀的家人、同事、朋友、村民的内心仍然抱有希望。然而，6月18日传来的却是噩耗。

同事们的劝阻，父亲的挽留，都没能留住黄文秀。

黄文秀利用周末回家看望做完第二次肝癌手术的父亲，看着天气突变，16日急着返回百坭村。病床上的父亲非常担心："天气预报说晚上有暴雨，现在开车回村里不安全，明早再回吧？"

"正因为有暴雨更得赶回去，怕村里受灾，我马上得走了。"面对父亲的挽留，黄文秀叮嘱了一句"按时吃药"，便启程回村。谁也没想到，这竟成了黄文秀留给父亲的最后一句话。

一路上，她不断与村党支部和村委会干部联系，询问当地雨势和灾情，特别叮嘱要关注几个重点村屯，要立即组织群众防灾救灾。

回忆起当晚的情况，村党支部书记周昌战几度哽咽："那么危险的情况下，她想着的是村里的灾情……"

青春选择："我就是要回来的人"

1989年出生的黄文秀性格开朗活泼。同学们对她的印象是：爱美，喜欢穿裙子，会弹古筝，写得一手好字，有一点时间就专心致志地学画画。她身上总是散发着一种热情阳光的感染力。

2016年毕业季。位于人生十字路口，不少同学都在为找一个不错的就业机会操心。黄文秀也有许多选择，但她没有留恋都市的繁华，毅然回到革命老区百色，作为优秀选调生进入市委宣传部工作。

百色位于广西西部，自然条件较差，是广西脱贫攻坚的主战场之一。2018年3月26日，黄文秀响应组织的号召，到乐业县偏远的百坭村担任第一书记。百色市委宣传部干部科科长何小燕回忆："单位就驻村工作征求她意见时，她毫不犹豫答应了。她父亲患癌症病重的事一句也没提，当时我们都不知道。"

有同学问过她，为什么要放弃在大城市工作的机会，偏偏回到贫穷的家乡？她回答："很多人从农村走了出去就不想再回去了，但总是要有人回来的，我就是要回来的人。"

黄文秀为什么坚持要做那个"要回来的人"？百坭村贫困户黄仕京与黄文秀有一段对话。

黄仕京问："大家都说你是北京毕业的研究生，你为什么到我们这么边远的农村工作？"黄文秀说："百色是脱贫的主战场，我有什么理由不来呢？我们党是切实为群众谋发展谋幸福的党，我是一名共产党员，这就是我的使命。"

黄仕京的一儿一女都在读大学，生活困难，黄文秀帮他的孩子申请了助学的雨露计划。黄仕京要求孩子在学校好好学习，积极争取入党，在广西医科大上学的女儿已经向组织递交了入党申请书。

了解黄文秀的人都说，她是一个懂得感恩的人。由于父母亲身体不好，家境贫寒，黄文秀通过国家的助学政策完成了学业，上大学后她积极向党组织靠拢，并以自己品学兼优的表现，成为一名共产党员。

黄文秀在入党申请书中写道："只有把个人的追求融入党的理想之中，理想才会更远大。一个人要活得有意义，生存得有价值，就不能光为自己而活，要用自己的力量为国家、为民族、为社会做出贡献。"

黄文秀的父亲理解女儿，也支持女儿的选择："你入了党，就要为党工作，回到家乡做一个干干净净的人民公仆。"

爱美是女孩子的天性，投身扶贫事业后的黄文秀将自己的爱美之心悄悄地"藏"了起来。她北师大的师妹、南宁市第十八中学教师蒋金霖说，在北京读书时，文秀总把自己打扮得漂漂亮亮。但当了驻村第一书记，她就收起了漂亮的裙子，穿上运动装在山野村屯间奔忙，身上有一股浓浓的乡土气息。

这个爱笑的姑娘甚至没有时间考虑自己的婚姻大事。领导、同事多次关心她，热心人要给她介绍对象，她的回答是："等百坭村的父老乡亲都脱贫了，我一定轰轰烈烈爱一回，让乡亲们做证婚人。"

脱贫攻坚："我心中的长征"

石山林立的百坭村是深度贫困村，全村472户中有195户贫困户，11

个自然屯很分散，最远的屯距村部 13 公里，好几个屯都在 10 公里以上。初到村里，黄文秀碰了"钉子"。

"我们这里穷了那么多年，真的能脱贫吗？""你一个女娃，能行吗？"一些村民议论纷纷。黄文秀一开口就是普通话，敲贫困户的家门时甚至会吃"闭门羹"。好不容易进去了，打开笔记本，群众却不愿多说。

脱贫攻坚时不我待，必须尽快打开工作局面，黄文秀急得哭鼻子，晚上回到宿舍整夜睡不着。

要取得群众的信任，就要从内心把群众当亲人，急他们所急想他们所想，真正和他们打成一片。黄文秀请教有驻村经验的同事和村里的老支书，悟出了道理。很快她改变了工作方法，到贫困户家不再拿着本子问东问西，而是脱下外套帮助扫院子干农活；贫困户不在家，她就去田里，帮他们摘砂糖橘、种油茶，一边干活一边唠家常；她不说普通话了，学着说方言……

贫困户黄邦旋想申请低保，因不符合纳入低保的条件，未能如愿，就不给黄文秀开门。一次不行，就两次、三次上门，黄文秀打起了"亲情牌"："我也姓黄，我叫你哥吧。哥这么聪明、勤快，一定能奔小康。"

黄文秀耐心地做黄邦旋的思想工作：国家扶贫政策多得很，何必就盯着低保政策？靠低保只能解决基本生活问题，要脱贫还得加油干，不等不靠自己干出来才光荣。讲通了道理，黄邦旋脸上有了笑容。黄文秀帮助他争取到 7000 元产业奖补资金种水果，老黄一家顺利脱贫。后来，他们一直以兄妹相称。

53 岁的贫困户韦乃情面对记者，泪水在眼里打转。老韦清楚地记得，黄文秀往他家里跑了 12 次，细心了解实际困难，分析贫困原因，商量对策，帮他申请扶贫贴息贷款

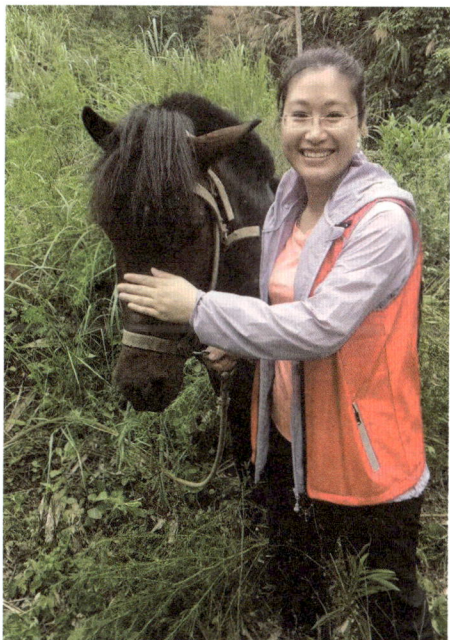

黄文秀在下村走访（资料照片）。

5

种植了 20 亩油茶树，2018 年顺利实现脱贫。"她一心一意帮我，像我女儿一样！"

黄文秀周末经常不回家，走访了全村所有的贫困户，还绘制了村里的"贫困户分布图"，每一户的住址、家庭情况、致贫原因等，都一一标注在笔记本中。

群众从开始接纳黄文秀，到打心眼里喜欢她，敬重她。一些人开玩笑说："你这个女娃娃还真是难'缠'得很哩！"

山路太远，黄文秀还不时要去镇里、县城开会，为了提高工作效率，她将私家车开到村里当工作车用。今年 3 月 26 日驻村满一年，汽车仪盘表的里程数正好增加了两万五千公里，当天她发了一个微信朋友圈："我心中的长征！"

黄文秀曾对朋友说："长征中，战士死都不怕，在扶贫路上，这点困难怎么能限制我前行？""作为驻村第一书记，不获全胜，绝不收兵！"

坚守使命：干出一片新天地

扶贫之路充满艰辛。黄文秀白天走村串户遍访贫困户，分析致贫原因，晚上与"村两委"研究脱贫对策，制定工作方案全力推进。夜深了，她一个人孤零零住在村部一间不足 10 平方米的小屋子里。

她给村里的扶贫工作群取了一个响当当的名字——"百坭村乡村振兴地表超强战队"。

要实现精准脱贫，基础设施是关键。百坭村有 5 个屯交通困难，虽然多年前通了砂石路，但连年雨水冲刷，路面已破损不堪，雨季陡峭路段连摩托车都无法通过，不仅影响出行，而且制约产业发展。

黄文秀心急如焚。村干部记得，那段时间她带着"村两委"班子熬夜做方案、拿对策，到镇里、县里申请项目，扎扎实实组织实施。目前，两条路已经修好，其余 3 条已经列入乐业县 2019 年第一批财政专项扶贫资金安排。

没有脱贫产业就不能实现可持续发展。为了解决山里产业短缺问题，黄文秀带领村干部和群众学经验、找路子，立足当地资源，大力发展杉木、

黄文秀到外村考察养蜂产业的资料照片（新华社发 乐业县宣传部供图）

砂糖橘、八角、枇杷等特色产业，请技术专家现场指导，挨家挨户宣传发动，鼓励党员带头示范。

对接市场是实现贫困群众增收的关键环节。百坭村砂糖橘从 500 多亩发展到 2000 亩，为打通销路，黄文秀多方联系，把客商邀请到村里来，甚至在微信朋友圈发销售信息。云南、贵州等外省果商来到村里，一次性收购几万斤砂糖橘。大卡车一辆接一辆开进来，把村里道路塞得满满当当。

黄文秀还建立了百坭村电商服务站，2018 年电商销售砂糖橘 4 万多斤，销售额 22 万元，种植砂糖橘的贫困户每户增收 2500 余元。

在黄文秀帮助下，村民黄美线贷款买了榨油机，做起了小型农产品加工，成功脱贫。黄美线伤心地说："文秀有什么事都帮我，我脱贫了，她却不在了。多好的姑娘，多好的书记！" 提起黄文秀，韦乃情这位壮族汉子红了眼眶："前几天黄书记还来我家取走我孙子的住院报销材料，现在钱到账了，她却再也回不来了。"

　　黄文秀的奔忙带来了她渴望的收获，昔日的贫困山村发生了变化。2018年，百坭村88户贫困户实现脱贫，贫困发生率从22.88%下降到2.71%。

　　6月14日，黄文秀穿着印有"第一书记黄文秀"的红色马褂，双手撑在黄土上，爬到河沟边查看暴雨冲毁的水利设施，当晚就组织村干部制定了抢修方案，计划回村后立即实施，不影响群众生产。

　　这是她在村里留下的最后背影。

忠于信仰："她是我们青年的榜样"

　　6月22日上午，百色市殡仪馆，黄文秀的骨灰安放在鲜花翠柏丛中，上面覆盖着鲜红的中国共产党党旗。告别的人群中，一位瘦弱老人久久地凝望着上方的遗像，老泪纵横。他是黄文秀的父亲黄忠杰。

　　黄文秀生前最后发的朋友圈中，展示了她买给父亲的营养品。身患癌症的父亲明白，除了脱贫大事，女儿最惦念的就是他的安康。

　　经过两次手术的黄忠杰吞咽困难，但他说自己一定会坚强："我现在每天都努力吃东西。虽然很难吃下去，为了让文秀放心，我也要拼命吞下去……"

　　父亲曾这样对女儿说，没有共产党，我们家不可能脱贫。黄文秀选择回到家乡工作，他很欣慰，常常叮嘱她认真为党工作，为群众办事。面对前来慰问的干部，黄忠杰谢绝了慰问金："我们不能给党和国家添麻烦。这些钱，村里的扶贫用得上。"

　　父亲懂得女儿的孝心，对女儿帮他圆了第一个心愿而倍感

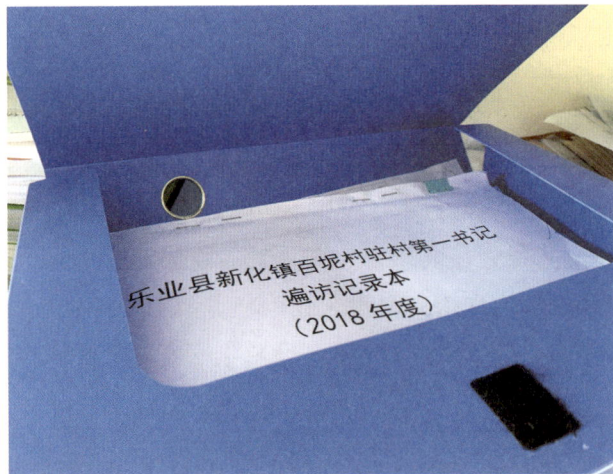

这是2018年度的百坭村驻村第一书记遍访记录本（6月19日摄）。

自豪。老人家多年来都想"看看天安门"，黄文秀大学期间边读书边做兼职，省吃俭用存下路费，把父亲接到北京，帮助他实现了这个心愿。

然而，黄文秀没有机会实现父亲的另一个心愿了，老人家还想去韶山瞻仰毛主席故居。姐姐黄爱娟含泪说："妹妹请你放心，爸爸的心愿姐一定替你完成。"

望着手腕上的银手镯，黄文秀年过六旬的母亲悲痛不已。今年妇女节，黄文秀给妈妈买了这一礼物，手镯内侧刻着4个字"女儿爱你"。

黄文秀的同事、同学、朋友们都知道，这个懂事的姑娘深深地爱着她的父母和亲人。但是，作为第一书记，她心里始终装着村里的贫困群众，为了群众，她常常顾不上亲情。

蒋金霖说："文秀回到家乡参与扶贫是为了知恩反哺，她懂感恩，她对初心的坚守令人敬佩。"

陈月香和黄文秀同一批到乐业县的贫困村任第一书记。她们曾经在一起聊驻村工作心得，共同感受投身脱贫攻坚的艰辛，以及看到群众摆脱贫困的喜悦。陈月香回忆说，夜深人静时，黄文秀会拿起吉他，对着天空的繁星轻声唱几句自己喜欢的歌。

"文秀的生命正值芳华却戛然而止，令人无比伤痛。她坚守初心使命，用生命践行了一个共产党员对信仰的无比忠诚，无愧于'时代楷模'的称号。"黄文秀的好友、曾经在百色凌云县上蒙村担任过第一书记的路艳说，"她是我们青年的榜样，将激励我们为党和人民的事业勇于担当作为。"

"芳华虽短，但灿烂地绽放过，馨香永存！"黄文秀去世后，她的朋友李黎看着文秀的画作，忍不住泪流满面。黄文秀留下的两幅画，一幅是父亲背着小女儿的素描，画面温馨动人；另一幅水彩画上，金黄的向日葵正迎着阳光绽放。（新华社南宁2019年6月29日电　记者徐海涛、屈辰、何伟、农冠斌、卢羡婷、朱丽莉）

"接棒"黄文秀的第一书记：代她走完扶贫"长征路"

"老哥，这次烟叶收得不少，相信今年脱贫没问题。"8月1日中午，看到行动不便的广西乐业县百坭村村民班龙排回家，入户走访的新任第一书记杨杰兴赶忙搀扶，边说边向他竖起大拇指。

像黄文秀生前一样，"接棒者"杨杰兴隔三岔五就到班龙排家拉家常。作为今年预脱贫户之一，班龙排今年光卖烟叶就能收入几万元，算上原有的杉木、油茶等产业，脱贫有希望。

文秀书记走了，但脱贫攻坚事业一刻也不能停。目前百坭村贫困发生率已降低到3%以内，今年这个村被列为预脱贫村。再过几个月，相关部门会进行核验。

就任百坭村第一书记前，杨杰兴是同乐镇扶贫工作队分队长，他曾多次和黄文秀一同交流扶贫工作，对她深感敬佩。当7月2日组织提出希望他"接棒"黄文秀担任百坭村第一书记时，杨杰兴二话没说，第二天就来到百坭村报到："作为战友，接替文秀书记的工作，使命光荣！"

8月3日，杨杰兴驻村满一个月。回想起接过百坭村脱贫攻坚"接力棒"的日子，他坦言"压力大、责任重"。像文秀书记一样，杨杰兴逐户走访了解村民需求、开群众会落实扶贫政策、推进百坭村产业发展、协调各个项目资金，每件事都不能落下。

在村里新建一所幼儿园，是黄文秀生前未竟的心愿。驻村后，杨杰兴挨家挨户摸底调研，统计到村上有110多名0至6岁儿童，并一一征求家长意见。"入户时，有不少村民询问幼儿园的建设情况。"他说，目前工作正有序开展，已拿出一套幼儿园的建设方案，申请到项目和资金。

进到村部，走上两层楼梯，可从窗户远远望见几台吊车。"那是新村部和新幼儿园所在地。"杨杰兴说，黄文秀生前一直关注百坭村基础设施建

杨杰兴（左）在广西乐业县百坭村向村民了解孩子读幼儿园的情况（2019年8月1日摄）。新华社记者 周华 摄

设情况。这一个月，新建村部办公楼、干部教育实训基地、幼儿园等工程持续推进。

发展产业是百姓脱贫的长久之策，也是文秀书记生前的工作重点。记者在百坭村那用屯看到，村民班统茂家的砂糖橘长势良好。再过几个月，全村2000亩左右的砂糖橘将进入盛产期。

在和杨杰兴的交流中，班统茂时常谈到储存、销售等问题。杨杰兴谋划，在继续推行黄文秀生前大力发展电商等举措的基础上，再建一座有规模的蔬菜、水果、茶叶冷冻库，解决砂糖橘、油茶等农产品储存和错峰上市问题，帮助当地村民将农产品保鲜贮存、错季销售，促进农产品提质保量，增加百姓收入，带动群众脱贫致富。

当前，百坭村正开展以清垃圾、清水沟、清杂草、拆旧房、拆危房、拆违房为主要内容的"三清三拆"工作，为的是"擦亮"村容村貌，但不免涉及群众利益。

到村民中间开群众会，是黄文秀生前与百姓沟通交流的重要工作方式。杨杰兴想通过开群众会打通心理"隔墙"。

7月15日晚，他召集村干部、驻村工作队员等，到百布屯给村民开展动员宣讲。一开始，杨杰兴也怕群众不信任，但通过与村民深入交流，晓之以理、动之以情，很快得到群众理解，"三拆"工作获得全员支持。

"文秀书记对我们很好，经常入户了解并解决我们的困难。我们都相信她，支持她的工作。现在杨书记来接任，我们照样支持你！"听完村民讲述，杨杰兴感到，如今百坭村很多工作顺利开展，与此前黄文秀的群众基础牢固关系很大。"百坭村的群众朴实真诚，对文秀书记感恩，我们还有什么理由不做好工作呢？"

"杨书记尽职尽责，也注重工作方法。"近段时间，新化镇副镇长李永顺一直和杨杰兴共同抓百坭村的基础设施建设。他记得8月2日晚的群众会前，杨杰兴特意看望老支书，请他和村民们一起交流，助推征地事宜得到更好解决。

杨杰兴（左）在广西乐业县百坭村实地了解村里枇杷产业发展情况（2019年8月1日摄）。新华社记者 周华 摄

　　上级组织还为百坭村驻村工作队配备了精兵强将：张德富曾有连续两年驻在百坭村的经历，驻村工作经验丰富；黄应战会说壮话，与群众沟通顺畅；29 岁的谭天社是驻村工作队的"新鲜血液"。

　　"黄文秀是一盏明灯，照亮我们驻村扶贫路。"杨杰兴说，我们一定要传承发扬她的精神，完成她未竟的事业，全力推动百坭村如期实现高质量脱贫，代她走完扶贫"长征路"，这是对文秀书记最好的纪念和告慰。（新华社南宁 2019 年 8 月 5 日电　屈辰、何伟）

百坭村的春天

暖风拂过，春回南国，广西百色市乐业县新化镇百坭村雨后初晴。清清的谐里河绕着村屯缓缓流淌，两岸金黄的油菜花开得灿烂，鸟儿在林间婉转鸣唱，田园里到处是村民们忙碌的身影。

位于桂西北大山深处的百坭村是"十三五"深度贫困村，时代楷模黄文秀生前在这里担任驻村第一书记。记者走访百坭村看到，干部群众忙着防疫和脱贫"两线作战"。

"每天都像打仗一样。"黄文秀的"接棒者"、百坭村驻村第一书记杨杰兴一大早来到地里，与村民黄金候一家人一起干农活，并提醒大家要继续防控疫情，不能麻痹大意。

48岁的村民黄金候与妻子、儿子正在地里给20多亩烤烟施肥。"这个项目一年纯收入有5万多元，接着再种一茬水稻，又是一笔收入。"老黄笑着说，"还种了15亩油茶。近年靠发展种植业，一年收入有七八万元。"

别过老黄，杨杰兴爬到山腰处查看村里养殖的120箱蜜蜂。他小心翼翼从蜂箱里取出蜂巢板，上面凝结着黄灿灿的蜂蜜。蜜蜂养殖是黄文秀生前开始谋划要做的项目，目前以"村集体＋养殖大户＋基地"模式运营，清明过后就可以割第一批蜂蜜。养蜂项目每年产值大约20万元，村集体按60%比例分红，一年可获得12万元红利。

黄文秀在百坭村抓脱贫产业花了很大力气，砂糖橘是其中之一，全村种植面积2000多亩。疫情突如其来，砂糖橘一度销售受阻，杨杰兴心急如焚。他多方联系各地客商，一天打上百个电话。近日，最后一批30万斤砂糖橘销售已近尾声，杨杰兴松了一口气。

记者在果园看到，一辆辆大货车沿着产业路直接开到田间地头，村民们在路边将采摘下来的砂糖橘装箱打包、贴上标签，装上卡车拉走。

卖完鲜果，村民班统茂忙着给近40亩橘树施肥剪枝。他曾经是贫困户，在黄文秀的鼓励下带动群众种植橘树，成了百坭村致富带头人。去年砂糖橘上市以来，班统茂共卖出9万多斤鲜果，每斤平均售价1.8元，获得十几万元收入。

"小小橘果成了群众脱贫'金蛋蛋'，得感谢文秀书记有眼光，除了抓产业，还抓基础设施。"杨杰兴说，今年1月，长约22公里的扶贫产业路通车，连通6个屯，农产品生产和销售更方便了，村民们信心也更足了，春耕生产20余天已抢种油茶1000多亩、烤烟240多亩。

在百坭村，黄文秀牵挂的事一桩桩得到落实：去年10月，百坭村村民合作社发起成立村集体公司，申请注册"秀起福地"商标品牌，通过电商平台推介销售特色农产品；砂糖橘、养蜂、油茶、清水鸭等产业逐步发展起来；黄文秀生前谋划的幼儿园项目近期也将开工，今年上半年有望建成。

"目前还有9户37人未脱贫，要确保不让一个贫困群众掉队，到年底只有300来天了，一天也等不得。"杨杰兴说。（新华社南宁2020年3月3日电　记者王念、何伟）

战士天职永出征
——追记四川达州殉职扶贫干部杨东

　　在革命老区四川省达州市，杨东的名字被广为传颂。他退伍不褪色，在 2016 年胃癌晚期到去世前的半年中，仍奋战在"扶贫第一书记"岗位。2016 年 9 月 29 日，杨东倒在渠县燕山村扶贫现场，10 月 4 日以身殉职，年仅 45 岁。

　　杨东曾服役于武警北京市总队第七支队，退伍后到达州市渠县疾控中心工作，并加入中国共产党。军旅生涯铸就了杨东的战士情怀，危难时刻总能看到他冲锋的身影：2011 年特大暴雨洪灾，他坚守山区灾后重建长达半年；2013 年芦山地震，他带队冒死从芦山县陇东镇废墟中搜救出 37 名老人小孩，其中 11 名生命垂危群众经他急救脱险，随后他带队坚守灾区多达 2 个多月。

　　为打赢脱贫攻坚战，2015 年 4 月，渠县县委决定杨东任双土乡燕山村党支部扶贫第一书记。他二话没说，立刻到岗。

　　燕山村 6 个社总人口 2128 人，建档立卡贫困户 63 户 269 人。杨东白天到村研究情况，晚上就和其他村扶贫第一书记睡乡政府。房间很窄，外面是办公室，好几个人经常挤在里面的小房间睡上下铺。

　　村里的困难，外人无法想象。群众找到杨东："我们一山分两河，水往两边梭，缺水栽秧子，牲畜没水喝！"怎么办？杨东和村支书刘从千、前任村支书刘国昌，在滑坡体上踏勘，终于在一个废弃矿井中找到水源。杨东向上级争取项目资金，2015 年 9 月动工，2016 年春节前修好 800 多米的引水渠，从滑坡悬崖上引来了清凌凌的泉水。

　　村里还有一大祸害：马蜂。近几年有 90 多个村民被马蜂蜇伤，65 岁农妇杨德均被马蜂蜇伤后，当场重度昏迷，经三天两夜才从死神手中抢救回来。

杨东下决心要清除这个祸害，他发动党员村民细心清查，定位了11个马蜂窝，最大直径甚至超过了1米！

杨东找到县消防武警、市蓝天救援队"搬救兵"，想尽办法摘除了全部马蜂窝。最后一天，杨东从早上8点一直干到下午4点，脸和手臂被马蜂蜇伤肿得吓人。村民中午煮了稀饭，他没顾上喝一口。

吃不上饭的时候太多，杨东经常感觉到胃痛。大多数时间，他只是往嘴里扔几片止痛片。2016年5月17日，他痛得实在受不了，检查结果竟然是胃窦癌晚期！5月21日，他利用周六时间去做了手术，次日又出现在燕山村。9月29日，杨东晕倒在燕山村一处异地扶贫搬迁安置点，10月4日以身殉职。

贫困户刘成昌抹着眼泪说："他是焦裕禄的徒弟。"

一起住乡政府的扶贫干部李旗龙记得，杨东睡上下铺和当兵一样，被子尽量叠成方块。他还买来一面镜子，每天很早起来，收拾好仪容，保持着整洁形象。杨东常说，到了村里，自己就是党的形象，在待人接物方面也特别注意，总是力争一碗水要端平。

英灵远去，在杨东生前的带领努力下，燕山村贫困后进面貌得到改观：异地扶贫搬迁任务如期完成，36户贫困农民入住新居；修通了8公里水泥村道，2.5公里环山机耕道；村民们喝上了自来水，用上了天然气；全村栽植了300多亩塔罗科血橙。

村里过去没有活动场所，如今，杨东牵头建设的村级组织活动阵地已经建成。有了"便民服务厅""村民议事厅"，村"两委"的运行程序、服务群众规章制度及台账也逐步建立，村务公开和村民公约也上了墙。运行那天，村民们自发买来鞭炮燃放庆祝。

杨东的事迹感染激励着后来者。在去年渠县扶贫第一书记到期轮岗时，没有一个书记愿意离开，纷纷请战，要向杨东学习。

战士天职永出征……

（新华社成都2017年5月7日电　记者谢佼）

一位殉职扶贫干部的驻村日记

余剑是陕西省佛坪县总工会常务副主席、岳坝镇草林村"第一书记"，今年9月3日在扶贫中不幸因车祸遇难。他任"第一书记"的4个多月里，留下了117篇工作日记，真实地记录下了一名机关干部如何成长为被老百姓拥护的扶贫干部的全过程。

和老百姓一起干活显扶贫真心

余剑日记："5月20日，周六，多云。今帮代争阳砌坎子修路、架电。截至下午3时，电通。修路，预计需要2—3天完工。"

在日记中，给贫困户修路盖房、帮助五保户就医买药、和群众一起下田干活的记录非常多。半月谈记者在采访村民时，听到评价余剑最多的一句话是：他是一个常和我们一起干活的干部。

和余剑一起搭档的扶贫干部纪永财对记者说，村里的老百姓看一个干部是不是真扶贫，就一条，能不能和老百姓一起干活。余剑刚来扶贫时，老百姓冷眼旁观；两周后看到他与村民同吃、同住、同劳动，才觉得这是一位真扶贫的干部。

烈日下，余剑挽着袖子、扛着电线杆的模样长久地印在了贫困户代争阳一家人的心中。代争阳对记者说："他是来实打实帮助我们的。"

记者观察：和老百姓说一万句好话，不如和老百姓干一天累活。当"第一书记"的4个多月里，余剑只回了3次家，除了偶尔回县城开会，其余的时间都在村里。当他的生活和老百姓融在一起后，才真正被老百姓看成了一名真扶贫干部。

"闯三关"变成"实用型"扶贫干部

余剑日记："总体上感到，农村工作和机关工作大不一样，非常锻炼人，要学的很多。"

草林村党支部书记乔显奎告诉记者，余剑给他最深的印象就是不怕苦、爱问、爱学。

今年5月9日，余剑驻村的第一天，做的第一件事就是走访贫困户。随后，"走访"一词高频率地出现在日记中。然而，从山脚下的住处，到山梁上的贫困户家，需要猫腰穿过山林，走村民踩出来的羊肠小道翻山。为了不耽误工作，余剑往往清晨6点多出发，快9点才能到达。

有着5年包扶经验的纪永财说："山里人不爱听大道理，干农村工作必须得学会他们的说话方式。"余剑积极学习农家语言，最后已能轻轻松松在农民家门口开"院场会"。

到农村扶贫，还得会干农活、懂技术、知政策。余剑拜老农为师，他弯腰插秧的身影经常出现在水稻田中，一身泥水脸上却挂着笑容。村里发展养蜂产业，余剑便跟养蜂大户学会了计算蜂蜜的产业投入，还到商品交易会上推销蜂蜜。

记者观察：不少机关干部开始接手农村扶贫工作时，常面临"有热情、没办法"的困境。余剑闯过"走路关""说话关""农业知识关"三道难关，贫困户才愿随他一起奋斗脱贫。

会创新才能成为贫困户的"主心骨"

余剑日记："8月25日，周五，阴转雨。对种植高山冷水稻的经验进行总结，对群众利用土地入股的新鲜经验整理提炼。"

在余剑生前最后几天的日记里，记得最多的是探索脱贫新办法。有20多年农村工作经验的佛坪县总工会主席蒲树新对记者说，真正贫困的家庭往往既缺劳动力又没赚钱的门路，要领着这些人脱贫，需要扶贫干部大胆创新。

有什么好办法呢？余剑陷入了长时间的思考。据和他同居一屋的干部介绍，那段时间余剑每晚看书、上网查资料到凌晨2点多，白天又找村民合计，最后决定引进新品种，发展高山冷水稻产业。

没有年轻能人当家，余剑就让村里一位快 60 岁的种植大户朱显美牵头，形成"党支部＋合作社＋基地＋农户"的扶贫模式，由合作社免费提供种子和肥料，再以 2 元钱一斤的保护价格收购，为贫困户开辟了一条持续增收的新途径。

记者观察：如果缺少扶贫的新点子，扶贫干部就会变味成给贫困户"搭把手""帮帮忙"的次要角色。余剑因地制宜走出一条脱贫新路径，调动好各方资源提供保障，使贫困户实实在在得到了实惠，终被老百姓视为"主心骨"。（《半月谈》2017 年 12 月　记者蔡馨逸、毛海峰）

永不归来的"战士"

——追记倒在脱贫攻坚一线的贵州沿河县驻村第一书记文伟红

"我不相信他离开我了，我现在只认为他还在大坪村没回来。"

铜仁市沿河土家族自治县，是贵州 14 个深度贫困县之一。2013 年，沿河经开区管委会干部文伟红开始了他的驻村生涯，乌江岸边、武陵山深处，5 个贫困村留下了他冲锋的身影。

翻开文伟红的驻村日记，"战士"的烙印不时可见，他写道："当好落实政策的战斗员""发挥脱贫攻坚突击兵作用"；在给父母的信中，他写道："我已做好了充分的战斗准备……"

在这场脱贫攻坚战中，土家族汉子文伟红把自己当成是攻城拔寨的"战士"。每到一个贫困村，他都瞄准最难啃的硬骨头、最难解决的矛盾问题。

2016 年 3 月，贫困村麝香村规划发展蜜橘产业。刚一起步，土地流转就成了"拦路虎"，村里矛盾纠纷不断。文伟红任驻村第一书记后，通过入户调查、开群众会等方式，把村民想法统一起来，立马启动土地流转。

背着包，装着笔记本，穿着水胶鞋，家家户户跑，文伟红的工作情景，让许多村民记忆犹新。一位 60 多岁的村民因为土地纠纷多次上访，文伟红三天两头上门做工作，有时一聊就是大半天，还到多个部门查阅资料，把村民反映的问题处理妥当。

中寨镇大坪村是沿河县最偏远的深度贫困村之一，周围群山连绵起伏，高处放眼好似锯齿一般，当地人称为"锯齿山"。大坪村距离县城不到 110 公里，但驾车需 3 个小时。2014 年，全村 372 户 1552 人，其中建档立卡贫困户 180 户 887 人，贫困发生率高达 57.15%。2018 年底，贫困发生率仍高达 22.29%。

这是文伟红帮扶的第 5 个村。2018 年 3 月担任驻村第一书记以来，文伟红下大力气发展扶贫产业。

烤烟种植在当地历史悠久，但近年来外出务工人员增多，愿意种烤烟的村民越来越少。2019年初文伟红从遵义市余庆县引入一种植大户，打算发展40亩烤烟。没想到的是，村里将土地流转办妥后，对方却认为生产成本过高，最终放弃合作。这副担子怎么挑起来？文伟红想起了妻子黎正芬。她在县城的一家企业上班，早年在老家种植过烤烟。"我在公司上班一个月4000多元，他说现在种烤烟保证赚钱，连哄带骗把我叫到山上来。"黎正芬说，人工费、肥料费、煤炭费，大半年来家里垫出去的钱达到了11万元。

9月烟叶卖完，收益10.1万元，不仅没有赚钱，还亏了钱。村支书高腾科道出了其中的真情："文伟红私下给我说，搞这40亩烤烟，眼下赚不赚钱无所谓，村民有务工收入就好。"

"我觉得他对事业太忠诚了，对党太忠诚了。"黎正芬接受采访时泣不成声，"我不相信他离开我了，我现在只认为他还在大坪村没回来。他说过他把工作做完了，两年过后就会回来的。"

在贵州省铜仁市沿河土家族自治县中寨镇大坪村，文伟红（右三）与村民交流（2018年5月25日摄）。

"他就是基层干部的榜样，不仅走到群众身边，关键是走进百姓心间。"

记者在沿河县采访时，从干部和群众的口中，听到了两个截然不同的文伟红。干部说文伟红"内向、话不多"，"他到乡里来，通常都是工作几句话说完就走，不多停一分钟。"中寨镇党委书记谭鹏飞说。群众则说他"性格开朗，喜欢聊天，一摆龙门阵就是大半天。"走到群众身边，文伟红才像鱼得到水。

一方水土难养活一方人，易地扶贫搬迁是大坪村的另一条出路。精准识别搬迁户，动员村民搬迁是文伟红要处理的大难题，全村1500多人，常年留在村子里的不足200人，100多户村民举家外出在遵义市湄潭县和湖北省当阳市务工，有的甚至在当地安了家。面都见不到，易地扶贫搬迁难以开展。

高腾科说，为了摸清情况、宣传政策，文伟红带队前往湄潭和当阳。在湄潭，文伟红找了一间会议室给村民宣讲政策，他要付租金，对方说这种精神太难得，一分钱没收；去当阳，早上八九点从村里出发，晚上十点到，跑了730多公里的路，文伟红用三天两晚，核对清楚有12户符合易地搬迁条件。

"不远千里跑，担心电话无法核实准确，现在全村搬迁961人，多数都是他上门动员。"谭鹏飞说。"刚开始我不愿意搬，但是文书记专门从老家过来讲政策，让全家人都很感动，最后签字搬迁。"在当阳务工的村民徐金霞说。

七八月正值烟叶烘烤时节，文伟红常常穿着水胶鞋在烤烟地里跑，将烟叶送入烤房时，汗水湿透了蓝色上衣，腿上到处是稀泥。

戴着草帽，早出晚归，村头村尾，都有他的身影。"文书记你自找的，自己造孽哟！"70岁的土家族老人田春梅心疼他。文伟红听了笑着说："我年轻，吃得了苦。"

就在牺牲前几天，文伟红和大坪村村主任覃彪商量，尽快找人对蜜蜂管理人员进行培训，200桶蜜蜂是村里的扶贫产业，只要通过帮扶单位验收，30万元的帮扶资金就可以立马到位。

他的心都用在群众身上。"见人就是一脸笑，开口就是伯伯、伯娘，哪里像书记嘛？"村民高腾仁说，赶集上下只要他的私家车里有位置，村民都可以搭他的便车。牺牲当天，他还用车载了多名村民下地干活。

"他就是基层干部的榜样，不仅走到群众身边，关键是走进百姓心间。"谭鹏飞这样评价"战友"。

"爸妈，我向你们保证，等这场战斗结束……"

"我的乖，哪个舍得哟！"田春梅从邻居口中得知文伟红去世的消息，感到"突然一下子，全身肉都散了"。在沿河一带的土家人方言中，尊老爱幼、实干有为的年轻人，才配得上长辈称呼一声"乖"。

7月22日去世当天，文伟红把81岁村民张信龙申办高龄补贴的材料搜集完毕，准备抽时间到镇上办理。张信龙听说打印照片要收费，于是递了20元钱给文伟红，但文伟红没有收。

面庞黝黑、头发花白的张信龙向记者讲述当天的情形，泪眼模糊。"突

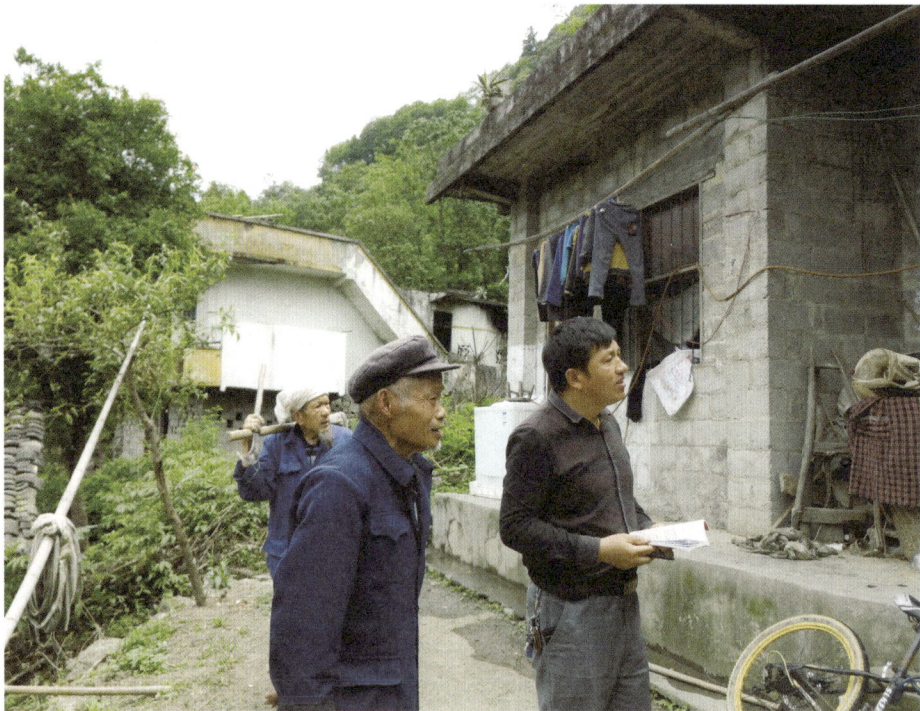

文伟红（右）在贵州省铜仁市沿河土家族自治县团结街道办事处麝香村走访（2016年5月17日摄）。

然就走了，可惜呀，他对每个人都好。"老人低声的话语里，满是难过。

村民得知文伟红去世，连忙放下手头的事情，跑到村委会办公室来看他。三层办公室的楼道、对面山坡、广场、马路，挤满了心急如焚的村民。那个夜晚，尽管大雨，但他们守着，直到天亮。

前些年，大坪村贫困户崔素英儿子去世后就一个人生活。从 2018 年 3 月 31 日文伟红主动请缨来当驻村第一书记开始，崔素英就多了一个"儿子"。每次经过她家，文伟红都要进门看看。

"乖走了，我一晚上没睡，接连几天吃不下饭。"挂着拐杖的崔素英一边说着，一边擦着眼角。

78 岁的高腾仁和 76 岁的崔素英，先后两次到县城去看他，去送他最后一程，100 多公里的盘山公路，老人每次坐车要 3 个多小时。甚至很多外出务工的村民都赶了回来。

"他根本上是一个农民，不带官气。"每每说起，高腾仁仍旧情绪激动。他说，文伟红对老年人最关心。今年初，他看病回家，文伟红给了 100 元钱，让他买点吃的补身子。

想起这些，高腾仁忍不住要落泪。他转头望向窗外，自言自语道："人死不能复生，如果能复生，我们大家群众每人一把，都可以把他拉起来，你相信不相信？"

2016 年麝香村脱贫摘帽；2017 年淇滩镇和平村摘帽；2018 年淇滩镇彭华村摘帽；2019 年淇滩镇茶坛村摘帽；2020 年大坪村即将摘帽。

这 5 个贫困村，都以告别贫困的姿态，向"战士"文伟红致敬。

他连续两次推掉了组织对他的评优表彰，他认为"只要无愧于这份工作，无愧于这份责任就行了。""我已经 40 岁出头了，荣誉多给年轻人，多激励他们奋发有为。"

在给父母的信中，他写下了自己的心声。

"爸妈，我向你们保证，等这场战斗结束，我会经常在你们身边，陪伴二老，尽一份儿子应尽的孝道，并向你们讲述我的战斗故事！——不孝儿：文伟红"。

文伟红儿时的梦想是当解放军。他把梦想融入了一场特殊的"战役"——

脱贫攻坚战。

连续7个年头,文伟红驻点帮扶了5个贫困村。脱贫一个,即奔赴下一个,他像战士一样,冲锋在最前线。

锯齿山下的大坪村,眼下正是百花蜜采割的丰收时节,但驻村第一书记文伟红没能见到蜂农的喜悦,也永远无法品到蜂糖的甘甜。两个多月前,他在查看扶贫产业时不幸触电,生命定格在45岁。(新华社贵阳10月15日电 记者胡星、汪军)

为了不让一个贫困户落下

——追记广西都安县驻村第一书记黄景教

在广西都安瑶族自治县拉烈镇地平村村委会的干部去向牌上，第一书记黄景教的去向永远定格在"下队"一栏。26日晚8时50分左右，黄景教等5人从贫困户家中返回村委会途中，所乘车辆翻下山崖，黄景教经抢救无效不幸殉职，其余4人受伤。

不幸殉职的好干部

都安县是广西4个极度贫困县之一，由于地处石山之中，自然条件恶劣，是广西脱贫攻坚的主战场之一。拉烈镇地平村是大山深处的深度贫困村，条件尤为艰苦。通往地平村的小路宽的6米多，窄的只有3米左右，曲折的道路沿着石山边缘迂回，另一旁是缺乏护栏、最大落差超过200米的悬崖。

在进村的一段砂石路拐弯处，拉烈镇人大主席盘旭希红着眼睛回忆起26日晚上的情形。细雨薄雾下，黄景教等人乘坐的面包车，就是从这里翻落到10多米深的边坡下。

出事前，黄景教带着驻村工作队员、村两委干部和村民在一户贫困户家中修缮危房，晚上要回村部开会。"这条路去年才通车，是黄书记争取到的项目，测量的时候都是黄书记一步一脚印跟着的，路况很熟悉，没想到他却倒在了这里。"驻村工作队员梁韬说。

有口皆碑的好书记

在贫困户卢治柏家中，泥瓦房外墙裂缝补上的水泥还没有干，破损的窗户已经用木板封起。走进屋内，按下新安装的电灯开关，阴暗的旧房子瞬间明亮，新买的碗柜、电饭锅、厨具整齐地摆放在厨房里。

拉烈镇地平村干部去向牌

姓名	职务	去向					
		办公	下队	开会	外出办事	请假	假期休息
黄景教	第一书记		●				
卢荥康	支部书记 村民委员会主任	●					
韦 敏	村民委副主任		●				
韦忠凡	村民委副主任		●				
卢艳金	村民委委员		●				
梁 韬	脱贫攻坚（乡村振兴）工作队员				●		
谭明佳	脱贫攻坚（乡村振兴）工作队员		●				

图为广西都安瑶族自治县拉烈镇地平村村委门前挂着的干部去向牌（12月28日摄）。

卢治柏是黄景教的帮扶对象。2016年上半年开始，黄景教多次动员卢治柏进行易地扶贫搬迁或者就地重建房屋，但60多岁的卢治柏认为，房子虽然破旧但还能住，不愿意折腾。3年多过去，卢治柏成了地平村最后一户没有稳固住房的贫困户。

12月24日，黄景教再次上门动员卢治柏修缮房屋。这次黄景教叫上了卢治柏的儿子和村里有威望的村民一起劝说，从国家对贫困户的关心说起，一直聊到在外的儿孙担心卢治柏在家的安全。这回，卢治柏被触动了，同意进行房屋修缮。25日一大早，黄景教就带着帮扶队员和村干部拉着材料，到卢治柏家施工。这两天，黄景教和大家起早贪黑赶工，直到26日晚上。

"地平村的住房稳固率已经达到99%，超过了扶贫验收的标准，这最后一户可以留到明年再解决。但黄书记说，危房不住人，住人不危房，不能光以考核来考虑工作，要以群众实际需求作为标准。"梁韬说。

得知黄景教殉职的消息，地平村100多名村民自发来到黄景教家中悼念这位好书记。

"黄书记前几天还到牛场看肉牛的长势，鼓励我好好干，等4个月后这批牛出栏，我们村就能彻底脱贫。"贫困户卢海林是村里养牛场的管理员，一想到再也看不到黄书记熟悉的身影，不善言辞的他不断抹眼泪。

地平村弄沙队村民韦安伦说："黄书记刚驻村的时候，在我家住了一个月，一开始连床都没有，就睡地上，这种条件下还时常工作到深夜12点。"

扶贫路上的"老黄牛"

为了更好地开展工作，黄景教长期住在村委会一楼的宿舍里，二楼就是办公室。作为都安县供销联社副主任的他，已经把这里当成自己的家。

黄景教的办公桌上，摆放着他下村以来用过的12本工作笔记以及第一书记的资料盒，旁边还放着没服完的血栓通胶囊和利胆排石片。

"黄书记这个月17日刚被检查出患有胆囊结石和脑血栓，他叫我们不要跟别人说，现在是脱贫攻坚的关键时刻，自己不能休息，吃点药就行了。"地平村党支部书记卢森康说。

在12本工作笔记里，记录着黄景教驻村以来的工作，贫困户提了哪些需求、发展产业争取到的支持、党支部学习的具体内容……最新的一本笔记本从10月18日启用，两个多月已经记了一大半，时间停留在12月23日，最后一句话是"要有坚决完成任务的决心和信心"。

黄景教长期驻村，他的家人一开始不理解，在知道丈夫的良苦用心后，妻子石彩田全力支持黄景教的工作，把自家的一个门面房卖掉，换了一台越野车给丈夫下乡使用。

"我没去过他扶贫的村里，有一次已经到了镇上，他想了一下还是没让我进去，说明年脱贫了再开着车带我好好转一下。"石彩田早已泣不成声。

相关部门到家中慰问时，石彩田婉拒了相关部门给的慰问金。"请拿到村里面吧，贫困群众太苦了，把钱用到最需要的地方去。"

经过黄景教等扶贫干部的共同努力，地平村2019年底的贫困发生率已经降为2.47%。（新华社南宁2019年12月29日电　记者黄浩铭）

长寄此身在沂蒙

——追记山东能源临矿集团驻沂水县沂蒙扶贫"第一书记"刘建光

在为帮扶村的工作熬到深夜后，7月7日，来自山东能源临矿集团的临沂市选派驻沂水县四十里堡镇洪沟村"第一书记"刘建光突发疾病昏迷不醒，经抢救无效不幸殉职，年仅49岁。

从2016年2月起，刘建光在驻村脱贫攻坚第一线坚守了1500多个日夜，为两个村庄的脱贫事业倾尽心血。殉职时，他的"临沂市最美第一书记"称号正在公示中。

父子两代人 扶贫同一村

位于206国道北侧的临沂市兰陵县鲁城镇刘家郭村背靠青山、三面环水。这里是刘建光的驻村扶贫第一站，但村里的景色他再也看不到了。

2016年2月24日，刘建光响应组织号召，和郭圣刚组成驻村工作组，

刘建光（左一）生前走访帮扶村村民。

担任刘家郭村"第一书记"。"刘加郭"组合到刘家郭村帮扶，刘建光说，这就是缘分。

巧合与缘分还不止于此。刘建光生前在与老村干部沟通时得知，临矿30年前就曾派人支援过刘家郭村，牵头的干部叫刘春祥——正是刘建光的父亲。

时隔30年，父子两人踏入同一个村庄、从事同一份扶贫事业。特殊的"子承父业"，让刘建光对这片土地更加饱含深情。

刘建光到刘家郭村时，村里共有195户、660人，耕地多由开荒而来，比较贫瘠，且人均耕地仅0.45亩。在2016年"第一书记"驻村前，村里无自来水、无学前教育、无卫生室，村民房屋新旧错杂，交通十分不便，属于典型的山区、库区贫困村。

任职两年时间里，刘建光协调新建穿村路和生产路2000米，新打灌溉水井8口，建设60千瓦光伏发电扶贫项目和投资70万元入股的扶贫车间，引导村民学习草编加工和电商服务，主动帮助申请小额扶贫贷款，26户村里建档立卡贫困户全部实现精准脱贫。

村里有了产业，村民收入提高起来。刘建光还组织成立了柳琴戏剧团，建设了1000余平方米的村民健身活动广场两处、新建社区服务中心，村里的文化体育生活也丰富起来，过去贫穷、落后、封闭的局面一去不返。

洪沟填"鸿沟" 脱贫上通途

在刘家郭村奋战700多个日夜后，2018年4月23日，刘建光继续申请担任"第一书记"，他和郭圣刚再度搭档，作为临沂市派第四批"第一书记"工作组，到沂水县四十里堡镇洪沟村驻村扶贫。

洪沟村因村里有一条又深又长、横贯东西的大河沟而得名。临矿集团扶贫办副主任、山东省派沂水县五口村"第一书记"主宝皆介绍，河沟两侧是村里最主要的两条交通要道，道路狭窄且常年失修。到洪沟村之后，工作组多方协调筹资，填平部分河沟建设了2000米的穿村道路，为主干道安装太阳能路灯、排水管道。

为了避免新建道路受到超重车辆碾压，村里打算在村的进、出口设立限高门，但1万多元的报价让刘建光和郭圣刚为难了。为了节约资金，二人自己动手，把限高门焊了起来。

作为2016年山东省定贫困村，洪沟村集体收入空白，2017年全村人均可支配收入低于全镇平均水平400元，各项工作在当地均排名靠后。由于灌溉用水短缺、青壮年劳动力外出，村民缺少致富技能以及耕地规范的种植管理，农作物广种薄收。

为此，刘建光引入订单式种植丹参80亩，每亩比传统种植增收1000元。为进一步促进村集体增收，今年他还计划将村部旧址改造成为扶贫车间、安装光伏发电设施，但协议还没来得及签订，刘建光就走了。

工作组进村以来，帮助洪沟村建设了"户户通"水泥路11000余平方米、绿化4800平方米、美化墙面600平方米，协调安装价值12万元信号塔基站1座，对接50万元农网改造……

洪沟村换上了新模样，从集体经济空虚、交通不便、基础设施破败的落后村一跃变成道路宽敞、街道整齐、群众致富有门路的"红旗村"，被评为沂水县美丽乡村，踏上了脱贫致富、建设美丽宜居乡村的通途。

丹参映丹心 热血铸英魂

眼下，洪沟村80多亩丹参长势喜人，待到收获季，就能为村民带来一笔可观收入。

村里的老会计赵子正说，刘建光在这片丹参地付出了大量心血。前些日子，他还到地里拔草，蹲着一干就是几个小时，手上磨起了血泡、胳膊晒脱了皮。

在他生命的最后几个小时里，刘建光仍坚守在岗位上：当天20:30，他组织村"两委"研究扶贫车间的合同签订和资金支付事宜，22:30回到宿舍，又和郭圣刚讨论丹参地除草事宜至23:00。他催促郭圣刚休息，自己继续加班整理审核资金付款明细……

7日早上7:30，郭圣刚发现平日向来早起的刘建光出人意料的还没起床，他推门进屋，发现灯还亮着，但刘建光怎么都喊不醒。他紧急叫来村民，将刘建光送到医院，但为时已晚。

刘建光生前在查看洪沟村丹参长势。

当地村干部介绍，驻村两年多来，两位书记始终住的是农家院、吃的是农家饭。面对艰苦的条件，他们没有丝毫退却，与村民朝夕相处，真心把帮扶村当家乡、视群众为亲人；双休日不休息成常态，平常加班加点早起晚睡更是家常便饭，任劳任怨、真心实意为村庄谋发展，殚精竭虑为村民谋利益，实际行动打动了村里的每一个人。

刘建光扎根贫困村 1500 个日夜，"最美书记"的奖状没来得及去领，女儿的婚礼没等到他操办，那片丹参地还等着他去挥汗收获，几位企业家还没来得及去拜谢，智能恒温库刚要上马，刘家郭村的柳琴戏班子还等着老书记去赏光……

2018 年、2019 年，刘建光连续被评为"临沂市优秀第一书记""临矿集团优秀党支部书记"。殉职时，他的"临沂市最美第一书记"称号正在公示中；临沂市委、山东能源集团党委做出决定，追授他"优秀共产党员"称号，并在临沂市和临矿集团广泛开展向刘建光同志学习活动。（新华网济南 2020 年 7 月 22 日电　记者陈灏）

那些奋战在脱贫主战场上的扶贫干部们

2017 年，全国有 28 个贫困县脱贫摘帽。这背后，是那些奋战在脱贫主战场上的扶贫干部们的默默付出。他们奔走在脱贫攻坚的第一线上，也走进了贫困群众的心坎里。

踏踏实实干点事

"老宋，来俺家吃饭吧！"傍晚时分，村民招呼着正在走村入户的老宋。其实，老宋并不老，刚四十出头。"叫你老宋证明大家没拿你当外人。"老宋美滋滋地说。

老宋真名叫宋伟，是河南省农业厅遥感监测中心副主任。2015 年 8 月，他来到河南省滑县任北李庄村第一书记。"没见面前，村里人都担心省城下来的干部吃不了苦，或是那种下来镀镀金就走了的。"北李庄村党支部书记刘洪选说，村里条件差，乡里给宋伟专门安排了宿舍，可没过两天，他就拎上行李住进了村委会旁简陋的水井管理房。这时，刘洪选心里悬着的一块石头落了地——这个书记是真来干事的。

踏踏实实为百姓干事的扶贫干部们收获的不仅是一张张亮丽的脱贫成绩单，更有老百姓大大的赞。

在河南省兰考县三义寨乡付楼村，50 多岁的村民郝金刚腿有残疾，独自拉扯两个未成年的孩子，之前家里穷得连被子都不够盖。第一书记郭洁和扶贫工作队了解情况后，帮郝金刚翻修了房子，买了种兔，盖了兔舍。最近，郝金刚卖了一窝兔子，挣了 1000 多元。"啥是好干部？帮咱老百姓干实事的就是好干部。"郝金刚说。

四川省平昌县双鹿乡利民村第一书记王良成，被当地老百姓称为"实在亲戚"。

"实在亲戚"是王良成用脚跑出来、用手干出来的。村民李成伦说，修路时，王良成带头开挖路基，手上磨起泡、长了茧。"在他身上看不见当官的影子，就像咱自家的亲戚。"

中央党校教授辛鸣说，扶贫干部们要把党和政府对贫困群体的关心落到实处，不仅要有扶贫的本领和能力，更重要的是要对群众有真情实感。

感情在扶贫中加深，责任变成了自觉。在扶贫工作中，扶贫干部挤时间去贫困户家串门，找机会去跟帮扶对象交心，不仅人扎在了基层，更把心留在了基层。不少扶贫干部感触颇深地说，带领百姓脱贫已不是肩上的责任，而是他们发自内心的深切愿望。

有想法，敢担当，愿奉献

不少扶贫干部反映，扶贫工作不是累，而是难，吃苦只是"最低标准"，更要懂政策、有想法、有能力，才能带领老百姓脱贫致富。

西藏拉萨市城关区夺底乡维巴村扶贫第一书记达娃旦增走访发现，很多贫困群众不是不想富，而是不知道该往哪里使劲。为了给不同群众提供有针对性的救助，他想方设法提供多种致富渠道，让每一位贫困群众都能有一条适合自己的致富路。如今，维巴村已变身"家富、村美、人和"的先进村。

群众贫困往往受到当地的自然条件和落后思想束缚，摆脱贫穷就要打破现状，敢想敢干。如果不敢担当，遇到问题畏首畏尾，决策时躲躲闪闪，就会让发展的机遇白白溜走，脱贫致富只能是水中月、镜中花。

重庆市丰都县包鸾镇飞仙洞村有肉牛养殖的传统，但由于当地严重缺水，养殖规模难以扩大。水利部长江水利委员会的邵明磊驻村工作后，将肉牛养殖作为抓手，很快就争取到了扶贫资金和项目。然而，项目实施不久就卡壳了。施工中遇到青苗补偿、占地补偿、项目承包等难题，一些村民情绪激动，坚决不允许挖机进场。邵明磊一边拍着胸脯向村民保证，一边耐心细致地回应村民诉求。干部的担当给老百姓吃了定心丸，最终获得群众支持。

扶贫工作中，更有一批献出自己青春和生命的干部。狭窄的山路"挂"在绝壁上，路上、树上散落着汽车残骸，鲜血顺着山路直流而下，贫困户的信息登记表上血迹斑斑……今年"七一"前夕，重庆城口县3名扶贫干部在走访贫困户途中发生交通事故殉职。他们中，有两鬓斑白、即将退休却义无反顾扛起贫困村第一书记重担的何国权；有眼底动脉硬化手术3天，眼睛还缠着绷带就上山走访的彭中琼；有放弃假期，每天翻猪圈、钻鸡舍，5个小时扎在鸡群里打疫苗、看疫情的李奎。他们曾倾注心血的贫困村柿坪村已成为全县唯一拥有两家龙头企业的行政村，人均年收入达7403元。

摘帽不脱责，扶上马送一程

贫困县脱贫摘帽后，扶贫干部们并没有着急"甩手走人"。他们心里想得更多的是，扶上马还要再送一程，让群众在奔小康的道路上走得稳一点。

兰考县脱贫后，扶贫工作队就地转变为奔小康工作队。"脱贫不是重点，小康才是目标。兰考虽然摘掉了贫困帽，但和全面建成小康社会还有很大差距。"兰考县委书记蔡松涛说，扶贫干部不能着急"班师回朝"，未来还面临稳固脱贫成效、避免返贫、带领人民全面建设小康的艰巨任务。

在贵州省六盘水市钟山区大湾镇海拔2900多米的"贵州屋脊"，有一个名叫海嘎的贫困村。2010年3月，杨波来到海嘎驻村扶贫。在他的带动下，海嘎解决了祖祖辈辈行路难的问题。然而，让全村人诧异的是，3年后第一届驻村工作结束，他又主动申请回到海嘎继续驻村。"老百姓还没有彻底脱贫，我还不想走。"

7年来，海嘎村发生了翻天覆地的变化，茅草屋变成了白墙青瓦的砖房，村中道路宽敞明亮，路灯成排，村民人均收入突破7000元，但杨波还不忍离开。"脱贫攻坚是一场硬仗，剩下的工作都是难啃的硬骨头，现在走我不放心。"

在脱贫攻坚中，扶贫干部是老百姓的领路人；而在脱贫后时代，扶贫干部则成为老百姓小康道路上的守望者。（《半月谈》2017年第24期　记者宋晓东、李平、李文哲）

三年村干部　一世农村情
——记贵州石阡农村扶贫干部

广袤的云贵高原上，脱贫攻坚正如火如荼。与贵州农村大多数年轻人奋力走出大山相反，数万名 80 后、90 后年轻扶贫干部一头扎进大山深处的贫困山村，成为当地脱贫攻坚的领路人、贫困群众的"主心骨"，与农村结下了一辈子的不解之缘。

记者在贵州省铜仁市石阡县采访了解到，众多年轻的驻村扶贫干部成为贫困山村里最活跃的元素。他们扎根深山，甘心奉献，把满腔热情奉献给农村的每一寸土地，让地处武陵山集中连片特困区的这片热地呈现出欣欣向荣的面貌，全面小康生活越来越近。

改变自己：从怕讲话到会讲"群众话"

要改变贫困，先改变自己。石阡县共选派了近两千名干部长期驻村扶贫，与贫困群众同吃、同住、同劳动。他们很多都经历了从没有群众工作经验，到会讲群众话、会吃群众饭、会做群众工作的历程，年轻扶贫干部们的自身升华成为带领群众脱贫攻坚的基础。

尽管家距离所驻村仅半小时车程，但石阡县工业和商务局派驻枫香乡黄金山村的第一书记樊正敏每周只回家一次，而且时间不超过一天，其余时间都工作在村里、吃住在贫困户家里。

"只能抓紧早上七点前和晚上八点以后的'黄金时间'走访老百姓，其他时间他们都上坡干活去了。"有了两年半驻村工作经验的樊正敏说："不这样扎根在村里，不和他们吃住在一起，就没法和群众真正搞成一条心，睡在家里也睡不踏实。"

从机关到乡镇，扎下根来，才能把"两条心"变成"一条心"。还有的干部则是放弃相对优越的县城工作，主动回到农村参与脱贫攻坚工作。

"收入从每月四千多降到了现在的两千多，工作时间从原来的每天八小时左右延长到现在的十几个小时，工作内容从单纯的导游，变成了现在烦琐、复杂的群众工作。"坪山乡大坪村监委会主任左艳去年辞去了在县城从事的导游工作，如今成了村里唯一的大学生村干部。"再多付出都值得，这是生我养我的地方，但贫困发生率20%以上，不能让家乡总戴着深度贫困村的帽子。"左艳说。

缺少群众工作经验的年轻扶贫干部们在做中学、在学中成长。"做三年村干部，抵得上读三年大学。"中坝街道大湾村党支部副书记罗忠俊说："以前最怕开群众会，开口怕遭骂，开口了说错话更怕遭骂。第一次开群众会发言，我是照着事先写好的稿子念，但现在不用看稿子，连续讲两个小时没问题。"

改变农民：从授人以"鱼"到授人以渔

村看村、户看户，群众看干部。充满活力、积极有为的驻村干部们身体力行，帮助农民发展产业，学习技能，大大增强了农民脱贫致富的信心，

在贵州省石阡县枫香乡黄金山村，村第一书记樊正敏（右一）与村民一起割草（2018年8月27日摄）。新华社发 杨文斌 摄

在贵州省石阡县五德镇桃子园村，村第一书记游龙（左）在给村集体经济合作社饲养的兔子投食（2018 年 8 月 28 日摄）。新华社发 杨文斌 摄

拼版照片：左图为石阡县枫香乡黄金山村第一书记樊正敏（8 月 28 日摄）；右图为石阡县五德镇桃子园村第一书记游龙（2018 年 8 月 28 日摄）。新华社发 杨文斌 摄

更激发了他们的内生动力。

　　站在大湾村村口，可以看到陡峭的大山上漫山遍野都是新植的枣树，一米多高的枣树上正挂满拇指大小、即将成熟的酥脆枣。两年前，大湾村党支部副书记罗忠俊带着村民去外省考察，结合本地土壤和气候条件选定了酥脆枣作为脱贫产业。

62岁的大湾村村民邹黔平指着枣子基地说："这座山上种过杜仲，种过柚子，种过药材，但十几年来就没有成功过，村民都失去了希望，但现在枣子成功了，增强了村民发展产业的信心。"

不少外出打工的农民信心十足地选择回乡工作。五德镇桃子园村贫困户黎国权结束了多年在外打工的生涯，去年开始跟着驻村第一书记游龙学习养兔技术，如今成了村集体经济合作社的养兔技术员。"喂料、防疫、打针的技术都掌握了，每个月的工资共有2600元，还能在家里照顾孩子和老人，强过在外面打工。"黎国权说。

驻村扶贫干部们的引导大大激发了群众脱贫致富的内生动力。坪山乡大坪村贫困户左直海近日住进了驻村干部帮忙新修的三间砖房，还特意规划了一个猪圈，准备马上养猪。然而，数月前，50多岁的左直海还住在祖辈八代人曾居住过的木房子里，对劳动致富提不起兴趣。

"不断跟他讲，政策不养懒人，都要勤劳致富。驻村干部轮番到他家做思想工作不下20次，直到几个月前他才坚定自力更生的决心。"左艳说："村里帮他争取了危房改造资金，他自己投工投劳，一个月就把房子建好了。他还主动要求养几头猪，争取尽快脱贫。"

"扶贫先扶志，治穷先治愚。扶贫干部可能有一天会撤离，但帮贫困户培育起来的内生动力将永远伴随他们，这是最强大的脱贫致富推动力。"大沙坝乡党委组织委员、邵家寨村党支部书记安繁华说。

改变农村：从贫困"天堑"到致富坦途

要想富，先修路。在石山林立、沟壑纵横的石阡，基础设施欠账大和产业发展缓慢两大短板曾是横亘在贫困群众与致富之门之间的"天堑"，如今农村公路四通八达，扶贫产业随处可见，每条路、每个产业都凝聚着驻村干部们的心血。

左艳永远也忘不了，几年前，她从村里去乡里读书，背着十多斤重的油、米去学校，走山路要走六小时，现在六点五米宽的柏油路已经修好，到学校车程仅半小时。中坝街道脱贫攻坚指挥部办公室副主任莫若依旧记得第一次进村帮扶的景象。"第一次进村碰上下雨天，道路泥泞不堪，摩托车是抬着进的村。那时村里没有一条硬化路，现在水泥路几乎修到每家每户的家门口，出门鞋不粘泥。"他说。

2014年以来，石阡县投入140多亿元，修建各类道路3500多公里，硬化路通到每个自然村。现在正投入3亿多元，建设人饮安全工程，确保家家户户打开水龙头就有水喝。铜仁市委常委、石阡县委书记皮贵怀说："必须下大力气补齐基础设施建设短板，才能让脱贫攻坚成果惠及全体老百姓，才能夯实贫困人口稳定脱贫基础，确保坚决打赢脱贫这场硬仗。"

每个村随处可见的成片产业是石阡农村的另一道风景，尤其是由驻村干部们领导的集体经济所发展的产业正成为群众脱贫致富的重要支撑。在枫香乡黄金山村，两米多高的牧草沿着山脚一直绵延到山顶，山脚下的牧草加工厂每年7月开工，一直运行到11月份牧草加工结束。"去年，牧草加工厂纯赚13.6万元，给全村贫困群众分红5万元。"樊正敏说，下一步要继续扩大牧草种植规模，带领全村从草里"淘金"。

"因地制宜发展起来的扶贫产业搭起了通往富裕生活的桥梁，农村面貌日新月异，农村的绿水青山正在变成'金山银山'。"石阡县委副书记邓诗微说。（新华社贵阳2018年9月28日电　记者欧甸丘、施钱贵）

163 份留任申请
——记江西吉安 163 位主动留任的第一书记

在江西省吉安市，今年有 163 位第一书记主动提出留任申请。他们都有一个共同的初心——想为贫困群众多做一些事情，为脱贫攻坚多贡献一点力量。

163 份留任申请

思忖再三后，刘智勇再次提出了留任申请。

40 岁出头的他是吉安市台办的一名干部，也是永新县龙门镇黄岗村的第一书记。

为打赢脱贫攻坚战，我国从 2015 年开始大规模选派机关优秀干部到贫困村担任第一书记。刘智勇成为吉安首批 1041 名驻村第一书记之一，任期两年。

2017 年，刘智勇任期届满，但村庄尚未脱贫，他选择了留任。今年，第二个任期届满，村庄也顺利脱了贫，但他依然选择了留任。"村子刚脱贫，一些产业还刚起步，等村集体每年有 10 万元稳定收入，我才能放心回去。"他说。

在今年新一轮第一书记选派中，吉安共有 163 位第一书记主动申请留任。他们中年纪大的已到退休年龄，年轻的有"90 后"；有第一次留任的，也有一留再留的。

这 163 份留任申请，除 1 份外，其他获得批准。

被"婉拒"的是吉安县万福镇圳上村第一书记兰兆义，他是申请留任的第一书记中年龄最大的。

2016 年，58 岁的兰兆义主动请缨来到圳上村，在他的带领下，圳上村已成功脱贫。

去年底，兰兆义到了退休年龄，但想到村里还有几户未脱贫，他继续留了下来。今年，他又提出留任，但当地政府考虑到他的年龄和身体状况，"婉拒"了他。

如今，接替他的同事周海钧已到任，但兰兆义偶尔仍会打电话问问村里情况，村里有事也会征求下他的意见。周海钧说，他仍是村里的"编外第一书记"。

他们为何申请留任

第一书记长期驻村，有的顾不上年幼的孩子，有的错过见父母最后一面，有的甚至付出了生命。对"为何申请留任"，他们的回答各不相同。

有的是因为一份未完成的愿景。在永新县禾川镇汴田村，吴页宝也留了下来。他是吉安市农科所的蔬菜专家，也是村民舍不得放手的"蔬菜书记"。在他的指导下，如今村里种菜的亩均纯收益从 2600 元增加到近 6000 元，贫困户从 31 户减至 3 户。

说起留任的原因，他说："有的村民技术还没完全掌握，这个时候离开有点不放心，想坚守到脱贫攻坚最后一刻。"

有的是舍不下和群众的深厚情谊。"留任，说不犹豫是不可能的。"遂川县雩田镇村口村第一书记方敏军已是第二次留任，去年因村里有事，他错过了见父亲最后一面。如今，大儿子13岁，小儿子才几个月，他不想既欠下对父亲临终的陪伴，又欠下对儿子成长的陪伴。

但当村民将一份按着一个个红手印的请愿书递到他面前时，他又留了下来。

还有的是在扶贫中收获了成长。1992 年出生的罗威威是遂川县新江乡横石村第一书记，也是这次留任中年龄最小的。刚到村里时，村民们只当这个清秀小伙是来"镀金"的，直到村里白莲产业从无到有，用电从低压不稳变稳定，村道从泥巴路变硬化路……

"现在回到家父母都觉得我变化特别大。"罗威威说，选择继续留任的原因之一，就是他在帮助村民的同时也收获了成长。

带着初心继续前进

163 位第一书记主动提出留任申请背后，有一个共同的初心：想为贫困群众多做一些事情，为脱贫攻坚多贡献一点力量。

谢冰，井冈山市厦坪镇厦坪村第一书记，2015 年来到这里，一待就是四年。2017 年 2 月，井冈山在全国率先脱贫。谢冰说，他很荣幸，这个历史时刻的背后也有他的一点微薄力量。

今年，谢冰再次申请了留任。他说，虽然脱了贫，还要继续带大伙奔小康。

还有一些第一书记在扶贫中进一步明晰了初心——

"刚下村子，我以为只是完成一个短期任务，不用耗费太多精力。"永新县三湾乡九陇村第一书记郑兵坦言，第一次坐车 3 小时到驻点村，看到这么偏僻的地方，心里直打鼓。

"既然来了就要为当地群众做些事情。"抱着这样的想法，郑兵投入到扶贫工作中，修路、装路灯、引产业，随着工作深入，他对扶贫有了新的认识。51 岁的他一留再留，如今又开始了第三个任期。

更多第一书记带着初心继续前进——

万安县高陂镇符竹村"90 后"第一书记肖岩说，脱贫攻坚进入冲刺阶段，剩下的都是"硬骨头"，但他们一定会排除万难，确保脱贫攻坚战取得最后胜利。

在吉安市扶贫办主任巴庚明看来，当地上百名第一书记怀抱初心，主动担当使命继续留任，是全国成千上万扶贫干部众志成城打赢脱贫攻坚战的一个缩影。（新华社南昌 2019 年 10 月 23 日电　记者郭强　熊家林）

穷山村来了"富亲戚"

——云南驻村第一书记群像扫描

　　入秋后的乌蒙山腹地，逐渐开启了阴冷模式，雨雾天气成为日常。这里的驻村第一书记们却一刻不停，不顾风雨、走村入户，补齐脱贫的最后短板。

　　午饭过后，云南省昭通市镇雄县芒部镇松林村开始起雾，不一会儿数米开外就很难看清对面是谁。第一书记易志强带着笔记本来到了上下街村民小组，连续走访好几户群众都没在家。

　　"这几年变化很明显。"易志强说，以前村里都是泥巴路，这种天气村

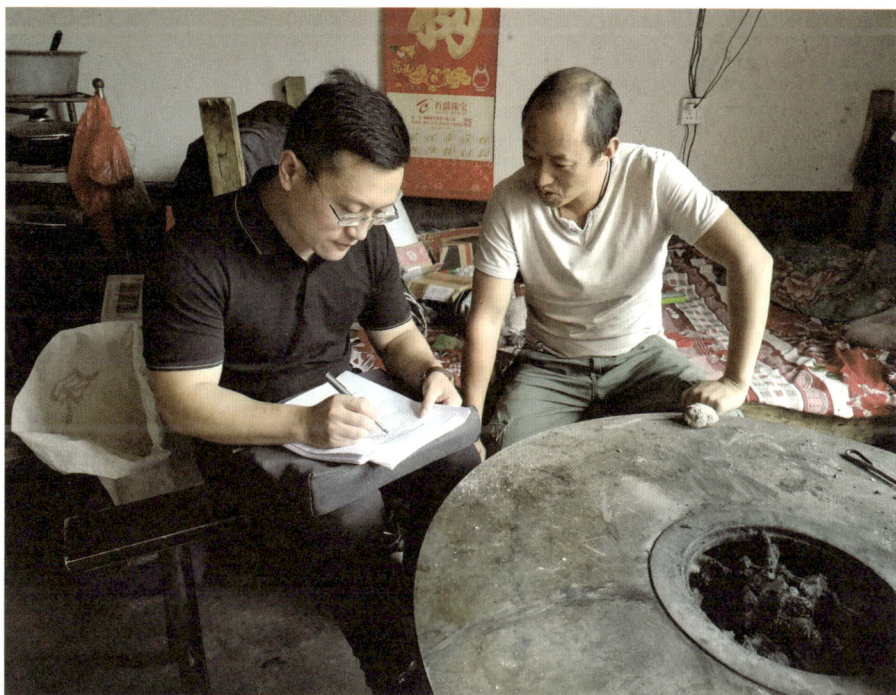

2019 年 9 月 11 日，云南省昭通市镇雄县芒部镇松林村第一书记易志强（左）入户走访。新华社发

民就窝在家里烤火，现在道路硬化了、交通改善了，大家更愿意选择外出务工。他今天的主要任务就是走访贫困家庭留守学生。

镇雄县是全国剩余贫困人口最多的县，也属于镇彝威革命老区，贫困程度深、脱贫难度大。到去年底，镇雄县还有贫困人口 12.2 万人。

为了打好剩余贫困人口"清零"攻坚战，云南省强化了对镇雄县的帮扶力量，安排业务精湛、工作能力强的第一书记，激活贫困村发展动能，确保贫困群众如期脱贫。

"教育扶贫的任务重，但带动脱贫的效果好。"易志强说，这几年，通过"控辍保学"压实教育扶贫的责任，群众越来越重视教育。

尤其是今年，芒部中学一名贫困家庭学生考入北京大学，在当地传为美谈。"要借着这股劲让大家更重视教育。"谈话间，易志强来到了 17 岁的彝族小伙儿王俊安家里。"俊安，最近考试怎么样？生活上还有没有困难？"

王俊安今年上高三，生活在一个单亲家庭，自幼跟着奶奶生活，全家生活靠父亲在外务工的收入。因为脱贫攻坚，家人告别了茅草土坯房，搬进了二层楼的房子。

得知王俊安最近成绩波动比较大，易志强安慰他说："在学习新知识的同时，面对每次考试都要调整好心态，心态会影响高考发挥。"

易志强说，自 2018 年驻村以来，他通过各种途径争取教育帮扶资源，让贫困山村的学校有了多功能电脑室，学校的硬件条件得到了改善。

2015 年以来，云南省累计选派近 5 万名驻村第一书记、19.47 万名驻村扶贫工作队员，他们守初心、担使命，为贫困地区注入新鲜力量，把党和人民紧紧联结在一起。

得益于第一书记的帮扶，先进的生产理念被送到了边境贫困县，贫困乡村的发展动能被激活，位于中缅边境的普洱市澜沧县就是其中的缩影。

澜沧县是云南 9 个未摘帽县之一，是直过民族拉祜族聚居的区域。临近深夜，竹塘乡云山村的第一书记何朝辉还在忙着三七花酒厂投产相关工作。

"酒厂将延伸三七的产业链，为群众持续增收打下基础。"来自中国工程院的何朝辉介绍，2015 年中国工程院对澜沧县实施定点结对帮扶，帮助当地发展了冬季马铃薯、林下三七等产业，建成 20 余个优质高产示范样板区，仅冬季马铃薯就为种植户每年户均增收 5000 元至 8000 元。

"把先进的生产要素带到贫困地区、先进的生产理念教授给群众，才可能让贫困地区产业更有持续性。"何朝辉说，中国工程院与当地部门深入合作，已培养了 1500 多名新型职业农民，同步实现了"富口袋"和"富脑袋"。

"种出了好的农产品，还得需要卖得好，形成产业闭环，才能让群众真增收。"何朝辉说，为拓宽贫困地区农产品销路，从去年开始，院士团队联合电商平台，对村民进行电商培训；今年邀请中国工程院院士朱有勇到地里进行电商直播，1 个小时卖出 25 吨马铃薯。

在各方共同努力下，贫困户不仅有了标准化的种植基地，还有了自己的网店。

在首届扶贫电商班结业时，学员张杰以近 2000 次观看、数百个粉丝关注的成绩，获得直播赛冠军。

"不敢想。"张杰说，通过培训，他已经掌握注册店铺、上传商品、提升店铺流量、直播带货等全流程的电商知识，自己也从电商消费者变为电

2020 年 4 月 7 日，中国工程院院士朱有勇（前）在云南省普洱市澜沧县马铃薯基地直播带货，帮助当地销售马铃薯。新华社发

商商家。

看着贫困地区发生的点滴改变，云南驻村的第一书记们感受到扶贫工作的意义，但有时候改变并不容易。

在"三区三州"之一的怒江傈僳族自治州，让群众住上安全稳固住房是当地脱贫攻坚的重要任务。45岁的托坪村第一书记和锐在2017年来到村里时，认为这项工作应该不难。但第一次入户就让他吃到了"闭门羹"。"生活在山上的群众，不想搬、不愿搬。"回想起入户的场景，和锐至今印象深刻，被群众拒之门外、不被群众理解⋯⋯

"没办法，硬着头皮还得上。"和锐说，他白天帮着群众干活、晚上入户，终于打开了群众的心结。随后，他和扶贫干部带着群众参观建成的安置点，了解新生活、新产业，最终群众同意搬迁。

搬迁到新家的群众，已有4对新人结婚。在此之前，村里已经好几年没有办过喜事了，和锐还是其中两对的证婚人。

"贫困群众搬新家、办喜事、迎新生。"和锐说，与群众打交道过程中，他更了解群众生产生活情况，也提升了自己的基层工作能力和水平，更重要的是擦亮了胸前的党徽，让群众更加相信党和政府。（新华社昆明2020年9月21日电　记者杨静、吴寒、王安浩维、吕馨慧）

第一书记扑下身子"挖穷根"

——来自辽宁喀左县的扶贫见闻

2018 年 2 月起，辽宁省选派 1.2 万名素质好、能力强、有经验的干部陆续到全省 593 个经济困难乡镇和 1.17 万个贫困村任职或进村担任第一书记，辽宁省发展改革委 4 名干部被选派到贫困程度最深的地区之一朝阳市喀喇沁左翼蒙古族自治县（以下简称喀左县）坤都营子乡，分别任乡党委第一副书记和下面几个村的第一书记。

两年间，几位"第一书记"一心一意谋发展，扑下身子"挖穷根"，不仅给当地群众种下致富"种子"，还带动当地干部不断改进工作作风和拓展工作思路。

狠抓项目"挖穷根"

2018 年 3 月 12 日，4 个人第一次来到坤都营子乡，看到尘土飞扬的土路和几个村里已成危房的村部，他们不约而同地皱了皱眉头。坤都营子乡是一个无资源的贫困乡，下辖 6 个行政村均无村集体收入，在这样一个贫困落后的乡，工作该从何入手？又该帮助乡村解决哪些实际困难？

来到乡里的第一天夜里，任乡党委第一副书记的侯全生就迫不及待地召集大家开会研究，将"找准短板拔掉穷根，谋划项目产业先行"作为接下来的工作重点。从 2018 年 3 月开始，在辽宁省发展改革委党组的大力支持下，辽宁省国际工程咨询集团和辽宁省城乡建设规划院组织人员先后 4 次到乡里调研，并免费为坤都营子乡编制工业产业园规划。

2019 年 6 月，坤都营子乡第一个工业项目——年产 20 万吨纳米碳酸钙新型环保材料项目在工业园区落地。"从规划到各项手续，我们全程跟踪，陪着企业一起跑下来。"侯全生说，此项目总投资 1.8 亿元，达产后每年可实现税收 3000 万元，带动当地约 200 人就业。

坤都营子乡是典型的农业乡，种植业大多以玉米为主，产品附加值低。张道锦驻村前在工业处工作，"进村"后他总是琢磨如何提高这里农产品的附加值，并隔三岔五就邀请企业家来此考察。2019 年 8 月，总投资约 2.5 亿元的辽宁喀左运晟达农产品深加工项目作为"飞地经济"项目顺利在这里落地。

把老百姓当亲人

第一书记怎么干？坤都营子乡几名扶贫干部用行动回答：要把自己融入贫困地区，带着感情、全心全意、不遗余力地干。

来到坤都营子乡之前，年过半百的侯全生每周一、周三都要到 90 多岁的母亲家陪母亲过夜。今年 4 月 18 日，老侯的母亲过世了。在处理母亲后事时，他还在一遍遍打电话沟通项目的落实。处理完母亲后事的第二天，他就返回乡里的工作岗位。

桑颖是拖家带口来扶贫的，她不仅动员在沈阳农业大学工作的爱人一起来到喀左县驻村扶贫，还把孩子、父母也一起带到身边，以便照顾。提起与农民打交道，桑颖说，要从心底里把老百姓当成自己的亲人才行，她和爱人还总结了"四得"工作法：进了老乡家的门，手要握得、水要喝得、炕要坐得、嗑要唠得。

秋天丰收时，房申村的农产品销路成了问题，第一书记代聪看在眼里急在心上。为帮村里省下运费，他开着自己的私家车，独自驱车近 500 公里，载着 600 斤的农产品和展板去参加在沈阳举办的第一书记大集展会。最终，不但农产品销售一空，还成功与一家企业签订了战略合作协议，解决了村里农产品的销路问题。

"希望他们在这多干几年"

记者在坤都营子乡走访时，反复听到当地村民评价第一书记的一句话——"希望他们在这多干几年！"一句普通的评价，背后承载的是第一书记给当地带来的三个变化。

——立竿见影改善困难群众生活。几年前，因爱人右股骨头坏死丧失劳动能力，孩子又在上学，上店村贫困户张晓兰一家四口不仅日子过得很紧巴，还因房屋年久失修，每天都生活在担惊受怕中。2018年，在驻村第一书记张道锦的上下协调和帮助下，张晓兰家盖起了新房子，还养了3头牛。去年8月，张晓兰卖了1头牛，9000元的收入让她开心了很久。

——有的放矢打通致富堵点。要致富，先修路。"第一书记来了短短两年时间，我们村就修了7.8公里的巷路、13.6公里产业路。"坤都营子村村民白凤合说，坤都营子村曾是全乡唯一道路零硬化的村，第一书记来之后，不仅筹措资金为村里修了路，还整修了1个文化广场和4座桥梁。

——言传身教提升当地干群精气神。记者在这几位第一书记挂职的几个村里走访时看到，村里的干道从原来的土路变成了水泥路，房申村和上店村原本破败不堪的村部已换成了崭新的三层小楼，坤都营子村的村部正在重建，旁边新盖起的农村留守妇女儿童之家已经投入使用。几个村的村干部兴奋地告诉记者，再也不用雨中打伞开会或者太阳底下暴晒开会了。

"抛开项目不谈，他们在全乡干部面前展现出的精神面貌，让大家深受鼓舞。"在坤都营子乡党委书记陈大勇看来，省里选派到村里的扶贫干部不仅懂业务、有人脉，最重要的是他们身上那种向前冲的干劲，时刻感染着乡村干部。"这些选派干部不仅是乡村振兴的参与者与建设者，更是领跑者。"

（新华社沈阳2020年7月29日电　记者陈梦阳、白涌泉）

春天，一个深度贫困村的特殊"接力"

"黄书记，你看这几户的位置和信息有没有画错？"

"嗯，没有错，很细致。"

······

初春的上午，记者走进广西百色市隆林各族自治县新州镇岩楼村村部时，几位村干部正围在一张办公桌旁，核对几张手绘地图上的信息。

说话的两人一个叫黄海棠，一个叫陈皆全，都是岩楼村驻村第一书记。前者即将离任，后者将接过这关键一棒，跑完今年这段脱贫摘帽路程。

"这几张地图是陈皆全和村干部一起画的。"黄海棠说。陈皆全3月16日来到村里，和黄海棠有一个月交接时间。为帮助陈皆全尽快熟悉村里情况，黄海棠和村干部带着他挨家挨户走访，目前已走完全村5个屯中的4个，画下桌上这4幅地图。

位于石山地区的岩楼村是深度贫困村，全村村民84%是苗族，16%是壮族，共有316户1422人，其中贫困户126户561人，目前尚未脱贫11户39人。

这里山多路窄，村屯之间距离较远，想要掌握全村基本信息，绘制地图很有必要。"走访发现，全村有不少同名同姓的，像叫杨文强的就有3个，把地图画准了，入户等工作才能更精准、方便。"陈皆全说。

两年前，黄海棠刚到岩楼村时，也是这样挨家挨户走访。在村民杨周文家，这位年过六旬的老村委会主任对她说出自己的"心病"。"这几年村里房子盖得挺漂亮，路也修到家门口，村民收入也过得去，最困难的就是缺水。"从那时起，一个"水"字就深深烙在黄海棠心里。

"很多村民收集雨水或接一些山泉水饮用，为节约用水，有的甚至要到10公里以外的地方洗衣服，这对我触动很大。"黄海棠说。上任后，她马上利用拨付的 5 万元资金建压力池、拉水管，基本解决 2 个屯用水问题，竣工时村民们高兴地拉着她的手，热情地邀她吃饭。

去年岩楼村获得 280 万元饮水提升工程项目。为加快项目建设，黄海棠和水利技术员、村干部翻山越岭寻找水源，测量引水线路。为做通水源地村屯群众思想工作，黄海棠跑了六七次，其间被责骂、被误解，还偷偷流过泪。经过不懈努力，项目终于顺利开工。

在解决饮水难题的同时，黄海棠还带领群众引进养殖大户，大力发展种桑养蚕产业。2019 年，全村种植桑叶 110 亩，养了 9 批蚕茧；今年计划再发展 150 亩桑叶，已经完成 100 亩。

走在岩楼村内，家家户户都装上了水龙头。"4 月底就可以竣工通水，可惜我可能看不到了。"黄海棠略带遗憾地笑着说。

去年 7 月，黄海棠被查出心肌缺血等疾病，但仍带

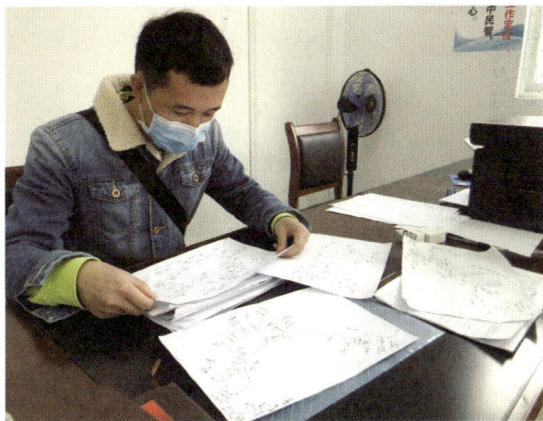

岩楼村新任驻村第一书记陈皆全在查看手绘地图上的贫困户信息（2020 年 3 月 26 日摄）。新华社记者 向志强 摄

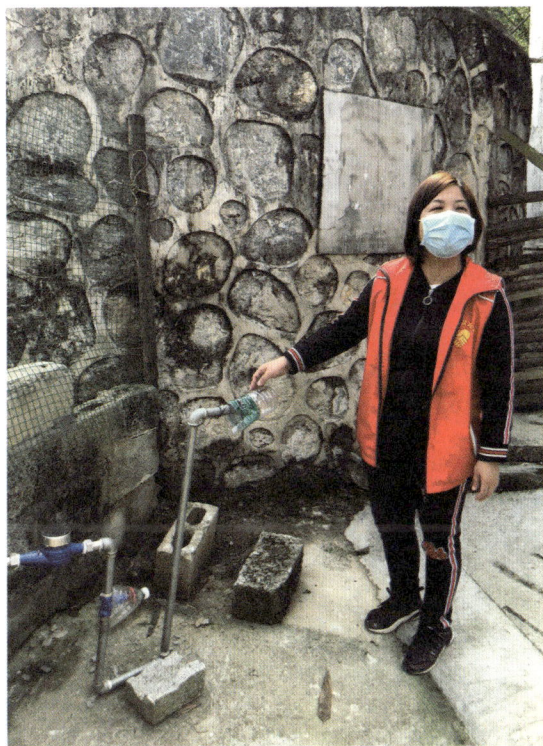

岩楼村即将离任的驻村第一书记黄海棠在查看村民家门口即将通水的水龙头（2020 年 3 月 26 日摄）。新华社记者 向志强 摄

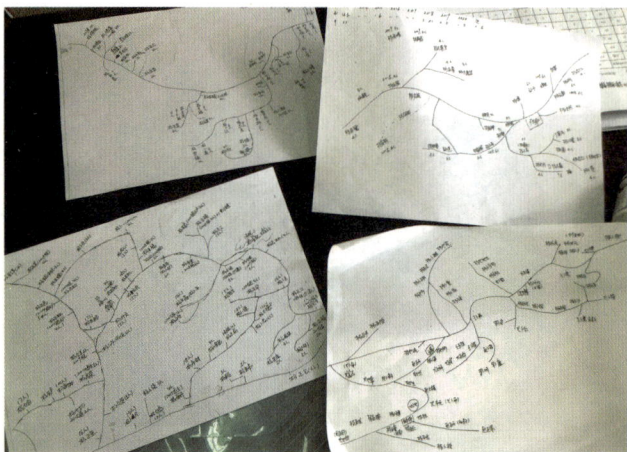

岩楼村新任驻村第一书记陈皆全和村干部们手绘的各屯农户位置地图（2020年3月26日摄）。

病工作。考虑到她的身体状况，她所在的百色市发展改革委派出"80后"陈皆全接替任期结束的她。"脱贫攻坚已到冲刺阶段，陈书记年轻又踏实，一定能完成好这个任务。"黄海棠说。

面对黄海棠和村民的期待，陈皆全信心十足。"一个是产业，一个是水源，这两个任务我都要接替黄书记好好干下去。"他说，等水龙头通水那一天，要邀请黄书记回来看看。说着，两位第一书记相视而笑，就像是一份约定。

2020年春天，这个深度贫困村的一场特殊"接力"，是使命的传递，更是信念的坚守——尽管脱贫攻坚工作仍然艰巨，但这场战役的全面胜利，一定会如期来临。（新华社南宁2020年3月31日电　记者向志强、胡正航）

从手绘脱贫地图看驻村第一书记李然的"奋斗足迹"

　　翻开驻村第一书记李然的扶贫笔记，一幅手绘的脱贫地图引人注意。地图中，江西省庐山市蛟塘镇芙蓉村状如一棵树枝四向伸展的大树，每根树枝的终端标记着一位贫困户的名字，整个村里贫困户的分布一目了然。

　　今年49岁的李然是江西省九江市教育局干部，去年8月底开始担任芙蓉村第一书记，这幅脱贫地图是他走村入户时所绘。芙蓉村是"十三五"省级扶贫开发重点村，丘陵地形，全村680户2885人，69户建档立卡贫困户"散落"在6个村小组中。

　　"最早是因为不熟悉，通过手绘地图尽快了解民情。现在不用借助地图也能很快找到贫困户的家，但每次翻看地图，都等于再次提醒自己，还有哪几户群众尚未脱贫。"李然说。

　　沿着脱贫地图，记者跟随李然一路走一路看。在扶贫工作队的帮扶下，芙蓉村已经有了很多看得见、摸得着的变化。

　　炎炎夏日，在村头的芙蓉制衣厂，中午一点不到，贫困户胡爱珍已经赶到车间。胡爱珍一家六口，父母身体不好，三个孩子都在上学，过去全家都指着她一个人在工地上做小工挣钱。了解到这一情况后，李然一方面帮她联系到村里新开办的扶贫车间工作；另一方面与帮扶单位协调给予教育资助，解除她的后顾之忧。"现在我每个月有3000多元的收入，比在工地上轻松很多，生活越来越有盼头。"言语间，胡爱珍脸上挂满笑容。

　　"脱贫摘帽，关键靠产业。"李然介绍说，像胡爱珍这样的贫困户，芙蓉制衣厂里还有5位，随着扶贫车间二期工程的开建，更多的贫困户将纳入产业发展的链条。此外，芙蓉村近年来逐步发展蛋鸡养殖、稻虾共养等产业，集体经济有了新突破。

　　从芙蓉制衣厂出来不远处便是芙蓉村新建的幼儿园，这也是最让村民引以为豪的变化。投入 200 多万元、高标准建设的幼儿园让村里孩子在家门口也能享受优质教育资源。

在李然看来，脱贫攻坚不能仅着眼于当下，而要立足长远，与乡村振兴相结合。为此，李然与扶贫工作队从产业、教育、村居环境等方面入手，为芙蓉村的未来打基础。

漫步芙蓉村，村容村貌干净整洁。而在这背后，李然等人付出了努力。为了推动村民改水改厕，李然等干部一度连续十多个晚上夜访农家，耐心做工作，最终赢得群众认可。

两度援疆，加上此番驻村扶贫，李然已经在外工作了 7 年多时间。去年底的一个晚上，李然妻子在九江家中因高血压突然晕倒，他连夜赶回家，将妻子送到医院做检查。当妻子血压情况稳定后，他又连夜把妻子带回村里的住所休息，此时已是凌晨 1 点多。

驻村以来，李然大多数时间吃住在芙蓉村，白天上户摸户情、村情，晚上经常召集村干部、工作队开会研究村扶贫工作。在深入调研基础上，芙蓉村把建档立卡贫困户按照致贫原因再次细分为四大类，因户施策和整体推进并重。在李然看来，只有把工作做得更细，把底子摸得更清，脱贫攻坚才能更好更快。

在扶贫工作队的帮扶下，目前芙蓉村已脱贫 46 户，今年将力争"整村退出"。"有汗水，有付出，更有收获，这就是奋斗的意义。"李然说。（新华社南昌 2018 年 7 月 1 日电 记者余贤红）

河南淅川：一位驻村第一书记的扶贫"三悟"

在豫、鄂、陕三省交界处的群山环抱之中，坐落着人口不过千余人的小陡岭村。2017年3月，淅川县教体局干部杨红江来到这里，担任驻村第一书记。"首在站位，贵在用情，重在实干，成在用心。"说起自己的驻村经历，杨红江感悟颇多。

一悟：找到一把尺，公平最能凝聚人

刚驻村时，贫困户身份认定引发的种种矛盾，就让杨红江始料未及。

"与周边村子相比，小陡岭村不是深度贫困村，大家对政策的理解也不到位，都争着想当贫困户。"杨红江说，有些没评上贫困户的村民"心里有疙瘩"，甚至把村里的公示文件都给撕了。

如何在保证稳定的前提下，将村里符合条件的贫困户应收尽收？经过商讨，杨红江和村两委班子一起定下"群众事务会上议"和"一把尺子量全村"的工作准则，严格按照"四议两公开"工作法，逐户对比，精准识别。"仅贫困户身份识别这个环节，我们就公开评议了不止十次。"杨红江说。

而对建档立卡贫困户的动态调整更是个"马蜂窝"，让谁进？让谁退？

2017年末，杨红江通过上级部门的大数据比对发现，某村民虽然被纳入贫困户，但实际上参股了公司，并不符合政策要求。

"刚开始让他退出，他怎么也不愿意，让他父亲给做工作也不行。"杨红江回忆道，"我们就反复跟他讲政策，谈了四五次，算是稳定退出了。"

就这样，"评上的再把关，没评上的回头看"，小陡岭村建档立卡贫困户退出1户新进8户，确保因各种情况致贫或返贫的贫困户无一遗漏。

一把公开公平公正的"工作尺"，不仅为刚从机关下到基层末梢的杨红江打开了局面，也为他迅速赢得了人心。"公生明，廉生威，这样再开展工作，老百姓自然就信任你了。"

二悟：培养一股劲，实干最能带动人

作为驻村第一书记，"五天四夜，以村为家"是杨红江三年来的工作常态。"对家人不是没有亏欠，但脱贫攻坚是最大的政治，也是最需要广大党员干部担当的时候。"杨红江说。

有次，杨红江的小女儿发高烧，咳嗽到脸都发紫了，身为高三老师的妻子打来电话，想让他回家照看一下，他却怎么也放不下村里正在开展的工作，只是在电话中叮嘱妻子，"找个人把娃子送医院吧"。

"办好群众的每一件事"，说来简单，做来不易。一有空，杨红江就会入户和村民拉家常、聊难处、调研户情，再因户施策，志智双扶。

村里有一户贫困户符合易地搬迁标准，但因为户内只有两人，镇上的安置房面积不符合政策要求而无法搬迁。

针对此特殊户情，杨红江和驻村工作队的同志们另辟蹊径，通过危房改造项目，为该户修建了45平方米的房屋，解决了其住房难的问题。

"我们村64户，通过易地搬迁、危房改造，房子问题都解决了，吃水

问题也都解决了。"杨红江说，"你给老百姓干实事了，他们看在眼里，记在心里，慢慢地他们自己就也有干劲儿了。"

在杨红江的带动下，不少村民的精神状态都发生了翻天覆地的变化。之前动力不足的，现在找到了合适的工作，成家立业；之前信心不够的，现在主动创业，不断发展壮大规模；之前思想落后的，现在成了村里听党话、感党恩、跟党走的典型。

而村里的党员干部也一改之前"只求过得去"的状态，定期开会学习政策，人手一本的《脱贫攻坚知识摘要口袋书》上面写满了笔记，争当干事创业的模范。

如今，小陡岭村的文化广场建起来了，农民学校开起来了，党群服务中心"靓"起来了，道德模范一年比一年多。村里的人居环境、精神风貌均大幅提升，乡野间氤氲着满满的正能量。

三悟：探索一条路，发展最能激励人

作为一个典型的深山村，小陡岭村自然条件恶劣，还常年面临劳动力短缺的问题。乍一看，发展产业基本是"无路可走"。

杨红江的"拗"劲儿却上来了，"组织既然把咱派这儿了，不干有愧，小干大难，大干不难。一定要把小陡岭村的产业搞起来不可！"

说干就干。经过走访调研，杨红江发现村民们素有养蜂、种菇的传统，只是未形成规模化，经济效益较为低下。

"如果这些传统种植养殖产业消失或废弃，那就太可惜了。"杨红江想，"所以我们想方设法来优化、整合、再造生产要素，充分解放和发展生产力，把村里的好传统变现为好经济。"

贫困户邢保华一家此前就有种植香菇的经历，却因创业失败赔了十余万而深受打击，不愿再尝试香菇种植。

杨红江了解到这一情况后，先从情感入手，帮邢保华打开心结，又多方联系资源，帮他重操旧业。如今，邢保华家的袋料香菇已经发展到3万多袋，还新添置了保鲜库、烘干机，准备拉长香菇产业链，越干越有劲，成了村里的"脱贫致富模范户"。

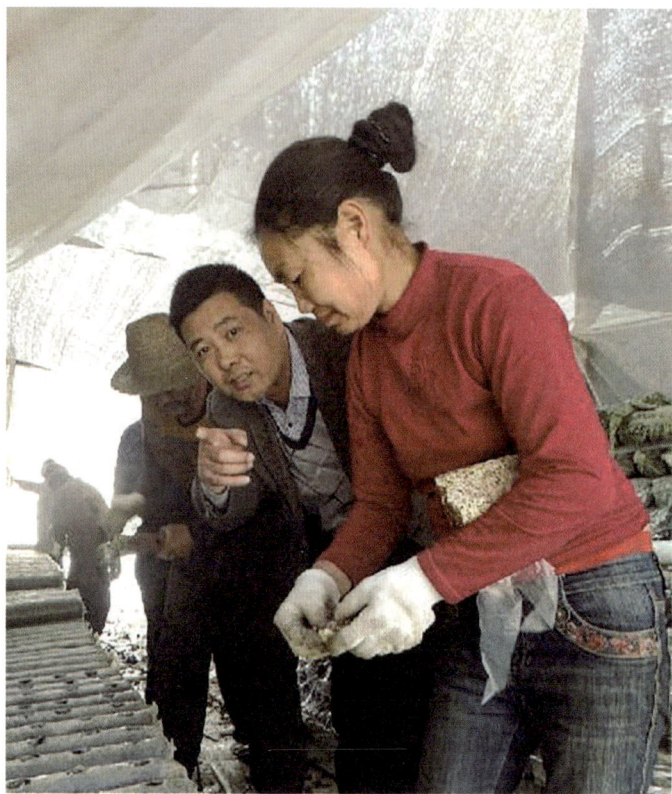

帮扶单位协调支持、引进资金和项目、村干部带头示范……在杨红江的努力下，小陡岭村截至目前已发展袋料香菇超过40万袋、中华蜜蜂500余箱，养殖牛、羊、猪等牲畜300余头（只），种植黄姜、丹参等中药材200余亩。不仅常住村里的群众有了更多致富增收的路子，不少外出务工和易地搬迁人员也纷纷回归，都在村里找到了一份合适自身情况的产业来打理。

"我们村一共64户建档立卡贫困户，其中60户都已实现高质量脱贫，贫困发生率由2016年的14.7%降至现在的1.07%。"杨红江说，"一年打基础，两年上台阶，三年大变样的攻坚目标基本实现。"

昔日闭塞落寞的小陡岭村，正加速蜕变为美丽多彩的新田园。（新华网郑州2020年5月29日电　记者袁月明）

第一书记的"三不承诺"

"镇干部宣读任命决定后，'刘县长'讲了'三个不'，一不贪钱，二不偷懒，三不半途而废。"在湘西北武陵山区慈利县东岳观镇一块绿油油的苞谷地旁，有着47年党龄的老党员钱兴钊说，"县官"回来当"村官"，群众都认为村里发展有希望了。

钱兴钊口中的"刘县长"，名叫刘涛，曾经担任湖南临澧县副县长，如今是东岳观镇南岳村第一书记。在当地村民眼中，这位从南岳村走出去的"80后"，至今仍是一个"奇迹"：18岁考上北大，31岁当上副县长，34岁却突然辞去公职，投身乡村建设事业。

4年前，刘涛回乡种猕猴桃的消息引发广泛关注。"现在回过头来看，尽管这几年磕磕碰碰，我依然不后悔当初的选择，乡村太需要年轻人了。"刘涛说，从副县长到村第一书记，变化的是职务头衔，没有变的是服务群众的入党初心。

南岳村多山地丘陵，村民主要种植水稻、苞谷、黄豆。与不少位置偏僻、条件较差的乡村一样，这里的年轻人大量外出务工，留在家里的都是老人小孩。钱兴钊说，由于缺少青壮年劳动力，南岳村的很多田地荒芜，老党员们心里着急，却束手无策。

辞去公职后，刘涛在老家流转了百余亩田地，全家老小上阵，种上了猕猴桃。他原本想，等自家果园开始受益后，就发动带领村民一起种猕猴桃。但土壤板结，排水不畅，不适合种猕猴桃，果苗大量枯萎死亡，补种了好几次，都没有成功。

第一次在乡村创业，就以失败而告终，还交了二三十万元的"学费"。经过总结反思，刘涛认为，会读书，会"当官"，不一定能当好农民。在

发展农业产业方面,自己经验不足,也缺少市场意识。如果不补齐自身短板,再贸然上马其他项目,还会碰一鼻子灰。

在朋友推荐下,刘涛加入了湖南一家大型生猪养殖企业担任董事长助理,1年后带领公司团队前往湘西开拓业务,创造了"企业＋银行＋贫困户"的精准扶贫模式。在这家生猪养殖企业工作2年后,刘涛又应校友企业家邀请,加入长沙一家生物医药企业担任高管。

"这几年我收获很大,以前是政府思维,现在是市场思维。"刘涛说,在企业担任高管,尽管收入不错,进步很快,但他一直不曾忘记回乡村创业的念头。

去年年底,经上级党组织批准,南岳村村主任刘际义等人带着全村百姓的期待,来长沙邀请刘涛回乡担任村第一书记。"他丝毫没有犹豫,当场就答应了。"刘际义说,刘涛不仅学历高,而且见多识广,一同来的党员都非常高兴。

"走马上任"几个月来,刘涛带领村两委班子成员寻求多方支持。现如今,停工已经两三年的村道拓宽改造工程又开工了,由南岳村村委会全额出资的农业公司也正式注册成立。

"初步打算是由这家农业公司收购村里山货,发展'订单农业',对接城市购买力,逐步壮大村集体经济。"刘涛说,"发展乡村产业,绝对不能操之过急,必须稳扎稳打。我这次回来,一定时刻牢记自己的承诺,不贪钱,不偷懒,不半途而废。"(新华社长沙2019年6月4日电　新华社记者刘良恒)

20 个月，奔走 5 万公里，更换 15 个轮胎……
与时间赛跑的极度贫困村第一书记

　　驻村 20 个月来，平均每天工作超过 12 个小时，驾车步行奔走 5 万公里，更换了 15 个轮胎，每家每户都留下足迹……广西大化瑶族自治县板升乡八好村是个极度贫困村，驻村第一书记韦德王和同事一道，带领群众，争分夺秒，决战贫困。

　　广西大化瑶族自治县西北部是典型的喀斯特地貌。八好村是大化县脱贫攻坚战场的贫中之贫、困中之困、难中之难。2018 年 4 月，韦德王来到八好村担任第一书记时，全村 438 户中有 377 户是贫困户，贫困发生率一度超过 90%，大部分贫困群众仍居住在危旧的木瓦房里，全村 23 个屯，只有

拼版照片：左图为八好村驻村第一书记韦德王手持自己制作的"八好村脱贫攻坚图册"（2019 年 12 月 16 日，新华社记者黄孝邦摄）；右图为"八好村脱贫攻坚图册"部分内容的拼版照片（资料照片，韦德王摄）。

一条公路，最远的弄哈屯从村里往返需要走六七个小时的山路。

脱贫任务如此艰巨，韦德王深感责任重，他带领同事从推进基础设施建设和脱贫产业项目入手，每天埋头苦干、与时间赛跑。他经常天没亮就出门，回到办公室已是深夜。韦德王制作了一本100多页的"八好村脱贫攻坚图册"，每个村庄、每户家庭的基本情况都在地图上进行详细的标注，他和扶贫队员对八好村"了如指掌"。然而，困难比他想象的要难得多。大山修路的难度难以想象，路不通，危房改造、水柜建设等其他工作就无从谈起。弄研屯至弄麻屯距离不到3公里，施工队要在接近山顶的悬崖峭壁上挖出一条公路，挖掘机无法作业，爆破又导致塌方形成新的悬崖，每挺进一米都举步维艰。山里极度缺水，修路、建房、做水柜，都需要从20多公里外的乡政府所在地运水和水泥……恶劣的自然条件严重制约了八好村脱贫攻坚的进程，韦德王承受着各种压力。

今年43岁的韦德王是大化瑶族自治县都阳镇双福村人，家中两个小孩正是需要陪伴成长的时候。困难时，他想到过放弃，也曾向组织提出过更换更优秀的干部来担任第一书记。2019年，大化县增派了3名驻村扶贫工

八好村驻村第一书记韦德王将汽车备胎放入后备厢（2019年12月16日摄）。新华社记者 黄孝邦 摄

作队员。组织和家庭及时给予韦德王理解、鼓励、支持，坚定了他的信念。

八好村驻村第一书记韦德王（右一）和群众一起搬运木板，准备修建水柜（2019年12月16日摄）。新华社记者 黄孝邦 摄

八好村驻村第一书记韦德王（中）在弄豪屯推进水柜项目建设进度（2019年12月16日摄）。新华社记者 黄孝邦 摄

八好村驻村第一书记韦德王（右）在扶贫养殖场了解乳鸽的生长情况（2019 年 12 月 16 日摄）。新华社记者 黄孝邦 摄

为了下屯推进工作，韦德王顾不上心疼车，路况太差开车不能通过时，他就下车步行前往屯里。一年多来，韦德王驾车步行奔走了 5 万公里，汽车更换了 15 个轮胎，他已记不清修了几次车，也记不清下车走山路时摔了几次、伤了几回。

八好村的面貌在短短 20 个月里，发生了可喜的变化：贫困发生率从超过 90% 降至目前的 61%；23 个屯中，4 个屯修通了水泥路，17 个屯修通了砂石路，最后两个屯的砂石路也即将修好；180 多户贫困户进行了危旧房改造；240 户贫困户修建了家庭水柜……韦德王说："即使是再换 10 个轮胎，我和同事也有决心有信心，坚决打赢八好村的脱贫攻坚战。"（新华社广西 2020 年 1 月 7 日电　记者黄孝邦）

中越边境线上的扶贫"追梦人"

"这是养的第几批蚕？""销售情况怎么样？""现在有什么困难吗？"……在汉邦村桑蚕产业园，王斌正在询问村民的桑蚕养殖和销售情况。

王斌是广西壮族自治区党委政法委干部，2018 年 3 月开始担任广西靖西市岳圩镇汉邦村驻村第一书记。任职两年来，他带领这个边境村的群众发展特色产业，一改村屯往日闭塞贫困面貌。

"我刚到任时，手机没有信号，打电话要走一段山路，能不能打通还得看运气。"王斌说，汉邦村地处中越边境，山石众多，基础设施条件差。为加强村屯与外界交流，他协调通信运营商在村里建起 200 兆电信宽带和信号发射器，解决汉邦村没有通信信号的困难。

"现在村里信号好，打电话方便，看电视也不再用天线，数字电视频道很多。"58 岁的贫困户黄成见说，在王斌的帮助下，他和其他贫困户享受数字电视费用和手机话费半价优惠。

为尽快熟悉当地情况，王斌在村屯航拍图上标记贫困户姓名，挨家挨户走访了解情况。"王书记经常来我家，我感觉很贴心、很温暖。我们有事就找他。"59 岁的贫困户黄大恩说，他 2014 年查出尿毒症，每周需要做一次血液透析。王斌得知情况后，安排他在公益性岗位工作，建蚕房时还帮他申请了 4000 多元的补助。

王斌告诉记者，长期以来，汉邦村农业产业结构单一、发展水平低。他深知产业扶贫是实现贫困群众稳定脱贫的重要方式，帮助果园业主注册"桔美美"商标，创建"党支部＋村民合作社＋企业＋基地＋农户"模式的产业园，鼓励村民发展桑蚕、烤烟等产业，不断丰富村民收入的多样性。

如今汉邦村产业覆盖率达 96.4%，全村 127 户 451 名贫困群众通过发展产业实现脱贫增收，桑蚕产业逐渐成为村里的主要产业。2019 年汉邦村贫困发生率由 2015 年的 42.79% 降至 0.83%，如期实现脱贫摘帽。

除发展产业外，王斌和其他村干部不断完善村屯基础设施建设。2018 年，他和技术人员翻山越岭，深入周边村屯寻找水源，对水渠、产业路进行实地勘测。在后盾单位帮助下，汉邦村结束了数十年人畜饮水和农业灌溉问题。他还帮村屯争取和建成 12 条产业路、8 条灌溉水利渠道、1300 平方米大蚕房、200 盏太阳能路灯项目等。

"自从王书记来了以后，村里发生了很大变化。以前挑水需要走一个小时的山路，现在用起了自来水，还能免费领取净水器。"黄大恩说，产业路全修通后，他可以骑车去田间采桑叶，桑蚕养殖年收入超万元。

为巩固脱贫成果，王斌还探索推行"支部统领、党员引领、支部带党员、党员带能人、能人带贫困户"的党建模式，充分发挥"领头雁"带头作用，以党建引领、促进脱贫攻坚。

"两年来，我和汉邦村互相见证着彼此的成长，这里已经成为我的第二个家，村民和我都在朝着更美好的生活奋进，我们都是边境线上的'追梦人'。"王斌说。（新华社南宁 2020 年 5 月 2 日电　记者黄庆刚、郭轶凡）

"货郎干部"扶贫记

"货郎经济"，宋代即盛行，延续上千年。新中国成立后，交通日益便利，货郎逐渐消失。然而，记者发现内蒙古鄂尔多斯农村牧区如今活跃着一批"货郎干部"，他们带着中央精神、国家政策，驻村帮扶，种下"乡村振兴希望"。

"第一书记"卖年货

1月9日起，"鄂尔多斯市乡村特产年货节"在市区举办，几十公里到两三百公里外的优质农副产品聚集而来。酸奶奶酪奶皮子、白面黑面苦荞面、鸭蛋鹅蛋绿壳蛋、胡油香油葵花油、农家猪肉草原羊肉，以及春联、花卉、地毯、民族工艺品等琳琅满目，备受人们欢迎。

"黄酒、酥鸡、炸糕圈、八大碗、手擀豆面、黑豆豆腐都是稀罕东西。"市民王美君乐开怀，"往年想给孩子吃地地道道的传统年夜饭，全靠乡下亲戚帮忙，今年家门口就能找到浓浓的年味儿，太方便了。"

不仅如此，每个摊位前都有一位能说会道的"推销员"，如数家珍介绍产品，令人耳目一新。他们是货源组织者——驻村第一书记。

身穿卡通老虎服，手端一罐瓜子，热情邀请市民品尝的马小飞，是市中心医院驻东胜区泊江海子镇折家梁村第一书记。他说："这样可以形成差异化营销，效果超棒。"

枕头似的透明包装袋内，一条黄河大鲤鱼阔嘴吞水、时而摆摆尾，吸引着不少人。它是从百公里外的达拉特旗昭君镇沙圪堵村运来的。市供销社驻村第一书记宋卫红说：袋内充氧，可存活三五天，味道鲜美，自吃、送亲友都很方便。

为期10天的年货节上，全市9个旗区的300多个农牧民合作社带来

1800多种产品，大多拥有注册商标，物美价廉，加之众多第一书记各展其能，年味四溢。

"干部驻村"兴产业

红火热闹的年货节，是当地"包联驻村"工作的一次成果展示。不过，这只是一扇小小的窗口。

在人们印象里，鄂尔多斯"有煤炭""很富有"。但这个西部地级市面积达8.6万多平方公里，地域比相邻的宁夏回族自治区都大，20年前还"穷"字当头；21世纪以来，煤炭开发拉动经济快速增长，而农牧区发展依然滞后，特别是矿区移民搬迁和年轻人大多进城，基层短板凸显。

为打赢脱贫攻坚战，实施乡村振兴战略，2018年以来当地从各机关单位先后精选3000多名政治素质好、综合能力强的党员干部，分赴全市736个嘎查村开展"包联驻村"工作。由驻村工作队队长任村党支部第一书记，推进基层治理，缩小城乡差距。

扶贫先扶智。各包联单位及驻村干部从党建入手，整顿"两委"班子，通过讲党课让大家领会中央精神，结合国家政策研究发展思路，服务广大群众。

脱贫看产业。驻村干部针对人口老龄化、产业单一、集体经济薄弱等问题，与乡镇、村委班子因地制宜开展"百企帮百村"活动，多方筹措资金，动员群众参与。一批种养殖、劳务服务、乡村旅游、电商平台、光伏发电等产业兴起，有的已创造了良好效益。

寒冬腊月，积雪没踝。夜幕拉开之时，伊金霍洛旗壕赖苏村驻村第一书记苏冬仍在和村干部商量事情。见到记者，村民们交口称赞这位年轻人真诚实干，为村里引进企业建了20座大棚种羊肚菌，其中9座由贫困户和贫困"边缘户"经营，贫困户郭毛飞、王永良两家2019年人均纯收入2.1万元，村集体收入15万元。3个月前，他为村里引进的煤矿用网片厂投产，预计今年可创收60万元。

市贸促会副会长苏俊杰在担任鄂托克旗达楞图如村第一书记期间，调动40户群众养土鸡8000多只，创造了近百万元产值；实施"致富羊""小康牛"寄养项目，使贫困户去年增收1万至10万元、村集体收入11.8万元；整合村里分散的1200亩碱湖创办母液苏打厂，去年创收8万元。

伊金霍洛旗人大常委会驻乌兰木伦村工作队，帮助村里建成煤矸石砖厂，解决了废物乱排问题，已创收4000多万元。

目前，全市驻村工作队已引进项目3000余个，累计投资13亿元；帮助建立专业合作社756个，大多数嘎查村建起"企业＋党支部＋合作社＋贫困户"利益联结机制。

2018年，全市嘎查村集体经济均"清零"；2019年，村集体经济收入5万元至50万元的达622个，50万元至100万元的有25个，超100万元的有35个。近日，国家民委公布的"第三批中国少数民族特色村寨命名名单"中，全市有8个嘎查村因"生产美、生活美、环境美"等优势上榜。

"我也要当'货郎子'"

"村集体经济重新起步，遍地开花，第一产业链条在延伸。"鄂尔多斯市包联驻村工作领导小组办公室最新数据显示，全市7220户17527名建档立卡贫困人口全部脱贫，进入巩固提升新阶段，53万农牧民2019年人均可支配收入在1.9万元以上，同比增长8%。

"家庭联产承包责任制后，村集体经济被分光吃尽。"市委办公室驻东胜区柴登村第一书记宋乃春说，现在有了集体经济，最大的问题是特产难卖，年货节就是为打品牌、拓市场。

"锅里有了，碗里才能有。"宋乃春所在的村子，去年将一个闲置多年、沦为垃圾池的活畜交易市场改建为中国北方亚高原训练基地，通过土地流转、林下养殖，成立合作社打造生产、加工、运输、销售一条龙产销渠道，村集体经济收益突破50万元。

集体经济兴起，吸引着外出人员返乡。市工商局退休干部刘保前也看到了契机，他在柴登村承包1500亩土地，与村民合作规模化种植荞麦、豆类等杂粮。1月10日，包联单位市邮政分公司免费提供600多平方米底店设立的"助农扶贫超市"开业，他们的产品全部入驻；特产跨越中间商环节，质优价廉，供不应求。

"以人民为中心",群众需要什么,干部们就做什么;基层有什么短板,干部们就补什么短板。

昔日的货郎,肩挑货担走村串户,摇鼓叫卖针头线脑、玩具杂货,有的兼收猪毛、马鬃、土特产;同是城乡经济"纽带","货郎干部"有所不同,他们带着中央精神、国家政策,将产业引进村子里,把绿色产品卖出去;帮助困难户摘掉穷帽子,扶持集体经济重振雄风。

"我也要当'货郎子'。"刘保前说,"驻村干部架起城乡发展金桥,我们应乘势而上向土地要效益。党建引领、产业助推的路子走对了,乡村振兴胜利在望。"(新华社呼和浩特2020年1月17日电 记者贾立君)

驻村第一书记的 12 本扶贫日记

千里房县，崇山峻岭，沟壑纵横。鄂西北十堰市房县窑淮镇西沟村，在过去 5 年多时间里，由昔日贫穷落后的小山村变成了全县脱贫出列的示范村。这背后，离不开一位扶贫一线的"老村官"。

9 月 26 日，星期六。记者到西沟村采访，驻村第一书记余建福正与村干部商量村中茶叶基地的秋冬管理事宜。"现在秋茶采摘进入尾声，接下来就要进行深耕和除草，为明年春茶做准备。"他说。

站在西沟村的高处望去，只见全村茶产业已初具规模，一片郁郁葱葱，秋风拂过，茶香扑鼻。而在 5 年多前，西沟村一穷二白。全村 80% 房屋是土坯房；村民大多种庄稼，有部分老茶园，所产茶叶也只是自采自喝；小伙出门当女婿，姑娘出门不回来；村集体经济几乎为零……

过去 5 年多来，国家精准扶贫政策如何在西沟村落实落地，被余建福写进了 12 本驻村扶贫日记里。在这些日记本中，记者看到了西沟村发展产业、决战脱贫攻坚的历程，也找到了西沟村 5 年"蝶变"的脱贫印记。

余建福 2016 年 3 月 7 日在日记中写道：通过大半年的茶叶发展推动工作，绝大多数农户积极主动，从田地的起垄到播种都能精耕细作，但也有部分农户无动于衷。

发展产业是贫困户脱贫的治本之策。为了把茶叶产业做实做强，余建福既当参谋员、技术员，又当信息员、服务员，他挨家挨户动员建茶园。作为县农业农村局的专业技术干部，从规划放线到深翻起垄，从整地到播种，他一直坚持科学指导，严格把关。他还专门聘请茶叶专家，到田间地头讲解技术。

在余建福的谋划推动下，西沟村茶叶产业从无到有，发展了标准化茶叶基地，还培育了茶叶合作社，引进了省级茶叶龙头企业。

余建福 2017 年 4 月 10 日的日记写道：保康荆山锦茶叶公司将制茶机械拉到了西沟村，我们今天协助进行了安装。引进茶叶龙头企业是我们发展茶叶产业的工作重点，必须做好服务。

2018 年 5 月 22 日，他有了更多产业方面的思考：今天，我们安排了辣椒苗的移栽工作，村里除了要把茶叶作为主导产业之外，更要大力发展其他种植养殖业。

在次年 5 月 6 日的日记中，余建福记下了西沟村养殖业的起步。他写道：今天召开村干部会议，商议了茶园养鸡问题，并到三岔村周本建家中实地察看了鸡笼样品。西沟村确定了茶园为主导产业，还要解决长短结合增收问题，提高茶园综合效益。

57 岁的贫困户黄立炳新建了 3 亩茶园，每亩收入超过 3000 元。他在余建福的帮扶指导下，开始在茶园里养鸡，500 多只茶园鸡又为他增收几千元。记者在黄立炳家中看到，危房经过了改造，院里收拾得干干净净，院后养猪、椴木上种养花菇木耳，小菜园里满是各类蔬菜，黄立炳实现了家门口脱贫。

如今的西沟村，已经发展标准化茶叶基地 800 亩，带动了 160 名贫困劳动力就业，年产优质茶叶 2.6 万斤，户均增收 2 万元以上。整个窑淮镇的茶产业也壮大起来，如今全镇发展茶园超过 2 万亩。

在余建福的日记中，记者还看到了今年以来，西沟村战"疫"战贫并举的记录。驻村扶贫干部和村党员干部一起，顶风冒雨，坚守岗位；农忙时，组织村民有序生产，没有耽误春茶采摘。

12 本日记在余建福眼里，只是忙完一天工作后的简单总结，"不值一提"。但这些质朴的文字记录了一个国家级贫困县脱贫"摘帽"的历程。"我们村里到组入户路全部修通了，水电也没有问题。未来 5 年，茶旅融合就是新的发展方向。"余建福信心满满地说。（新华社武汉 2020 年 9 月 28 日电　记者李伟）

"脱贫攻坚不获全胜决不收兵"

——带着母亲儿女驻村扶贫的第一书记

连续 5 年在两个贫困村担任驻村第一书记，为了不影响扶贫工作，干脆把母亲和儿女一起带到贫困村生活……在滇桂黔石漠化片区广西马山县大石山区之中，毛鑫扛起脱贫攻坚一线扶贫干部的担当和使命。

毛鑫是广西南宁市司法局派驻马山县加方乡龙开村的第一书记。这是她第二次担任驻村第一书记。2015 年 10 月，她被派驻南宁市兴宁区三塘镇那笔村担任第一书记。在那笔村，她带领当地村民发展产业，经过两年努力，全村 47 户贫困户实现脱贫，那笔村实现整村脱贫。

2017 年 11 月，就在完成两年驻村任务可以回城的时候，毛鑫主动请缨，再次到贫困村担任驻村第一书记。

龙开村地处大石山区之中，"九分石头一分土"，山多、地薄、水少，人均耕地面积不足 0.8 亩，有 27 个屯 447 户 1532 人，是南宁市 56 个深度贫困村之一。

这无疑是一块"硬骨头"。但是，毛鑫没有退缩。一轮进屯入户调研后，她和当地党员干部群众商议：大力发展产业，让贫困群众脱贫过上好日子。

很快，以养殖肉鸡为主的龙开村拉海种养专业合作社、小蚕共育基地、扶贫农特产品集散中心等扶贫产业支撑项目相继在龙开村建设起来，以养牛为主的矗矗种养专业合作社养殖规模由此前的 1 个牛栏 40 多头牛发展到 6 个牛栏 200 多头牛。龙开村地的屯村民黄宜养蚕缺乏资金，毛鑫自掏腰包借出 4200 元钱给予扶持。龙开村中塘屯村民蒙艳梅养兔子缺乏思路，毛鑫多次上门给她出主意……

今年初，龙开村农产品销售受新冠肺炎疫情影响不小。毛鑫跑遍加方乡各个快递点，谈妥快递方案后，手把手指导村民选货、打包，然后拿起手

在龙开村中塘屯，毛鑫（右）在了解村民蒙艳梅的兔子养殖情况（2020 年 6 月 28 日摄）。

在广西马山县加方乡龙开村，毛鑫在接听村民电话（2020 年 6 月 28 日摄）。新华社记者 陆波岸 摄

机当"带货主播"，通过网络对外推销龙开村的农产品。年初至今，龙开村农产品网络销售额近30万元。

在新冠肺炎疫情防控最关键的时候，她动了把母亲和儿女带到龙开村长住的念头。她爱人在消防部门工作，平时很少有时间照顾家人，她68岁的母亲又没有办法同时照顾好两个小孩。今年正月初三，她驾着私家车带着9岁女儿直奔距离南宁市区150多公里的龙开村，一边照顾带在身边的女儿，一边带领当地群众做好疫情防控和脱贫攻坚工作。

随后，她又把母亲和1岁多的儿子一起带到龙开村，在村里的临时宿舍长住下来，让本来在南宁市区上小学四年级的女儿转学到加方乡中心小学读书。

现在，她每天6点多钟就起床送女儿到加方乡中心小学上学，然后回到村里开始新一天的工作。下班之后，她在临时宿舍里照顾母亲和儿子，晚上8点半钟还要准时到加方乡中心小学将下晚自习的女儿接回来。

毛鑫的付出有了收获。她2017年11月驻村至今，龙开村已经有142户504人实现脱贫。目前，全村建档立卡贫困人口100%参加城乡居民基本医疗保险，全村住房安全100%达标，全村27个屯1609人全部实现安全饮水保障。她连续两年获得马山县脱贫攻坚先进个人称号，连续两年被评为广西优秀贫困村党组织第一书记。

今年7月，毛鑫工作单位有了变动，从南宁市司法局调到南宁五象新区规划建设管理委员会。7月3日，她到新单位报到后转身又奔龙开村去了。"目前，龙开村还有4户15人未脱贫。脱贫攻坚不获全胜决不收兵。"她说。

（新华社南宁2020年7月16日电 记者陆波岸）

另一种"逆行"

——广西5300余名驻村第一书记提前返岗投身"两线作战"

　　疫情来袭，众志成城。面对"战疫"与"战贫"的双重考验，广西5300多名驻村第一书记提前结束春节假期，"逆行"奔赴贫困乡村，既当疫情防控尖兵，又做脱贫攻坚战将，在两个战场日夜奋战。

　　疫情就是命令。上林县西燕镇岜独村第一书记康勇主动取消春节休假赶回村里，与村"两委"干部挨家挨户排查，用大喇叭宣传防疫知识，给村民发放防疫物资，同时安排建档立卡贫困户216人参加防疫执勤，每人每天发放30元补贴。

大化瑶族自治县雅龙乡红日村驻村第一书记覃云州（左三）开展防疫宣传（2020年2月13日摄）。

乐业县百坭村驻村第一书记杨杰兴（中）帮村民搬运农产品（2020年2月26日摄）。

大化瑶族自治县雅龙乡红日村是当地外出务工的大村，280多名青壮年劳动力春节前集中返乡。驻村第一书记覃云州提前返岗后，迅速建立4个片区共30个村民小组的网格化管理机制，启用应急广播、微信群实时发布疫情防控举措和相关知识，24小时回应群众关心的问题。红日村无一例确诊病例和疑似病例。

为了确保防疫和脱贫攻坚"两不误"，驻村第一书记们扑下身子抓细抓实。一直在山间公路上颠簸，大化瑶族自治县板升乡八好村驻村第一书记韦德王的汽车轮胎前阵子又坏了。这是他2018年4月驻村以来更换的第18个轮胎。八好村山高坡陡，从村部到最远的屯走山路单程就要3个多小时。为方便工作，他将私家车开到了村里。

韦德王大年初三赶回村里，进屯入户宣传疫情防控知识，及时开展网格化管理，努力将疫情影响降至最低。与此同时，面对刻不容缓的脱贫攻坚项目，他积极联系施工人员早日复工，农历正月初八，村里的家庭水柜、危房改造等项目建设顺利启动。

地处千山万弄间的八好村是瑶族群众聚居的极度贫困村，全村438户中 376 户是建档立卡贫困户，贫困发生率一度超过 90%。韦德王担任驻村第一书记后，带领村干部和群众与贫困鏖战、与时间赛跑，两年间脱贫 150 户 898 人。接下来几个月，八好村脱贫摘帽还有许多工作要做：120 户贫困户危房改造项目要完成，127 座家庭水柜要建成，七百弄鸡、高山白玉薯等特色产业要覆盖更多贫困户……

春光不等人，"战贫"靠苦干。钦州市钦北区大寺镇南间村第一书记黄境红提前返岗后，组织村民既抓防疫又抢农时。村里的合作社和贫困户养殖的 1.2 万多羽鸡如今到了销售季节，她多方联系客商销售，努力减少疫情带来的损失。黄境红还挨家挨户动员村民备好农资、引种优质富硒稻种，及时开展田间耕作。

在她的引导下，不少村民来到村集体经济娥眉湾现代休闲农业示范区务工，25 户贫困户就近就业。正在给火龙果除草的建档立卡贫困户陆艳兰说："我和爱人都在家门口务工，两人月收入超过 5000 元。"

决战贫困要有坚定的信心，更要有带领群众冲刺的状态。"时代楷模"黄文秀的"接棒者"、乐业县百坭村驻村第一书记杨杰兴"每天都像在打仗"。他组织村民开展春耕生产、发展脱贫产业，20 多天抢种油茶 1000 多亩、烤烟 240 多亩。疫情期间砂糖橘销售受阻，杨杰兴一天打上百个电话，多方联系客商，将村里最后的 30 万斤砂糖橘全部销售出去。

"黄文秀是一盏明灯，照亮我们驻村第一书记践行初心和使命的'长征路'。"杨杰兴说，目前百坭村还有 9 户 37 人未脱贫，最后的冲刺一天也等不得。

一直关注驻村第一书记的自治区直属机关工委常务副书记邓金玉说："在黄文秀事迹感召下，广大驻村第一书记在疫情防控阻击战和脱贫攻坚战中勇敢'逆行'，凝聚起打赢两场战役的强大力量。"（新华社南宁 2020 年 3 月 8 日电　记者王念、何伟）

战"疫"冲一线，扶贫力不松

——安徽驻村"第一书记"走访速写

坚决打赢疫情防控阻击战，坚决完成脱贫攻坚任务。在"两线作战"的关键阶段，记者从农业大省安徽采访了解到，全省6000多名驻村"第一书记"带领干群、冲锋在前，贫困村在希望中迎来春天。

一线战"疫"，带领干群"守住健康"

初春时节，乍暖还寒。安徽省望江县华阳镇司阁村，田野里的油菜花已经开放。

在村口的"卡点"，76岁的老党员王其孔正协助工作人员对来往的人测温、登记，"李书记他们让我在家休息，我坐不住。他们外来干部都冲在第一线，我们本村人也想跟着出点力。"

王其孔口中的李书记，是安徽省委统战部二级巡视员、司阁村党总支第一书记李传玺。3年前，李传玺响应安徽省委选派干部到贫困村担任第一书记的号召，报名来到了司阁村。

司阁村临近湖北，武汉又是村民外出务工的集中地之一。今年春节前，随着疫情出现，李传玺高度警觉，和村两委、工作队迅速摸排返乡人员，宣传防控要求，安排隔离、跟踪观察。春节后设卡检测、解决物资……57岁的他，已连续战"疫"20多天。到目前，司阁村没有一例疑似和确诊病例。

作为毗邻湖北的农业大省和务工大省，安徽全省6000多名驻村"第一书记"带领扶贫工作队，成为冲锋在前的战"疫"尖兵。

金寨县斑竹园镇与湖北黄冈接壤，地处皖鄂交通要道，往来车辆、人员众多。在该镇街道村，32岁的扶贫工作队副队长柏耀玉已值守一个多月。

他负责晚班，每天从18点到第二天8点，一夜不能合眼。入夜的大别山深处，近期气温一度低至零下 10 摄氏度，测温枪在室外无法正常工作。即便自己瑟瑟发抖，柏耀玉也会把冰凉的测温枪塞进衣服"保暖"，"焐一会，来了人再测。"

"守住大家的健康！"早上下班后，柏耀玉只能睡 4 个小时，下午还要去另一个卡点值守，"我年轻，这点苦扛得住。"

送粮送药，"第一书记"解决"第一难题"

今年 2 月中旬，金寨县吴家店镇太平山村是一个高海拔村，一连好几天大雪封山。

袁毅住在 16 公里外的镇里公租房，他接到村民求助电话，第二天早上 7 点便动身赶往村里。套上防滑链，也止不住汽车在山路上打滑，没走一半只能下车步行。

当天中午，山道上出现了一群身影——是 51 岁的袁毅带着村干部一步一滑地走了进来。他们带着粮油、蔬菜，还提着小喇叭，一边走一边宣传防疫政策。"我们太感动了，第一书记解决了我们的第一难题！"村民程文财说。

在特殊时期，为一些存在特殊困难的群众解决生活难题，成为"第一书记"们的重要任务。

在金寨县花石乡大湾村，"第一书记"余静刚做过喉咙息肉切除手术不久，医嘱应少说话，她却带领村干部走村入户搞宣传、做防控。正月初八晚上，她临时决定回城。不为别的，是因为村民杜大姐的求助电话。

杜大姐身患甲状腺癌，手术后需长期服药，但受疫情影响，药店关门，道路封闭，药没了着落。挂了电话，余静连夜开车 60 多公里到县城拿药，第二天一早又赶回，把"救命药"送到杜大姐手里。

复工复产，春天里充满新希望

戴着口罩，身上喷上消毒液，在已绿意盎然的田野里种树、培土、浇水……2 月 26 日，在安徽阜南县焦陂镇徐棚村，去年刚脱贫的村民张之彬已复工 10 天。"我和老伴干一天能挣 100 多元！"

徐棚曾是个交通不便、缺乏产业的深度贫困村，2014 年贫困发生率达

20%。近年来，村里大力发展苗木花卉、林下养殖等产业，到去年贫困发生率降至 0.54%，年底成功脱贫出列。

但突如其来的疫情，会不会让这个刚脱贫的村"返贫"？村"第一书记"陈耀光介绍，村里的花卉苗木基地、缝纫机面板厂已经复产，肉鸡养殖大户的饲料和销售问题已经缓解。前两天，村里"点对点"向江苏输出务工人员 20 多人，为进一步解决"外出务工难"，经村里联系，国企中煤矿山建设集团定向招工 220 人。

"决不能让疫情影响脱贫攻坚任务！"多位"第一书记"说，对今年的工作已绘好蓝图，充满信心。

在望江县司阁村，李传玺说，村里去年集体经济 50 万元。为减少疫情损失，今年的扶贫项目上周已开工，村里还准备拿出光伏发电收益的80%，设置公益性岗位，帮助年老体弱的已脱贫村民增收。

在金寨县街道村，村里筹划了农副产品一条街，将传统的磨豆腐、老米酒、土挂面等"亮"出来，为贫困户提供销售门面，把农产品与乡村旅游结合起来，"疫情过后，让他们在家门口就能赚钱。"

在阜南县徐棚村，去年实现了村集体收入 34 万元。陈耀光说，村里的千亩花卉苗木基地长势良好，"再过一个多月，樱花、海棠花差不多就能开了！今年光林下种养这一块，就能给贫困户增收十几万元，预计全年村集体收入比去年能增加 20 万到 30 万元。"（新华社合肥 2020 年 2 月 28 日电　记者徐海涛、张紫赟、周畅、陈诺）

把"最能打的人"放在最需要的地方
——聚焦贵州未脱贫县里的"助攻干部"

刚下"火线",又上"战场"。

这是脱贫攻坚战中的一个特殊群体,他们完成了本地的脱贫任务,来不及卸甲休息,即奔赴外地新的"战场"。

指路径、点问题、出主意、教方法,在贵州剩余的9个未摘帽贫困县,这批外来的"助攻干部"与当地干部同心同行,既督又战。"同心助攻团"、帮扶督导员、乡镇党委第一书记……虽然在各地称呼不同,但步调和目标高度一致——攻下最后的贫困堡垒。

闻令而动,"调兵遣将"助阵支援

"今年1月22日,腊月二十八,我去新单位市医保局报到完,就投入沿河的工作了。"贵州省铜仁市沿河土家族自治县思渠镇党委第一书记陈明说。之前,他是印江土家族苗族自治县沙子坡镇党委书记。

沿河县,地处贵州东北角,与重庆交界,武陵山脉与乌江在此交错,是贵州挂牌督战的9个深度贫困县之一。

陈明工作过的沙子坡镇曾是印江县的贫中之贫,去年4月,当地摘帽退出。原本以为可以松口气的陈明,到了思渠镇才发现,这里基础条件更差,压力更大。

像陈明这样,从铜仁市其他脱贫出列区县选派到沿河县任职的乡镇党委书记还有12名。对他们而言,刚从"火线"下来,又上新的"战场"。

这种干部交流方式,已被贵州多地使用。聚焦未摘帽贫困县,各市州强化内部统筹,将人、财、物等优势资源向最需要的地方汇聚。

去年以来,黔西南布依族苗族自治州就从已脱贫县和非贫困县抽调289

贵州省沿河土家族自治县思渠镇党委第一书记陈明（左一）参与人居环境整治（2020年7月6日摄）。新华社发 张劲松 摄

名乡镇（街道）党委、政府主要领导和业务骨干组建脱贫攻坚"同心助攻团"，奔赴未脱贫县开展助攻支援。

多年前，还在州直单位工作的唐成诚出差去过望谟县。今年2月25日，作为兴仁市鲁础营回族乡党委书记，他被派往望谟县新屯街道任党工委第一书记。

"这几年，各方面支持帮扶力度很大，望谟已经发生了翻天覆地的变化。"唐成诚说，角色的转变让他必须尽快融入这个新的集体。而他的任务就是帮助发现、解决问题，让当地在脱贫攻坚中少走弯路。

按照安排，"同心助攻团"成员应以助战地工作为主，不脱贫不脱钩。"省里宣布册亨县脱贫的第二天，我就来了。"在望谟县郊纳镇任党委第一书记的岑南峰说，在郊纳工作期间，自己被提拔到州委组织部工作，但还从没去这个新单位上一天班。

在黔东南苗族侗族自治州，为支持未脱贫的从江县和榕江县，当地也从已脱贫出列县提拔38名优秀干部到两县担任乡镇党委第一书记。去年7月，因在脱贫攻坚中表现突出，时任雷山县丹江镇党委书记的李晓生被提拔为州扶贫办督查专员，随即就被抽调到从江县加鸠镇。"脱贫攻坚让我得到历练，我一定不负重托！"他说。

在毕节市，今年初，市委组织部更是从全市1100多名县级领导干部中，筛选出 13 名扶贫"特种兵",分别到 3 个未摘帽贫困县的重点乡镇担任党委书记,去啃脱贫攻坚最硬的骨头。

尽锐出战,全力攻坚最硬骨头

安顺市紫云苗族布依族自治县,地处贵州麻山地带,石漠化严重,长期饮水困难。

来到猫营镇沙坎村一户村民家,洪海朝着院坝边的水龙头快速走去,用手拧开后,一股清水哗哗流出。"这都成工作习惯了,一到农户家,先看看水管里有没有水。"他说。

去年 6 月,安顺成立市级脱贫攻坚帮扶督导组,从已出列县区选派 31 名干部到紫云县常驻。普定经济开发区管委会社会事务管理服务局局长洪海是其中之一,关注饮水安全是他工作中的一项重要内容。

"再也不用夏天从河里挑水、冬天从镇上拉水吃了。"沙坎村的贫困户王兴文说,为了通上自来水,村里 2011 年就到 8.5 公里外的隔壁县协调水源点,后来虽然接上了,但供水不稳定,三天两头断水。

驻村干部朱永才说,以前一年四季都在保供水,大家都成"水利专家"了。去年得益于帮扶督导,村里利用政府帮扶资金,重修了供水线路,管道也从塑料管换成镀锌管,饮水再也不成问题了。

"紫云县是我参与脱贫攻坚工作的第 3 个县。"在帮扶督导组任组长的安顺市平坝区政协副主席张发龙说,帮就是查找问题,督就是对照问题查落实情况。

这是"助攻干部"攻坚克难的一个缩影。今年 3 月,贵州启动脱贫攻坚"冲刺 90 天打赢歼灭战",要求各地与时间赛跑,紧盯"收入达标、吃穿不愁、义务教育、基本医疗、住房安全"等指标,精准梳理查问题,不折不扣抓整改。

在农村,拆旧房是其中一块难啃的硬骨头。"从 5 月 5 日到 5 月 9 日,5 天时间,我们拆了 200 多栋旧房。"陈明说,这是干部夜以继日奋战的结果。那段时间很辛苦,一早出门,有时晚上 12 点才结束。

岑南峰回忆,起初他们摸排时发现,有 62 栋房子存在安全隐患,但很多人不愿进行危房改造。望谟县郊纳镇懂闹村村民任扬学开始也比较排斥,

贵州省望谟县郊纳镇党委第一书记岑南峰（左三）入户走访（2020年3月10日摄）。
新华社发 王朝阳 摄

干部多次入户跟他交心谈心，终于打开了老人的心结。通过整合力量，很快就在推倒的旧木房基础上，为任扬学新修了一层砖房。

查漏补缺，持续巩固脱贫成果

今年的疫情、汛情给脱贫攻坚增加了难度，贵州9个未摘帽贫困县的干部群众不懈努力，克服不利影响，取得可喜成绩。眼下，各地正在查漏补缺，保持问题动态清零，全力提高脱贫质量和成色。

"离开的时间好像越来越近了，但我觉得还有很多工作要做，有些基础还得打牢一点才能放心。"从江县东朗镇党委第一书记蔡子明说，要抓紧把在之前工作过的麻江县龙山镇发展产业积累的经验，运用到东朗镇刚起步的辣椒产业中。

贵州省从江县东朗镇党委第一书记蔡子明（左二）了解辣椒采收情况（2020年9月10日摄）。新华社记者 向定杰 摄

贵州省榕江县计划乡党委第一书记肖先钟（左二）查看村里的黑毛猪养殖情况（2020年9月11日摄）。新华社记者 杨文斌 摄

贵州省榕江县计划乡党委第一书记肖先钟（左三）与乡镇、村干部查看中药材天冬的产量（2020年9月11日摄）。新华社记者 杨文斌 摄

聚焦产业发展，是"助攻干部"的重要工作。在全省20个极贫乡镇之一的榕江县计划乡，乡党委第一书记肖先钟最近也专门对中药材种植、黑毛猪养殖等产业进行了摸底。去年以来，计划乡通过多种长短结合的增收项目，让全乡1720户7669人实现了产业全覆盖。

在望谟县乐旺镇，镇党委第一书记张航把之前在贞丰县白层镇工作时大面积推广花椒种植的经验带了过来。"发展产业不是建一片基地就完了，关键还要在产销对接、利益联结上下功夫。"张航说，目前全镇已经形成了"水中养鱼、山上种花椒、坝区栽魔芋"的产业布局，正充分挖掘乡土能人，打造一支不走的工作队。

多位扶贫干部告诉记者，"助攻团"的到来，体现了各地为攻克最后贫困堡垒，推动一切力量向一线下沉的导向。"'助攻团'教给我们攻坚打法，让我们的方向更明确、思路更清晰、打法更精准。"望谟县乐旺镇党委副书记、坡头村脱贫攻坚指挥部指挥长刘恭利说。

提起镇上的张航书记，她说最受益的是一场考试。今年4月11日，张

贵州省望谟县乐旺镇党委第一书记张航（右）在农技员岑连刚的指导下给花椒苗修枝（2020 年 9 月 15 日摄）。新华社记者 陶亮 摄

贵州省望谟县乐旺镇党委第一书记张航（中）在魔芋种植基地和农户一起清除杂草（2020 年 9 月 15 日摄）。新华社记者 陶亮 摄

贵州省望谟县乐旺镇党委第一书记张航（右）和贵阳农投集团乐旺渔业养殖基地负责人裴光祥一起投喂鱼饲料（2020年9月15日摄）。新华社记者 陶亮 摄

航组织全镇300多名扶贫干部集体进行了一场考试。"教育资助、低保的标准是什么？危房改造档次有哪些？……"一个个脱贫业务的基础知识拷问着每一个人。如今，干部们结合实际工作，对政策的理解和掌握程度日益加深，很多人已经变成群众身边的扶贫"活字典"。

后来，刘恭利在村里也借鉴了这个办法。"我会让驻村队员画出负责区域的网格图。路怎么走、房屋有几栋、哪些是搬迁户、哪些是贫困户，都要一一标记。"刘恭利说，如今所有人脑海里都装着一张小地图，时刻接受脱贫攻坚"大考"的检验。

（新华社贵阳2020年9月18日电　新华社记者胡星、石超、向定杰）

第二篇

住进村民的心里：
用心用情扎下根

扶贫干部要真正沉下去，扑下身子到村里干，同群众一起干，不能蜻蜓点水，不能三天打鱼两天晒网，不能神龙见首不见尾。这方面，各级党组织和组织部门要管好抓紧，确保第一书记和驻村干部用心用情用力做好帮扶工作。

——2017 年 6 月 23 日，习近平在深度贫困地区脱贫攻坚座谈会上的讲话

"驻村，更要住进村民心里！"
——近观海南驻村第一书记

"成安叔，羊脚溃烂光涂药不行，我去找宇发（养羊合作社老板）来给羊打针。"记者近日在海南省琼中县岭门村采访时发现，从省农信社下来的第一书记黄海军不仅软磨硬泡说服"酒鬼"贫困户"贷款"养羊，还时时跟踪查访，大小难题都伸出援手，渐渐"住"进了村民的心里。

从去年 6 月开始，海南省两批共选派 918 名第一书记覆盖全省建档立卡贫困村、党组织软弱涣散村，开展"双争四帮"。一年多来，第一书记们从机关奔赴偏远贫困的村庄，带领村两委成员加强基层组织建设，推动精准扶贫，成为党群连心桥、扶贫攻坚手、党建领头雁，深受广大群众欢迎。

省里来了扶贫攻坚生力军

驻村的 918 名第一书记，大多是 30 出头的 80 后。刚开始，很多群众不太当回事，有的明着说，"干部下乡走过场，不顶用"，有的村两委班子开会时让第一书记坐冷板凳。

他们没有气馁，看着村民们的贫困现状，他们心中涌起强烈的责任感和使命感，一头扎进了贫困户的家里。为了让群众接纳，第一书记们主动靠近。从海南省政法委派到保亭县什那村的董朋阶，拎着米酒去给盖房的村民出工出力；临高县铺仔村的裴兴旺从关心村里贫困户、孤寡老人的吃饭穿衣问题着手，知冷知热，拉近了心与心的距离……

于是，大家一起坐下来共商计策。"你们觉得脱贫做什么最可行？""修路、盖房、搞生产，哪一个最迫切？""搞养殖有没有人能带头？销路愁不愁？"摸透了村情，问准了民需，第一书记们迈开腿、张开嘴，四处问政策、找项目。

从海南省直机关工委派到定安县红花岭村的符气和，一年时间就使原来贫穷落后的村庄，发生了巨变——修通了 10 条村路、完成 40 多户危房改造、实现了光网入村，还请来省农业学校在村里办中专班。眼看一年任期快要结束，村民们联名挽留符气和。

据海南省委组织部统计，过去一年，第一书记引进项目金额达 12.8 亿元，实施产业扶贫，帮助困难户办理低保，落实危房改造，资助贫困学生，化解矛盾纠纷，组织村干部外出学习，培养入党积极分子和村级后备干部，受到当地群众的认可和称赞。

"广大驻村第一书记扎根基层、勇挑重担、辛勤付出，成为全省脱贫攻坚的一支生力军。"海南省委主要负责人在近日召开的海南省脱贫攻坚驻村第一书记工作推进会上说。

用心用情与扶人扶志

"在农村，落实一个项目比争取指标还要难。"符气和说，修路原本是红花岭村民的最大心愿，但在修的过程中，有的群众不愿砍树，有的说让地可以，但得给个危房改造指标，有的说除非多修几十米到我家门口……

黄海军没想到，信用社资助 5000 元、群众自己掏 5000 元、免息贷款 5000 元，扶持贫困户种养的政策竟然有贫困户不响应。

如何让扶贫项目在农村落得下去？如何让贫困户变"要我脱贫"为"我要脱贫"？如何让村两委干部和老百姓树立起脱贫的决心和信心？基层复杂的村情、民情考验着这群年轻的第一书记。

为了打消"酒鬼"王成安的依赖心理，黄海军苦口婆心地劝："只有你投钱到里面，才会心疼它们，用心去养，不会今天过节吃一只，明天朋友过来吃一只。"为了确保"赌鬼"王海沙安心在县城打工，他一遍一遍找工地老板阿南了解情况，帮助解决实际困难。关心群众超过了家人。

为了避免扶贫项目失败伤农，琼中县湾岭镇鸭坡村第一书记秦家越在发展山鸡养殖之前，带领村民跑遍了海口的大小市场，搞准了销路再生产，由 7 户贫困户加入的山鸡合作社一举成功，山鸡蛋供不应求。

为了使难得争取来的修路项目顺利落地，符气和一家一家跑，一遍一遍做思想工作，老百姓盼了几十年却一直修不成的路，符气和修成了，全村百姓对他心悦诚服。他还请来农业专家，研究村里的气候土壤特点，借智借力选准致富产业。

"每个第一书记就是一面鲜红的党旗，他们用耐心细致、卓有成效的群众工作，拉近了党群之间的情感距离，架起了党群之间沟通的桥梁。"海南省委组织部组织二处处长郑文权说。

"党建领头雁"建强基层战斗堡垒

"推动基层建设全面进步全面过硬，关键在人。"郑文权说，在脱贫攻坚的战场上，驻村第一书记做出了成绩、锤炼了身心，像一颗火种、一面旗帜，通过建强基层组织，影响着全村，带动了全村。

从海南省发改委下派到保亭县番文村的冯亚全，一方面引进项目、资金，大力推进基础设施建设，另一方面，在省发改委的资助下，组织村干部到省内外参观学习。他还想方设法使党员在群众中"立"起来，凡是好事都让村干部去落实，凡是可能产生矛盾的硬活自己冲在前面。很快，村两委干部在村民中的威信与日俱增。

裴兴旺在村里建起4张爱心名片——"为民跑腿服务站""暖心墙""爱心餐厅""爱心助学"，通过一系列便民为民服务，架起党群沟通桥梁，提升了党员干部在群众心目中的形象，为下一步深入开展扶贫、美丽乡村建设等工作打下坚实的基础。

基层组工干部认为，与以往的定点帮扶、包点干部相比，驻村第一书记任务职责更明确，从省到县一贯制推动，经费有保障，考核督促比较严，吃住在村里，与老百姓打成一片。

然而，要总结、完善和固化驻村第一书记制度实施一年多以来的经验教训，则不得不正视其制度吸引力还不强、激励保障措施落实不够严、监督管理考核制度有待进一步完善等现实问题。

琼中县委组织部组织科科长吴挺君等组工干部建议，要使第一书记们"下得去、待得住、干得好"，首先需解决好第一书记基层工作生活的实际困难，创造条件，细化完善第一书记工作保障措施。第一书记从城市到农村，舍小家为大家，而目前的工作经费安排不太适应于农村实际，不少第一书记经常自掏腰包做群众工作。

其次要进一步树立和强化在基层练兵、在基层选人用人的导向。已经调任定安县委常委、组织部长的符气和认为，驻村就是奉献，应提高年终考核优秀比例，从基层大力提拔表现优异的第一书记，吸引更多优秀年轻骨干愿意驻村、喜欢驻村、以驻村为荣。

第三要精选优选，加强培训。不能让第一书记在前方单打独斗，派出单位要成为第一书记的坚强后盾。海南省委主要负责人也强调，各派出单位要把派好、管好第一书记作为一件大事来抓，舍得把优秀机关干部派到扶贫开发的主战场挑担子、受历练、建功业。（《半月谈》2016 年 12 月　记者柳昌林、赵叶苹）

一位深度贫困村第一书记的坚守

"我们村的第一书记叫陆政，他是一位和蔼可亲的叔叔""自从书记来了以后，我们村的生活变得越来越好了""村里的路也修好了，从以前的泥土路变成现在的水泥路，家家户户还安装了互联网"……

今年 4 月，广西大化瑶族自治县板升乡弄纳小学 6 年级语文教师黄宏宁，给班上学生布置了一份作业：围绕身边熟悉的人物写一篇自由命题作文，学生王西萍写的是弄纳村驻村第一书记。"她的文字虽然稚嫩，但透着真情实感，因此我在课堂上把这篇作文当作范文朗读了一遍。"黄宏宁随后将这篇作文上传到一个扶贫工作群里，"陆书记"的扶贫事迹开始为更多人所知晓。

王西萍作文中写到的陆政，2015 年到弄纳村担任驻村第一书记，两年任期结束后，他又主动申请留任。

记者日前在弄纳村见到了陆政。32 岁的他个头不高，嗓门很大，皮肤晒得黝黑，走起路来虎虎生风。采访期间，陆政不时要接听电话，有村民询问事宜的，有上级部门安排工作的，其间还临时出去与人洽谈一个项目——他太忙了！正值暑假，6 岁的儿子来看望陆政，可他顾不上，大部分时间里，孩子只能和村里的小朋友们待在一起。

"弄纳村离县城 130 多公里，距乡政府所在地也有 8 公里，是全县最偏远的行政村之一。"说起村里的情况，陆政如数家珍。弄纳村属于深度贫困村，至今贫困发生率仍高达 41.9%。"进村的路坑坑洼洼，车子都开不进来，有的村民住在破旧的木板房和泥瓦房里，家里一件像样的电器都没有。"陆政仍记得初来弄纳村的印象，那时全村贫困发生率超过 70%。

基础设施落后、缺乏产业带动、村民素质低，一个个问题像绳子紧紧束缚住了弄纳村的手脚，要打开局面，就要尽快找到突破点。从哪里着手呢？

经过多次调研、再三思索，陆政瞄准了水。

弄纳村地处典型的喀斯特地区，老百姓长期面临"水困"。全村 17 个屯，只有 4 个屯有饮用水源，全村 2300 多名村民大多靠"望天水"生活，有的地方甚至需要每天走几公里山路去挑水。水除了供人饮用，更是发展生产不可或缺的资源，"从种养到建房屋、修路，样样离不开水。"在后援单位县水利局支持下，陆政带领村民们修建供水管网和地头水柜，经过 3 年多努力，目前全村用水问题已基本得到解决。

水就像一把钥匙，打开了弄纳村发展的"命门"。在上级支持下，弄纳村的村容村貌逐步改善，硬化后的入村道路平坦宽阔，老旧的木板房已难觅踪迹。贫困户刘凡周刚建了一栋新房，家里还养起了牛羊，"以前用水紧张，建房子用水都不够，现在情况不同了，家里不仅通上自来水，还修了一座水柜。"

产业也在稳步发展。陆政指导村民成立了养殖合作社，以"党支部＋企业＋合作社＋农户"模式，发动群众养鸡、养牛、养猪、养鸽子。贫困户侯绍文和妻子均为残疾人，共养育了 3 个孩子，在合作社带动下，他们家养了 5 头猪、6 只羊，生活慢慢有了起色。

由于工作出色，陆政被评为"优秀第一书记""先进工作者"。小学生王西萍常在村里碰到陆政，"他总是很忙，有时在开会，有时带着大家干活，周围的人经常说起他做的好事！"在 13 岁的她看来，陆政的身上充满正能量。

陆政却没有丝毫松懈。记者日前在弄纳村采访时，有外地老板前来洽谈养殖项目，"我希望引入更多企业，有了扎实的产业带动，村民们才能稳定脱贫。"陆政也深知教育对于脱贫的意义，眼下他还在为改善孩子们的教育条件而积极奔走。（新华社南宁 2018 年 8 月 1 日电　记者吴小康、曹祎铭）

驻村第一书记原玉荣：百姓们的"家里人"

一个双肩包、一辆电动车、一包方便面，再拿上厚厚的笔记本，这是河南省新蔡县狮子口村驻村第一书记原玉荣的"四大法宝"。驻村4年，近千户的村子原玉荣每家每户至少走访了6遍，她不仅带领村民摘下了贫困帽，也从"城里来的女干部"变成了百姓们的"家里人"。

从新蔡县李桥回族镇出发，经过一条新建的马路，开车不到十分钟就到了狮子口村。别看这条路不起眼，却让穷了几十年的狮子口村大变样。"过去去趟镇里要绕半个多小时的路，收麦时都拦不到收割机，要不是原书记给我们修路，真不知道啥时候才能富。"狮子口村村民李党恩说。

新蔡县是大别山区集中连片特困县之一，2014年狮子口村969户中有建档立卡贫困户192户、776人，2015年9月，新蔡县交通局干部原玉荣被下派到这里担任第一书记。一直在城镇生活、工作的原玉荣对农村十分陌生，为打开工作局面，她每天背着双肩包、骑着电动车，在村里挨家挨户走访，至今她仍然坚持这个习惯："走进群众家里，了解群众生活，你才知道要干些啥。"

记者跟随原玉荣采访一整天，发现她几乎没有一刻在休息。村民谁见到她，都要跟她唠两句；孩子们放学看到她离得老远就喊"原书记好"；赶到饭点时，村里人都拉她到家里吃饭。4年时间，原玉荣把村里所有家庭至少跑了6遍，从一开始群众"爱答不理""不让进门"，到现在"盼着上门""原书记咋还不来"，原玉荣成了村民们的"家里人"。

贫困户时培兵妻子、孩子患病，家里一贫如洗，可有一条全村都出了名凶的大狼狗，很多村里人都绕着他家门口走。为了帮扶他家脱贫，原玉荣一次次上门做工作，连大年三十的晚上都去他家包饺子、吃年夜饭，时间长了大狼狗也认识了原玉荣，她半夜进院里狗都不叫一声。

"当村干部就要干实事"，在原玉荣办公室里，记者看到几十本工作日记，详细记录着全村所有贫困户的情况："时卫民，男，汉族，1937年出生，长期慢性病，危房。时付森，男，汉族，1970年出生，缺技术，危房改造，种植培训，医疗救助。"原玉荣发现群众贫困大多是因病、因残、因学、缺技术、自身发展能力不足，找准了"穷根"她开始对症下药。

68岁的贫困户时克智身体不好，40多岁才结婚生子，但他儿子时保蛟学习出色，考上了东北财经大学。"一人成才，全家就能脱贫，这么优秀的孩子是全家脱贫的希望。"原玉荣找到了时家的脱贫突破口，为支持时保蛟读书，原玉荣给他争取贷款、交了学费。村民时成龙患了白血病，为解决他家经济压力，原玉荣主动给他办了低保，还为他女儿介绍了工作。

"我到村里的第一天就告诉自己，干部就要干在前。"原玉荣说。村里道路不通，原玉荣争取资金修通了多年的断头路；村里缺产业，她流转土地500亩，建成了中药材示范基地；村里少人才，她苦口婆心劝外出创业成功人员返乡，带动贫困户创业；村民没活干，她各地找项目引进村，让老百姓在家门口也能赚钱。村里面的老人都对原玉荣竖起了大拇指：这闺女不是浮漂草，根扎得牢靠，事办得瓷实，是个干实事的好干部。

在原玉荣的带领下，到2018年底狮子口村引导务工、安排就业200多人、技能培训50多人，全村年人均收入达到13392元，全村整体退出了贫困村。随着村民经济收入的不断提高，原玉荣开始把工作重点转向奔小康：她鼓励孝老敬老，在村里建立老年养护中心、办孝道大餐；六一儿童节，她联系爱心企业给孩子们捐助校服；评选好媳妇、好婆婆，表彰和谐家庭。原玉荣还在村口建起了民俗博物馆，老石磨、破斗笠、锈犁铧摆进了陈列室，让富起来的村民和外来游客看得见乡愁，教育年轻人珍惜好日子。

"贫困户不用愁，腰里揣满百块头，又娶媳妇又盖楼"，当年原玉荣给狮子口村民们勾画的美好生活已经成为现实。虽然顺利完成了脱贫任务，但原玉荣没有离开狮子口村，她选择继续留下来带领群众一道奔小康。

"这个村就是我的家，我想和村民们一起致富奔小康，看着他们日子越过越好是我最大的心愿。"原玉荣说。（新华社郑州2019年10月17日电　记者宋晓东）

"成为村里人，才能得信任"

——记陕西省米脂县印斗镇七里庙村第一书记胡鹏

"白净的皮肤、笔挺的衣裤、整洁的装扮，这是我们这些城里来的驻村干部刚到七里庙村给村民们留下的第一印象。吃不了农村的苦，心思落不到扶贫帮困中，到底是来'走过场'，还是真扶贫……村民们困惑的眼神中充满了对我们的质疑。"回忆起 2018 年 5 月，刚刚被国家电网陕西省电力公司选派到米脂县印斗镇七里庙村担任驻村第一书记时的情形，胡鹏深有感触地说。

为了改变大家的想法，找到脱贫攻坚的突破口，甫一"到任"，驻村工作队就扑下身子、转变身份，将成为"村里人"作为工作的准则与目标。

"吃住在村，挨家挨户地串门、拉家常，是那时也是现在我们的工作状态。为了赢得大家特别是贫困户的信任，村委会公布了我们的联系方式，发放了工作联系卡，每户贫困户都存上了每位队员的手机号。二十四小时为大家想法子、干实事是我们形成的共识。"胡鹏说。

为了与大家快速"打成一片"，胡鹏将解决贫困户的切实困难作为扶贫帮困的主攻方向：贫困户李长东中风后半身不遂，身边需要有人照顾。在他们全家搬入县城的移民定居点后，驻村工作队帮助他的老伴在小区内找到了保洁工作，不仅能照顾上他，还能为家里增加收入；贫困户李志定媳妇患有精神病，家里还有三个娃娃，一家人一年的衣服没有几件能换洗的。了解到情况后，工作队发动身边的亲戚、朋友为他们募集了衣物和生活用品；村里有些贫困户年龄大了，行动不便，工作队登门办事成为常态……

胡鹏说，一件件小事慢慢扭转了大家的看法，村民们和我们亲近了起来，认可、信任慢慢取代了过去的怀疑与猜忌。"随后的调查摸底等工作，大家说出了很多真心话，我们也了解了村民的真实想法，制定和实施扶贫项目的精准性大大提高。"

通过调研论证，结合村里的地形地貌、日照条件，工作队将发展光伏发电作为增加集体积累和带动贫困户增收的重点产业。村民李成说："现在村里的光伏发电量达到了每年25万千瓦时，光伏发电成了村里可靠的'摇钱树'。但后续的合理管理、维护才能把这棵'小树'培育得更加茁壮。胡鹏书记帮我们算清了账，如果光伏板不及时清洁、维护，工作功率仅为设计功率的73%左右；而如果长期置之不理，一年会少发电4万余千瓦时，集体的收益会受到很大损失。他建议我们在沙尘、雨雪等特殊天气条件下还要缩短清洁周期。这些都让我们受益匪浅。"

七里庙村委会主任李志胜说，全村400户1040人，其中建档立卡贫困户82户245人。在驻村工作队的带领下，目前已脱贫80户241人，2019年计划脱贫2户4人。七里庙村也在2018年底成功退出贫困村行列。

自驻村开始，胡鹏他们以"扑下身子、沉下心来，实实在在为群众解决实际问题"为准则，加强和县里、镇上的沟通汇报，带领群众解决困难，用实际行动助力了七里庙村脱贫摘帽。2019年6月，村里向他们授予了"荣誉村民"称号。（*新华社西安2019年9月3日电 记者刘彤*）

以歌交心

——"山歌书记"的致富歌

"杨大哥，在家吗？"爬了一段缓坡，还没到杨大恩家门口，驻村第一书记杨远忠就远远地喊了一嗓子，嗓门很高，嗓音很亮。

杨远忠今年52岁，是陕西安康市紫阳县残联副理事长，2014年他被选派到紫阳县蒿坪镇双胜村当驻村第一书记，因为常在田间地头给群众唱民歌，又被当地人称为"山歌书记"。

位于陕西南部秦巴山区的紫阳县贫困程度很深，全县的贫困发生率达到30.6%。当地人常用"紫阳一根桩，关中一栋房"形容这里建设和发展的艰难。

杨大恩一家有多人残疾，是杨远忠的重点帮扶对象，刚坐下，杨远忠就询问起这家人的近况。

别看如今老杨一家跟杨远忠如此亲密，可刚来时，杨远忠也曾经"热脸蛋贴了个冷屁股"。

"以前有的干部从我家门口过，我喊人家，人家耳朵像掉了一样，头都不回。"杨大恩的老伴儿王庆兰说，"我们就认为这新来的干部肯定也架子大，所以我们也不搭理。"

对于刚刚驻村时的景象，杨远忠记忆犹新，他说："刚开始，村里人都不咋理我，有时候到老乡家里了解情况，你刚坐下，人家起身就走，把人打击得不行。"

在驻村之初，吃了多次闭门羹后，杨远忠发现，比谋划发展更难的是首先让乡亲们接受自己这个"外人"。他说："那时候我就想，既然说话没人听，不如用唱的，还要唱大伙儿喜欢听的。"

在紫阳，人人会唱民歌，而且唱歌时大家伙儿的声音暖，眼神喜悦，感觉很亲近。这个打小扯着父亲衣襟学唱民歌的第一书记决定开始"以歌交心"。在一次村里举行的晚会上，杨远忠自告奋勇上台，唱了一首紫阳民歌《郎在对门唱山歌》。"哎呀，你是没看到，唱完了都给我鼓掌，让我再唱一首呢。"杨远忠说。

这次公开演出让村民们慢慢接受了这个新来的第一书记。"走在村里，大家见我开始打招呼了，后来再去老乡家拜访，他们还要留我吃饭呢。"

歌都是老歌，情可都是真情。杨远忠的真诚开始让老乡们感动，他们不但主动配合工作，还会和杨远忠一起筹划自家产业发展。

在和杨大恩一家商量后，杨远忠帮忙给这家建了3亩茶园，养了两头猪，帮其大儿子找了在村里当保洁员的工作，还修建了家门口的水泥路，翻修了房屋。王庆兰高兴地说："现在茶园每年能收入8000多元，我儿子当保洁员每月能收入600元，日子真是慢慢好起来了。"

在省市县各级的帮助下，杨远忠和村干部一起通过争取资金为村里引水架桥修路，不断完善村里的基础设施，带领群众成立了茶叶和食用菌种植专业合作社，组织村里富余劳动力参加养殖、烹饪、月嫂、足浴等技能培训，村里一些五保户和低保户也有专人负责结对帮扶。双胜村的脱贫之路越走越宽，并且已经在2017年整村退出贫困村序列。

眼下，杨远忠还是忙得停不下来。针对村里一些可能返贫的脱贫户，杨远忠会定期上门拜访，并且找来专家一起入户查原因，解难题，制定新的发展计划。因为村里养殖的土鸡、黑猪供不应求，他也正谋划着带领群众进一步扩大养殖规模，增收创收。"脱贫不是目的，要让群众稳得住、能致富才行。生活好了，歌才会越唱越美。"杨远忠说。（新华社西安2018年12月7日电　记者张斌）

"第一书记"房瑞标：吕梁乡亲"最亲近的人"

"人说山西好风光。"吕梁深处的楼坊坪，景色优美，醋香飘逸。

党的十九大代表、驻村"第一书记"房瑞标，将科技和互联网引入这个国家连片特困地区，给乡亲的日子带来新的色彩和希望。

2015年8月至2017年7月，房瑞标由中国科协信息中心派往山西吕梁，担任岚县界河口镇楼坊坪村党支部第一书记。两年驻村，他不辱使命，带领全村脱贫致富奔小康，被乡亲们当作亲兄弟、贴心人。

在山西省吕梁市岚县楼坊坪村，房瑞标（右一）在查看村民家中马铃薯的存储状况（2017年3月23日摄）。

为乡亲建起"聚宝盆"

让乡亲们尽早脱贫致富，是驻村第一书记的头等大事。

房瑞标是80后，家在农村，大学学农，有着浓浓的"三农"情结。"毕业以后就没有再搞过和农业相关的工作，一想到能够回归田野，带着乡亲们一起脱贫致富奔小康，心里有些小激动。"房瑞标说。

从北京来到吕梁山区，他很快爱上了这块土地。

种马铃薯，是楼坊坪乡亲主要经济来源。但怎么种才能够长得更好、收益更高？这困扰楼坊坪村民的难题，让房瑞标苦苦思索。他决定在村里推广新品种。

种了几十年马铃薯的魏计栓，是村里有名的种马铃薯能手。对房瑞标推广的新品种，他半信半疑，一直不表态。

房瑞标为了给老魏做工作，多次带着技术人员上门交流，进行现场切磋，从防治虫害到种植流程，从签订合同到收购保障……终于说服老魏改种新品种。

在"娘家"中国科协的帮助下，通过科协的扶贫项目，房瑞标又为村里争取到了100多万元的项目资金，不仅成功推广了优质新品种，还帮助村民们建起28座薯窖，年储量达2000吨，真正成了乡亲们脱贫攻坚路上的"聚宝盆"。

"科技给了乡亲们信心，也给了我信心。"房瑞标说。

让山村联通山外

楼坊坪村位于吕梁山区北部，距县城40多公里，冬天若遇大雪封山，很容易成为"信息孤岛"。

"现在申请助学金都是在网上申报。过去我们村不通网，填一个表就得跑到40多公里外的县城或者去学校办申请。"村里在卫校读书的年轻人薛云萍说。

村民张天珍一直想办农家乐、搞旅游，苦于没宽带，"外地游客根本不想来，来了也留不住。"

房瑞标决心结束楼坊坪村没有宽带的历史。

在山西省吕梁市岚县楼坊坪村，房瑞标（左）在大棚里查看食用菌的生长情况（2017年3月23日摄）。

由于楼坊坪地处偏远山区，铺设宽带资金投入大、施工难度高，按照统一规划，短期内很难解决宽带进村。

一直在中国科协工作的房瑞标，设法通过科协"乡村e站"项目申请到了山西省科协扶贫资金，在吕梁移动通讯公司的配合下，建起了"乡村e站"。

e站立足楼坊坪村，辐射周边，依托丰富的媒体资源、信息资源、专家资源、网络资源和先进的信息化手段，成了服务全村及周边乡村村民的"科技补给站"。

宽带进村后，村民王建中家装上了电脑，山沟沟里长大的一家人，第一次感到外面的世界如此之近。

乡亲身边"最亲近的人"

两年驻村，房瑞标与村民结下深情。

在汛期，他总是早起晚睡，挨家挨户检查房屋漏雨的情况；取暖季，他冒着严寒检查乡亲们的取暖安全，宣讲防范煤气中毒……

房瑞标在中国科协的同事李安安回忆："一次瑞标从岚县回到北京，一进门，变成光头的他把同事们吓了一大跳。"

原来，由于村里条件差，没法洗澡，房瑞标的身上曾长虱子，为了不受其扰，他干脆就把头发剃光。

"一开始，乡亲们说我是中央派来的，称我'房书记'。后来，都叫我'瑞标'和'老弟'。"房瑞标说，只有将心比心、以心换心，真心为大家服务，才能成为乡亲身边"最亲近的人"。（新华社北京 2017 年 10 月 14 日电　记者胡喆）

从"被动员"驻村到请缨延任第一书记：
2017 年全国脱贫攻坚奖获奖者李朝阳

"我做的工作很平凡，组织却给了我这么高的荣誉。我觉得很惭愧。"10月 9 日下午，安徽省池州市石台县河口村驻村第一书记李朝阳激动地对记者说。

9 日上午，在北京会议中心，包括李朝阳在内的 40 名 2017 年全国脱贫攻坚奖获奖者参加了脱贫攻坚先进事迹报告会。在 5 名作报告的获奖者代表中，他是唯一的一名驻村干部。

2012 年初，在安徽省民委工作的李朝阳赴淮南市杨镇村任驻村第一书记时，他没想到 6 年后自己还奋战在脱贫攻坚的一线，也没想到有一天自己会作为全国 70 多万名驻村干部的代表作报告。

"今天报告会上，国务院相关领导传达了习总书记的重要指示——基层一线扶贫工作者是脱贫攻坚的生力军，对他们要在政治上关心、工作上支持、生活上保障，支持他们在脱贫攻坚战场上奋发有为、大显身手——总书记暖心的话，让我深受鼓舞。"李朝阳说。

2014 年 10 月，李朝阳结束了驻村工作的第一个任期。他放弃了回机关上班的机会，主动请战去池州市河口村继续扶贫。

在河口村的这三年，村里路通了，宽带做到了全覆盖，村民喝上了自来水，更重要的是河口村形成了特色产业群。全村贫困户从他去时的 141 户，下降到了 10 户。河口村在 2016 年底实现重点贫困村出列的目标。

村民们脱贫了，也乐观自信了，李朝阳觉得自己这几年的工作特别有意义。

"2012 年去扶贫之前，我心里没底，是被动员去的。"李朝阳对记者说。

当时，安徽省民委主任孙丽芳嘱咐他，去村里就要在基层扎扎实实干，和贫困群众建立真正的感情，让乡亲们得到实惠。

初到河口村，为帮乡亲们种的平菇找销路，李朝阳凌晨两三点就到周边城市的蔬菜批发市场，和菜贩子讨价还价。

2015年国庆假期期间，为了接待某慈善基金会来村考察，为河口村争取一些支持，李朝阳放弃休假待在村里。由于持续阴雨天气，李朝阳被当地一种毒虫咬伤，造成了颈部大面积溃烂。医生建议他请两个月病假。

李朝阳看到工作日志上满满的安排，决定还是坚持在村工作——村里茶叶合作社厂房建设、平菇商标注册，联系北京的康复专家来村里为残障儿童做康复训练等等——在生病期间，李朝阳将这些工作逐一落实。

在今年5月的"精准扶贫驻村调研"活动中，本报记者曾在河口村驻点1个月，对当地的脱贫攻坚工作做了数篇调研报道。

"6月初，你回北京的时候，村里只有4个食用菌立体种植大棚，现在有13个。10月底就要出菇了。"

"村里的黄牛养殖合作社现在又多了50多头黄牛。"

"每日电讯上次给村里送了水泵。这次我到北京，支书他们让我转达谢意。"

……

李朝阳兴奋地介绍河口村4个月来的变化。

"习总书记指示要再接再厉、扎实工作。接下来，我们河口村的工作重

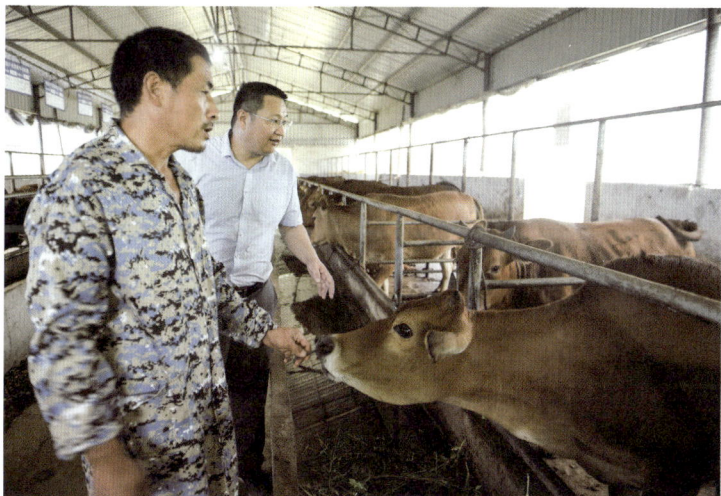

2018年7月6日，李朝阳（后）在走访安徽省石台县桂元黄牛养殖专业合作社。新华社发 李博 摄

2018 年 7 月 6 日，李朝阳（中）向石台县河口村村民李秀美（右）了解食用菌种植情况。新华社发 李博 摄

点是加快'资源变资产、资金变股金、农民变股东'的农村'三变'改革步伐，进一步激发河口村的发展活力。"李朝阳说。

鞭策李朝阳再接再厉的，不仅有总书记的指示，还有乡亲们的期盼。

原本今年 10 月底，李朝阳就要结束他的第二个驻村工作任期了。

但有一天，村支书老章严肃地对他说："朝阳啊，听说你要调回省里了，大家挺舍不得的。"

他一时愣住了，不知如何回答。老章又说："我们确实需要你，但也知道你在村里都干了 6 年了，不好开口，可乡亲们的想法我也拦不住。"

那天晚上李朝阳失眠了。他是真的舍不得离开河口这个刚刚看到希望的小山村。

李朝阳决定说服家人，支持他再一次向组织请求继续留村工作。还没等他向领导张口，单位向他转交了乡亲们挽留他的请愿书，上面清晰地印着 289 个红手印！

"这是乡亲们对我的信任。我随时准备着第三个驻村任期。"李朝阳说。

（《新华每日电讯》2017 年 10 月 10 日　记者李坤晟）

从不信任到事事都找他

——贵州 80 后"博士书记"的驻村帮扶故事

尽管"五一"假期有难得的两天休假，但休假中的吴迅总是忙个不停，有村民刚从外地回来，他打电话耐心讲解现在的疫情防控政策；村里经果林要到压枝塑形的时候了，他又不放心，提前预约技术人员前去指导……

"村民大小事都喜欢找我，我也很感激他们对我的信任。"

"80 后"吴迅，2016 年作为高层次人才被引进到贵州省农业科学院旱粮研究所工作。这位主要从事玉米遗传育种领域研究的博士后，2018 年 3 月主动请缨到贵州省石阡县青阳乡大坝村挂职驻村第一书记。

"博士来村里当干部，得不得行哟？""高射炮打蚊子，怕是大材小用了吧？"刚进村里，吴迅就遭到村民"泼冷水"，但他没有灰心，"我从小在农村长大，相信能取得村民的信任。"

吴迅开始挨家挨户走访村民。71 岁的村民江朝明说，两年前，他家厨房烂砖烂瓦，一直漏雨，吴迅走访时掏出 500 元钱帮他换上彩钢瓦，解决了漏雨问题，之后又争取到扶贫资金，拆掉厨房烂砖砌上了石砖，"他对我们就像亲人一样。"

用了几个月，吴迅走访了全村 280 多户村民，通过开院坝会、党员会的方式，了解老百姓的发展意愿、劳动力情况等。有空时，他也跟村民聊聊上一辈农村人的辛苦，说说现在的好政策，讲讲自己小时候摘果子、掏鸟窝的趣事……渐渐地，村民逐渐接纳了这位驻村的博士。

大坝村平均海拔 1000 米左右，村民以前多种植苞谷、洋芋等传统农作物。一亩地平均收成 700 多元，扣除劳动力成本、肥料钱等，每亩土地收入并不多。

2018 年村里引进合作社示范种植高粱 30 亩，吴迅还帮忙找到了一家酿酒厂收购高粱，可村民就是不愿意种。

"村民没种过，不敢冒风险，我就挨家挨户去说，要是亏了，算我的。"第一年，只有几户村民跟着种高粱，其中一户种 5 亩赚了 1 万元。"老百姓看到了效益，第二年主动要种子，50 多户村民共种植 300 亩高粱。"吴迅说。

2019 年以来，大坝村又通过"合作社＋企业＋农户"的形式，发展苗木、辣椒种植和观光鱼塘等产业项目，此外，吴迅争取到帮扶资金 100 万元，用于发展蜂糖李、樱桃等精品水果。2019 年底，大坝村实现全部脱贫，村民人均收入超过 8000 元。

在和村民打交道的过程中，吴迅被深深感动。2019 年初，大坝村持续降温十多天，吴迅住在村委会，正为没有水没有菜而发愁，几位村民挑着水桶、背着红薯和洋芋送到他的住处。"你真情实意地为老百姓做事，老百姓也会信任你。"吴迅说。

五月来临，气温回升。在大坝村，每天有几十名村民忙着给苗圃基地的花木塑形、浇水，在精品水果园给树木剪枝、施肥，他们每天的务工收入在 80 元到 120 元不等。吴迅说，今年村里最重要的就是管护好现在的产业，让老百姓增收更稳。（新华社贵阳 2020 年 5 月 5 日电　记者李春惠、李凡）

李世杰：北京来的"第一书记"

黑龙江省抚远市东安村，位于中华人民共和国版图最东角。

这个村，有一位深受村民欢迎的驻村第一书记，他叫李世杰，从北京来。

实干赢得信任

李世杰今年36岁，浓眉大眼，身材高大，做事利索。

"东安村面积35平方公里，耕地15000亩，村民169户，370人，精准扶贫户3户8人，低保户32户56人……"东安村的情况，全在李世杰脑子里。

去年8月，李世杰刚从北京来到东安时，并不适应。

"有的村民觉得，北京来的年轻书记也就走个过场，能干啥？"东安村村主任孙国良说，就连他自己也曾在心里犯过嘀咕。

工作推进不顺，李世杰认真反思，认为是自己的一些想法不接地气。"要让村民满意，必须把好事办实，把实事办好，办到群众的心坎上。"

走家串户，深入田间地头；帮助村民办理低保，为贫困户联系就业；修运粮路、装路灯、建垃圾处理中转站……务实的作风，一件件实事"落地"，让东安村有了大变化，李世杰赢得了村民的支持信任；领导班子有了成就感，积极性越来越高。

"有事就找李书记。"村民现在这样说。

观念更新气象

东安村土地相对贫瘠，村民观念比较落后。驻村后，李世杰成天思考如何为村民致富创业开辟新途径。

村里基础设施滞后，每年秋收后，农民只能在路边晒粮，不仅浪费，还易引发交通事故。李世杰到市里申请项目，为村里建起了两万平方米晒场，并四处争取资金，为村里购买地秤、烘干塔等设备。

"生态有机米才能卖上高价钱。"于是，李世杰找来专家，考察发现立体生态种植的鸭稻米适合引进东安，于是谋划开办鸭稻专业种植合作社。为了打消农民疑虑，李世杰鼓励党员干部带头，先搞百亩试验田。一年下来，产量虽降，但价格翻倍。真金白银揣进兜，外村的农民也都积极申请加入。

"现在，城里人假期都往农村跑。去黑瞎子岛旅游，路过东安正好是饭点，搞农家乐肯定火。"在李世杰的策划和村里的支持下，村民们开起了农家乐。刘大姐的农家乐生意越办越火，如今每天收入两三千元。

网络"点亮"东极

来到东安1年多，李世杰的新思路，给这里带来的变化是多方面的。

今年7月，70岁的贫困户老人孙守林遭遇车祸，急需手术费。李世杰立刻想到网上筹款。"我以人格担保，此事为真，恳求大家伸手帮一把。谢谢大家！"消息迅速在朋友圈传开，不到1个小时就筹集1万多元，加上村民捐款、政府资助，3万多元手术费很快凑齐。孙大爷手术成功，恢复良好。

在李世杰的牵线下，淘宝、京东、苏宁等互联网平台也走进了东安村。村民刘延辉率先尝到了"村淘"甜头，她蒸的纯手工馒头、粘豆包，通过网络卖到了北京、上海，平均每天卖出四五百元，把身边的姐妹们也带动了起来。

李世杰深知，农产品要想打开市场，必须有自己的品牌，有商标。在他的牵线下，麦知网"商标富农千县万村"计划首站刚刚落地抚远市，现场为农民捐赠了商标。从此，东安特产在市场上、网上有了身份。

"我们跟京东、苏宁都建立了联系，商标也有了，计划明年开始众筹！"李世杰说。（新华社哈尔滨2016年10月11日电 记者高星）

贫困村里来了个"画家书记"

推开吉林省东丰县今胜村村委会的大门，一幅尚未完成的农民画引起了记者的注意。画里有着整洁干净的马路，宽敞明亮的瓦房，一派欣欣向荣的景象。画的作者有一个特殊的身份，他是驻村的第一书记姜海杰，一位远近闻名的青年农民画家。

"这幅画叫《咱村变了样》，画的就是俺们村的变化。"姜海杰指着画里的景象告诉记者。

东丰县素有"农民画之乡"的美誉，有近百位农民画家，姜海杰就是其中的一位。他自幼学画，后来凭着自己的努力，以农民的身份考进了东丰县农民画馆，成为专业画家，并担任了该馆的办公室主任。

2017 年，姜海杰被派到贫困村今胜村任第一书记，成为脱贫攻坚队伍中的一员。习惯了在纸上画画的他，开始以大地为纸，画着一幅幅现实版的"农民画"。

姜海杰刚来村子时，村子里可不像他画的那样美。泥土路经常灰尘四起，路旁的木头栅栏破旧不堪，村里还有 17 户贫困户生活困难。

"村里要脱贫，还得靠产业。"今胜村充分利用村子位置接近城区的优势，发展农耕体验园。将土地划分成 60 个小园子，对外出租给城里人种植绿色蔬果，村里提供浇水、育苗等服务。这一特色服务非常受欢迎。

在姜海杰和大家的共同努力下，村里的产业越来越红火，贫困户全部实现了脱贫。2019 年，除去为村民分红外，村集体收入近 11 万元。

贫困村的新变化激发了姜海杰的创作热情。从去年开始，结合村容村貌建设，他把家家户户统一修建的院墙当成了"农民画"创作园地，带领大家把脱贫攻坚的故事画到了墙上。

姜海杰兴奋地领着记者参观他的杰作。走在村路上，像是进入了一个画廊。"这都是村里发生的真事。"他指着其中一幅"放牛图"给记者讲起了故事。

画中的老汉名叫韩行富，是贫困户，过去爱喝酒不爱干活。姜海杰反复找他唠嗑，帮他研究扩大养牛规模，帮他申请免息贷款。去年，老韩养牛达到了 13 头，现在还做豆腐，一下子由贫困户变成了脱贫致富的典型。

台风来袭时帮农民卖西瓜、引导农民养大鹅帮助增收、购买农机出租包活为贫困户分红……走在村路上，姜海杰指着一幅幅生动的东丰农民画，讲了一个又一个的脱贫故事。

东丰农民画本就是土生土长的民间艺术，最适合表现农民的生产生活。"驻村的经历，让我的画有了更坚实的土壤。"姜海杰认为，做这个"第一书记"也让自己的创作更加得心应手。

"画家书记"不仅带领农民增收致富，还带起了一股画画热，村里变得更有"文化味"。姜海杰在村里开设了农家小画室，无偿教村民们画画。每年夏天来学习的人最多，男女老少围坐在一起，跟着姜书记学农民画。

姜海杰对贫困户家庭的孩子尤为关注。为了培养他们的兴趣爱好，他将画笔颜料送到贫困户家中，手把手教孩子们画画。现在，已有三个孩子拜他为师。

绕村步行后，记者与姜海杰又回到桌旁。再欣赏《咱村变了样》这幅作品，记者感受到，画中充满希望的田野与现实的今胜村正在完美重合。（新华社长春 2020 年 4 月 3 日电　记者褚晓亮、孟含琪）

十年九旱之地来了"及时雨"

——记辽宁省彰武县哈尔套镇梨树村第一书记吴晓虹

一片金黄色的田地上，一栋蓝色井房立在地头，里面是一口83米深的水井。水泵等设备开动着，发出阵阵响声。从这里步行约1500米，就来到辽宁省彰武县哈尔套镇梨树村村民康瑞芹的家了。这口深井是专门为像她那样吃水难的村民们打的。

梨树村地处辽宁西部，是典型的"十年九旱"之地，常年平均降雨量只有400毫米左右。由于地下水位连年下降，造成不少取水井干涸，全村15个屯(组)存在不同程度的吃水难问题。

"自从2007年，自家院里的吃水井就断断续续抽不上水了。这么多年，俺们都是厚着脸皮，管村里有水的亲戚拉水吃。"康瑞芹说。

自打有了那眼新井，康瑞芹高兴坏了。"不为水发愁可真好！"她说。

记者来到康瑞芹家，打开水龙头，清凉干净的水流了出来，存在一口水缸里。"能吃上这么好的水，可多亏了吴晓虹书记。"康瑞芹指着水缸里的水，反复念叨着。

她口中的吴晓虹书记，是阜新市工业和信息化局2018年下派到哈尔套镇梨树村的第一书记。当年他一听说村民们吃不上水，立马就着了急，反复找水利部门反映情况，找村里老农了解哪里可能有水源，几经周折，最终选好了打井位置。现在，村里像这样每小时出水10吨的取水井共有9口，为梨树村1800多村民解决了饮水难题。

吴晓虹身材高大，脸庞黝黑，仅40多岁的年纪，却长了一头灰白的头发。村民们说，他总是穿着那身白衬衫，黑色长裤，一双旧皮鞋，走屯串户，在村里的各个地方"转悠"，全村601户人家，他几乎家家都去过。

"这书记，有求必应，就像及时雨一样。"这是村民们对吴晓虹的评价。

从村里的老人生病往医院接送，到帮助村里的残疾人申请办理残疾证；从帮助村民追收订单农产品欠款，到帮助村里 10 多名孩子转学；从更换村里变压器方便村民抽水灌溉，到申请建设 7.9 千米水泥路……只要他知道村上有任何困难，他都会尽力帮上一把。

吴晓虹是辽宁省众多下派的"第一书记"之一。自 2018 年起，辽宁省分批选派 1.2 万名干部到乡镇和村工作，对全省 593 个经济困难乡镇和 1.17 万个村实现全覆盖，充实了脱贫攻坚的力量，为乡村振兴发展注入了活力和动力。

在产业扶贫上，吴晓虹在村里推广"种植 + 养殖"模式，8000 亩高标准农田项目即将开工，养羊已成为村里脱贫的主要产业之一。现在，村里成立了养羊合作社，建成了 1000 多平方米的高标准养殖场所。经过努力，梨树村全村建档立卡贫困户 141 户、288 人，现已全部脱贫。

现在走在村里，村民们见到吴晓虹，都笑着主动打招呼，围拢上来，你一言我一语，和吴晓虹唠起家常。"党派来这么好的书记，可千万不能让他走啊！"村民们对记者说。(新华社沈阳 2020 年 9 月 25 日电　记者邹明仲)

驻村干部杨海春的"搬迁秘诀"

"让群众有安全稳固的住房是我们扶贫工作的一件大事。"云南省泸水市六库镇双米地村委会的驻村第一书记杨海春说，而搬迁工作要是有秘诀的话，那就是用心用情。两年来，面对搬迁工作，杨海春用自己的"秘诀"助力大峡谷里的群众实现安居梦。

双米地村位于我国"三区三州"贫困地区之一的怒江大峡谷里，村里的大多数傈僳族贫困户生活在高山上，群众面临"行路难""住房没保障""增收途径少"的窘况。因此，搬迁工作成了扶贫工作的重要内容。

42 岁的杨海春是怒江傈僳族自治州泸水市政法委副书记，2017 年他被派驻到双米地村委会驻村，开始和搬迁打上了交道。

"说起来简单，做起来难。"皮肤黝黑的杨海春说，动员搬迁就是一道难题。2017 年，杨海春刚到双米地，为动员居住偏远的村民搬迁，他和村干部走了 3 个小时的山路来到亚洼玛村民小组，就碰到冷场：晚饭后，杨海春召集村民开动员会，零星来的几个人，没等会议开始就转头回家了，直到晚上 11 点，会才勉强开始。

"首场动员会混乱不堪，更谈不上有效果了。"杨海春至今仍记得当时的情景。但他没有灰心，次日天刚亮，他和村干部来到反对意见较多的傈僳族群众李小华家，重点"交心"。

历史上经历过大迁徙的傈僳族群众大多在高山上生活，住在"杈杈房"里，就近开垦种植。虽然日子过得苦，但很多人不愿意离开住处。李小华也是如此，既有故土难离的情节，也担心搬迁后面对陌生的环境，没了收入来源。

新家在江边、家门口就能就业……杨海春一番苦口婆心后，李小华坦承，母亲生病，也是他不愿搬迁的重要原因。杨海春仔细查看李小华母亲的病历，联系医疗机构给她治病，渐渐地，李小华笑容多了起来。杨海春感受到，村民本质是热情淳朴的，你和他以心交心，哪有捂不热的石头，解不开的心结。

一个村民、两个村民……渐渐地，村民由开始一听到"搬"字就皱眉头，变为不断拉着干部问搬迁政策。在搬迁点启动建设后，不少人一有空就会到点上看一看新家。"先看一下新房，大家都等不及了。"村民胡玉妹说。

为了动员亚洼玛村民小组的村民搬迁，杨海春前后爬了 7 次大山，逐户了解群众的想法，解疑释惑。44 岁的胡玉妹一家在木板房里住了 20 多年，出门极不方便，过江赶集要靠溜索，去年 10 月，胡玉妹与其余的 162 户群众搬下了山。

"现在想想，杨书记刚给我们做工作时，我们不给好脸色真后悔。"胡玉妹说，村干部还推荐她到村里的蜜蜂扶贫车间工作，一个月有 2000 多元收入。

"搬迁后，村民要向市民转变，我们还教大家使用电磁炉，用冲水厕所。"杨海春说，扶贫队员们采取多种方式，引导群众转变思想观念、生活习惯，主动融入社区生活。

"易地搬迁三分靠搬迁，七分靠后续。还要发展产业、带动大家增收。"杨海春说，他们通过实施退耕还林、陡坡地治理工作，带领村民种花椒、坚果等特色经济作物，拓宽群众产业发展路子，并举办建筑技术、厨艺技能等培训班，让搬迁群众有一技之长。目前，已动员引导 780 余名村民外出务工，有了稳定收入。

如今，在怒江岸边，具有民族特色的搬迁点陆续建成，贫困群众告别了世代居住的"杈杈房""木楞房"，住进了楼房。怒江州扶贫办有关负责人表示，"十三五"期间，怒江将有 10 万人搬入新房，目前，各安置点相关配套齐全，大部分村民已搬迁入住。

"现在让大家回去，大家都不愿意了。"亚洼玛村民小组的傈僳族脱贫户李正兰说，搬下来后，除了居住环境明显改善，还能接受技能培训，有工作干。

"和群众打交道，要带着感情，倾心尽力。"杨海春看着江边一排排安置房说，未来大家的生活会越来越好。（新华社昆明 2019 年 10 月 21 日电　记者王长山、杨静、姚兵）

"屯溜达"书记的驻村扶贫情

　　常年一身运动鞋、运动裤打扮，走村串户、盘腿上炕，跟村民拉家常、摸情况、想对策……韩军是内蒙古自治区兴安盟科尔沁右翼中旗巴彦淖尔苏木双榆树嘎查的驻村第一书记，因为爱在村屯串门，为人热心肠，被村民们亲切地称为"屯溜达"书记。

　　科尔沁右翼中旗地处大兴安岭南麓集中连片特困区，是国家级贫困旗。2015年，韩军被科右中旗交通运输局委派到双榆树嘎查任驻村第一书记。驻村后，他第一件事就是入户调查，利用早晚时间到贫困户家里聊家常、讲政策、听意见。一年时间内，他走遍了全村363户人家，记下了3本厚厚的民情日记。

　　建档立卡贫困户包达利8岁的女儿没钱上学，就是韩军走村串户时发现的。"孩子营养不足，个头小，以为还是学前年龄，可一查档案，孩子都过入学年龄了。"韩军一问才发现，家长不是不想让孩子上学，而是全家好几个病人，哪里还负担得起孩子的上学钱。韩军自掏腰包先让孩子上了学。

　　随后，村里辍学在家的几个适龄孩子，都被韩军一一找到，并返回了学校。村民看在眼里："这个'屯溜达'还真有两下子，热心肠、办实事！"

　　就是这样不停地"溜达"，韩军完成了全村的摸底调查，对全村贫困状况了然于心。出行难、收入低，是双榆树嘎查给韩军留下的最深印象。韩军暗下决心，只有改变现状才能让老百姓过上好日子。

　　嘎查里交通不便，农畜产品运不出去，收购小贩趁机压价，村民迫不得已只能贱卖，这一直是村民苦恼的大难题。韩军带领村民们修路，28公里水泥路修通后，村民们拍手叫好。"每个自然村都通了水泥路，收粮食的、收牛羊的小贩都进来了，农畜产品现在卖多少钱再不由小贩说了算！"双榆树嘎查的牧民义必格力图高兴地说。

路修通了，韩军开始思考调整产业结构，让村民真正富起来。双榆树嘎查有1350亩的盐碱地，村民们种植玉米一年下来几乎没有收成，再加上远离大市场，畜牧业效益较低，全嘎查人均收入不到3000元，集体经济收入为零。

韩军想起自己以前在东北当兵时，见过当地人在盐碱地里种水稻。认真思考后，他大胆提出实施盐碱地改水田的规划，并带领嘎查党支部一班人到吉林省白城市、长春市多地学习，回来后跟老百姓商量在盐碱地里种水稻。

可村民觉得这简直就是在开玩笑。喊破嗓子不如做出样子。2016年，韩军带头入股成立专业合作社，对盐碱地进行"旱改水"，试种的600亩水稻当年就收获了39万斤。之后，观望中的村民们纷纷加入合作社，从育苗、插秧、田间管理，再到收割，每年仅嘎查的100名劳力在合作社打工也能增收40多万元。

"从没想过家里荒了多年的盐碱地能种出水稻，还能在家门口务工、拿分红。"双榆树嘎查农民张春花告诉记者，2017年，家里的26亩盐碱地流转给合作社种植水稻，除了土地流转费，老伴儿还能在合作社打零工，日工资达130元到150元，加上年底分红，全家已顺利脱了贫。

昔日盐碱地，如今米粮川。韩军算了一笔账，今年这片盐碱地上的水稻亩产量达1100斤，预计将收入90万元到110万元，这对于参与分红的贫困户和一般农户来说，肯定是一个"丰年"。

韩军的扶贫事迹仅是科右中旗扶贫攻坚的一个缩影。在科右中旗，包括韩军在内的近千名驻村第一书记和驻村工作队员扎根农村，与村干部群众齐力攻坚，为决胜脱贫攻坚交上了一份满意答卷：2018年科右中旗贫困发生率降至0.8%，2019年科右中旗退出国贫旗序列。

回想4年多的驻村经历，看着双榆树嘎查的农牧民逐渐过上好日子，韩军感慨地说："为了大房子、豪车而奋斗，获得感、幸福感不一定强；为了一群人、一块热土而奋斗，获得感、幸福感来得最明显，也最持久。"

（新华社呼和浩特2019年11月13日电　记者王靖、安路蒙）

"退休书记"的扶贫故事

清晨，吉林省松原市长岭县三团乡九十三村被白雪覆盖，放眼望去，一片白茫茫。茹志彬正在雪中前行。"刚接到张福的电话，他家电视机坏了，我帮着看看。"茹志彬指着工作日记告诉记者。

厚厚的笔记本上，记录着村里大大小小的事。"茹志彬人缘好又靠谱，村里贫困群众有啥难题都愿意找他。"驻村第一书记刘辉说。

刘辉和茹志彬都是长春理工大学的老师。2016年1月，茹志彬作为驻村第一书记先来到村里。村里条件差，茹志彬最开始睡的床都是几个破桌子拼成的。

结合当地条件，长春理工大学在村里建设了十个蔬菜大棚，以低价承包给村里贫困户。在茹志彬的劝说下，村里有的贫困户承包了大棚，有的前往大棚打工，2017年和2018年，蔬菜大棚累计盈利32万元，参与的村民都获得了分红。

2019年初，茹志彬在学校和村里同时"退休"，刘辉接过茹志彬的接力棒，成为驻村第一书记。茹志彬却舍不得九十三村，继续留下来工作。

从第一书记岗位上"退"下来后，茹志彬一刻也没闲着，还当起了推销员。

"大棚的柿子熟了，特别好吃！""豆角下来了，想要的抓紧预订！"茹志彬建了"长理工心系长岭九十三村"的微信群，把学校的老师都拉进群里。他时不时地通过短视频"兜售"村里的绿色蔬菜，帮老百姓把"扶贫菜市场"搬进校园。新鲜的绿色蔬菜很受教职工欢迎，每销售一笔，他就在笔记本上认真记录一笔。笔记本写满了一本又一本，村里农产品的销路问题也解决了。

为了解决农产品的运输费用，茹志彬和驻村干部们还当起了免费司机，除了大棚蔬菜之外，老百姓自家产的鸡蛋、鹅蛋、小米、家禽等，也被他们拉回长春，"运"到了学校教职工的餐桌上。

法律援助，医疗义诊，文艺演出……在茹志彬的张罗下，村里渐渐换了模样。变化最大的就是孤寡老人郭凤英的家。四年前，郭凤英还住在摇摇欲坠的土坯房里，如今，老人住进保障房里，"感觉挺好"。

新年伊始，长春理工大学为村里捐赠了1600余株果树，茹志彬又有了新牵挂。他在笔记本上记了很多关于果树栽培的事项，密密麻麻，事无巨细。可以预见，"退休书记"将书写新的扶贫故事。（新华社长春2020年1月17日电　记者孟含琪）

辞职副局长当"村官"

塞外春迟迟，早晨5点多，东方露白，吕远成披衣起床。连日来，老吕来回往返于旗里和村头，又是写报告又是跑部门，忙得不亦乐乎，力争把村里的第一个集体经济项目太阳能发电搞成功。

自小在村里长大的城里人吕远成素怀农村情结，2015年主动要求驻村扶贫，当年9月来到内蒙古察哈尔右翼前旗黄茂营乡南窑村当第一书记。

从此，在南窑村的田间地头，总是飘动着一个身影——中等个头，身健形瘦，皮肤黝黑。吕远成环村巡看，梁上坡下全是旱地，没有一亩水浇地，撂荒一片，看着心酸。他带着村干部，赶忙联系水利局、发改委、财政局等部门，争取到专项资金给村里打了17眼水井。4000多亩的旱地从此变成旱涝保收的水浇地。

出村的土路坑坑洼洼，制约了脱贫，吕远成积极向上申请，修起4.2公里的水泥路，与旗高速路连通。在奔波忙碌一件件大大小小的脱贫事务中，他越来越摸到了门道，与村民的心也贴得越来越近。

南窑村是典型的"三八六零村"，青壮年多外出务工，种地的都是老人、妇女，土地大量撂荒。吕远成看在眼里痛在心里，成天琢磨着，便想到一招，把土地集中租出去，干部和村民一合计都同意。众人遂介绍各自的关系前来承租，怎么办，处理不好就会产生矛盾。老吕又支了一招——公开竞标，最终帮助农户以每亩320元的高价流转3700亩土地，其中60户贫困户人均增收1572元。

老吕不把村民当外人，干在前、冲在前，给大家带来了实实在在的好处，赢得群众一片好评。66岁的老会计孟师文说："他工作极细致，按规矩办事，90%以上的村民都拥护他。"村民们担心有一天老吕会离开，村支书银玉海激动地说："你要走，我就领全体村民去民政局把你要回来！"

2018 年 6 月 26 日，在内蒙古乌兰察布市察哈尔右翼前旗黄茂营乡南窑村集中流转的水浇地上，吕远成（右）与种植大户薄巨英查看甜菜生长状况。新华社记者 彭源 摄

2018 年 6 月 26 日，在内蒙古乌兰察布市察哈尔右翼前旗黄茂营乡南窑村集中流转的水浇地上，滴管设备在为百亩甜菜地浇水。新华社记者 彭源 摄

2018年6月26日，在内蒙古乌兰察布市察哈尔右翼前旗黄茂营乡南窑村，吕远成（左）与靠着养牛成功脱贫的王占元商量下一步的养殖计划。新华社记者 彭源 摄

2017年10月，57岁的吕远成辞去察哈尔右翼前旗民政局副局长职务，专任南窑村第一书记，全身心投入该村精准脱贫工作。许多人不理解，57岁的老吕说："我当了10年副局长，电脑不咋会用，把位置腾出来让给年轻人。"两年来，他和村民滚打摸爬在一起，结下了感情，他很开心："村里的扶贫我能使上劲、派上用场。"

在贫困户王占元家，得知身体本不好的王占元要扩大养牛的规模，吕远成激动起来，亮着大嗓门道："不能只求数量不顾效益，再说养那么多牛，你的身体吃不消，要是累倒了挣再多的钱也没用！"王占元不表态，只是嘿嘿地笑。（新华社呼和浩特2018年4月28日电　记者李仁虎、王靖）

连续 5 年为村民拍全家福

——一名扶贫干部的除夕

24日，农历除夕。晚上8点，杨红丽家20多口人吃年夜饭。菜上齐后，杨红丽还在等一道必备"菜"。"我们在等冷书记，她每年除夕给我们拍全家福，是不可或缺的，也是我们最难忘的一刻。"

杨红丽是黑龙江省双鸭山市饶河县西林子乡小南河村村民，她口中的冷书记是小南河村第一书记冷菊贞。2015年12月6日，双鸭山市市场监督管理局干部冷菊贞来到小南河村，担任驻村第一书记。

冷菊贞爱好摄影，平时她将镜头对准小南河村自然和民俗风貌，将照片发到摄影爱好者微信群里，吸引大量游客来小南河村游玩。小南河的乡村旅游慢慢"火"了。"以前拍家乡，是为了单纯的山水美。现在拍山村，是为了鼓起老百姓的腰包。"冷菊贞说。

2020年8月27日，冷菊贞拍摄的小南河村民蒸大馒头的场景。（新华社发）

冷菊贞到任小南河村没多久，就迎来2016年春节。当年除夕，冷菊贞放弃和家人团聚的机会，开始给村民拍全家福。目前，冷菊贞已连续5年为村民拍全家福，用镜头记录村民阖家团圆的

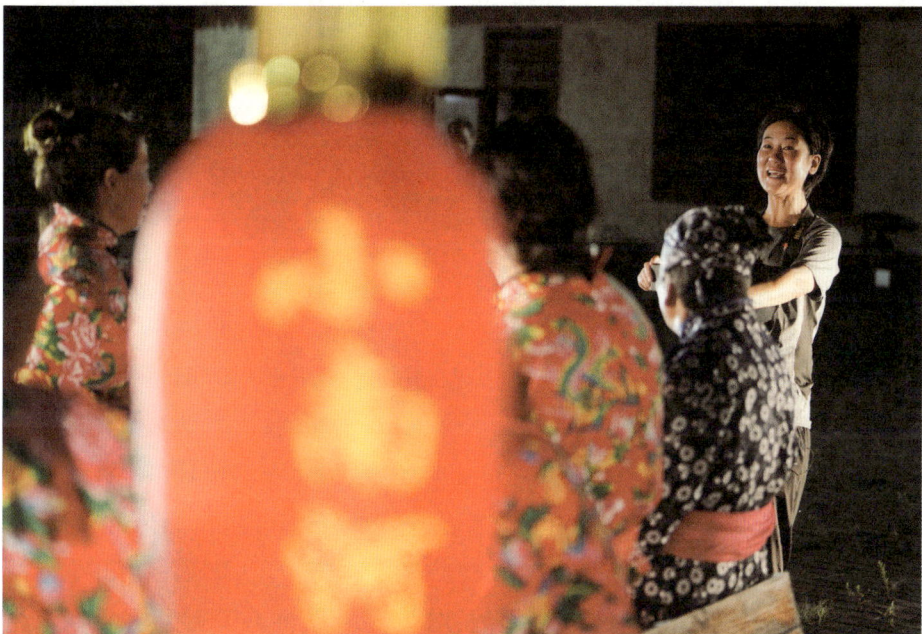

冷菊贞（右一）在小南河村给参加旅游项目的村民拍照（2020年8月18日摄）。新华社记者 王建威 摄

幸福时刻和生活变迁。"我喜欢摄影，也想通过拍全家福拉近和村民的距离。"冷菊贞说。

冷菊贞实现了当初的愿望，一些村民亲切地叫她"老冷"，还有村民叫她"冷哥"。2017年上半年，村民得知冷菊贞任职年底到期，炸开了锅，大伙纷纷挽留。经上级批准，冷菊贞任期延长。

春节来临，小南河村大红灯笼高高挂，处处洋溢着喜庆的年味。除夕，冷菊贞挨家挨户给村民拍全家福，记录下幸福时刻。一些村民做好年夜饭，就等着她来拍全家福。

冷菊贞走进村民许金兰家，他们一家已做好了年夜饭。老人拉着冷菊贞的手说："闺女，坐下吃两口吧。"在许金兰眼里，"冷书记比我亲闺女还亲"。

"不了，大娘，我还得赶往下一家，那么多村民还等着呢。"冷菊贞背上相机，匆匆离开。

"每年除夕，我们做好团圆饭在家等着。"村民刘伶俐说，"冷书记给我们拍全家福，成了过年必不可少的一项内容。"

冷菊贞在村里的景点记录向日葵生长情况（2020 年 8 月 17 日摄）。新华社记者 王建威 摄

在冷菊贞的镜头里，存着 2000 多张村民的全家福。"每次看到村民一张张笑脸，生活逐渐变好，我就特别开心。能用镜头记录下来，我觉得特别有意义。"冷菊贞说。

有村民说，"冷书记你离开小南河之后，还会给我们拍全家福吗？"对此冷菊贞说，即使以后不在小南河村担任第一书记，只要在双鸭山市，就会来为村民拍全家福。

从 2017 年除夕开始，冷菊贞把上年除夕拍的村民全家福照片洗印出来，送给村民。"这些照片对我们全家特别有意义，我们装框后，挂在客厅里。"村民李忠良说，这些照片记录了全家最幸福的时刻，以后将成为珍贵的历史记忆。

冷菊贞来到 69 岁的脱贫户杨俊华家。老两口开门迎接，屋里暖意融融，丰盛的年夜饭已备好。冷菊贞用镜头记录下老两口灿烂的笑容。

"过去我们住在土坯房，冬天透风。如今我们搬进新房两年多了，冷书记都用镜头记录下来，每年除夕都给我们拍全家福。"杨俊华指着墙上挂着的新旧房对比照片，高兴得合不拢嘴。

还差 2 分钟到 25 日零时，冷菊贞拍完了最后一张全家福。此时，村里的鞭炮声响起，烟花点亮夜空。伴随着新春的脚步，冷菊贞回到驻村工作队的房屋，打开电脑，开始整理照片，整理这一份份"幸福大餐"……（新华社哈尔滨 2020 年 1 月 26 日电　记者王建）

"带着"儿女去扶贫

从贫困户家出来，初秋的大湾村已是暮色沉沉，余静偷偷找了个没人的角落，掏出手机，一对小脑袋出现在手机屏幕上。

"妈妈，回来吃饭啊……"电话那头，11岁的儿子、5岁的女儿齐声唤着。

"这周末一定回家，晚上要早点睡觉。"余静捧着手机，语气温柔，更听得出抱歉。余静跟记者说，这话她上周就说过，结果食言了。

2015年7月，余静一狠心给刚满6个月的女儿断奶，从安徽省金寨县中医院主动请缨来到同县的大湾村任驻村第一书记、扶贫工作队队长。她说，驻村的日子，唯有用手机视频才能与儿女短暂"相聚"。

对这位80后母亲来说，这是一个艰难的选择。余静告诉记者，当年离开家，她挣脱黏在身上的女儿，交给奶奶抱着，抓起包快步走向门外，伴着女儿的哭声越走越远。

更让她忐忑的，是她即将面对的"新世界"——当年的大湾村是大别山腹地远近闻名的穷山村，1000多户村民中有建档立卡贫困户211户，村庄空心化严重，不少村民家门口一把锈迹斑斑的铁锁一锁就是好几年。"一路越往山上走，我的心就越沉。"余静回忆。

初来乍到一亮相，余静披着头发、蹬着坡跟鞋、穿着防晒服，"县里干部不一样，就是比咱山里人漂亮，不知道干事是不是一样漂亮？"看着余静，村干部们心中有些疑虑。

事实证明，这个出生在金寨农村的姑娘天生有着映山红一样的个性，既然种在大别山间，便把根紧紧扎进石头缝里。

大湾村曲折蜿蜒的山间小路上，从此多了一个瘦小的身影。为了弄清村民的致贫原因，余静走遍了全村37个村民组。白天走村入户、夜晚整理材料，成为余静驻村以来逐渐养成的生活习惯。

几年来，记者多次来大湾村采访，常常得在村子的角落里四处"找"余静。有时得翻山越岭，追到丛林深处贫困户的天麻地上；有时需要捂住口鼻凑近猪圈，听她和老乡商量新的养殖项目。还有的时候，会在贫困户家的厨房找到她，她常陪着老乡窝在土灶台后头，一边帮忙生火，一面帮着算脱贫账。

村民陈泽平过得辛苦，老伴右手残疾，丧失劳动力，儿子多年前在车祸中意外离世。余静一次又一次登门，先为他争取了易地扶贫搬迁政策，由政府补贴搬进山下居民新区，又给他介绍了护林员的工作，还帮他加入了光伏发电项目。村民汪能保夫妇是对"药罐子"，多年来因病致贫，也是余静帮忙四处寻医问药，对接扶贫政策。

余静一次次、一日日敲开贫困户的家门，也敲开了老百姓的心门。

有人说她晒黑了，有女领导来检查工作，实在看不过去，直往她手里塞防晒霜。现在的余静常常扎着头发、穿着冲锋衣走村入户，结婚时买的小轿车也成了下村专用，常年灰头土脸。

村民们说，余静变成自家人了。记者采访时，碰见村里的一位失语村民，每次来村里，总能看到他跟在余静身边，向记者指着余静竖起大拇指。"她啊，比亲女儿都亲！"村民张邦若说。

更多人说，余静扶贫工作确实干得漂亮。当年那个表态发言还要写在纸上念出来的腼腆姑娘如今成了能独当一面的扶贫女将，大湾村的各类数据、特色产业如数家珍，发展致富的新点子、新思路层出不穷，"大湾村也见证了我的成长。"余静说。

记者走在村子里，看到如今的大湾村，白墙黛瓦的小洋楼林立、古色古香的游客接待中心几近完工，民宿与茶厂间一辆辆大巴车穿行，一条"山上种茶、家中迎客、红绿结合"的绿色发展之路正在小山村徐徐铺就。近3年大湾村共脱贫135户368人，贫困发生率下降至1.3%，2018年实现"村出列"目标。

去年任期结束时，余静毫不犹豫地选择了留任，今年大湾村还有31户43人尚未脱贫，全村上下都在掐着秒表拼命干。

"儿女只能'养'在手机里，你后悔过吗？"记者问余静。她说，孩子们也来过大湾村，看到好山好水兴奋地拍起小手，"我要继续'带着'他们看到大湾村越来越多的变化。"

就在记者此次采访结束两天后，借着去县里开会的机会，余静抽空回了家。夜里到家，天亮便又要回村，她亲了亲早已熟睡的儿女。

此时，夜已深，花未眠。（新华社合肥 2019 年 9 月 19 日电　记者陈诺）

驻村第一书记们的别样"春耕"

为村民联系企业包销订单，给贫困户做种植技能培训，"招商引资"为村里寻求产业支撑……虽然吉林的春耕还未正式开始，但在一些村里，驻村第一书记们早已启动了他们的别样"春耕"。

由于担心销路不好，一些村民对种什么、养什么等问题还拿不定主意。了解情况后，长春市九台区莽卡满族乡三道村驻村第一书记黎万国决定帮村民们解除后顾之忧。

"最近一直忙着请企业负责人到村里来考察环境，争取吸引他们来投资土豆种植、肉牛养殖等项目，尽快签下收购订单，让农民敢于参与到致富项目中。"黎万国说，为了能让村民尽快忙起来，他过完年以后几乎一直扑在"招商引资"中。

"以前村民种玉米等传统作物收入有限，今年我们打算引导一些试点种植土豆和大豆，推动转型。"九台区上河湾镇套子里村驻村第一书记吴志华说，引导农民改变种植结构并非易事。为了让农民心里托底，他最近一直在联系农副产品加工企业，争取实现保底收购。

"种植业升级，效益才能更好，已脱贫村民的未来生活也更有保障。虽然联系企业难度不小，但是驻村工作队一直在努力。"吴志华说。

白城市通榆县瞻榆镇丰盛村驻村第一书记刘宇的"春耕"在春节前就启动了。为了改变村里土地碎片化严重、难以规模化经营的状况，他从春节前就挨家挨户做工作。

"大家把土地流转出来集中经营，可以实现农田的高标准改造，还能引入大型机械提高生产效率。贫困户既能拿到土地租金，也能走出田间地头打工赚钱。"刘宇告诉记者，虽然一户一户做工作很累，但理解他的村民越来越多，集中经营的希望越来越大，他的成就感也越来越强。

在积极准备大田春耕生产的同时，延边朝鲜族自治州汪清县罗子沟镇西碱村驻村第一书记任义把目光聚焦在贫困户的庭院里。"在房前屋后种无公害的蔬菜，进行腌制后卖给咸菜加工企业，村民不用费太多劲就有不错的收入，何乐而不为呢？"

谈到庭院经济的未来前景，任义颇有自信。他已跟当地一家公司谈好合作，农民的庭院蔬菜销路不愁。"等天气变暖了，农民把耕地和院子里的项目一起搞起来，村里会更有生机，好日子也更有盼头。"他说。（新华社长春 2019 年 3 月 27 日电　记者刘硕、胥舒骜）

第三篇

书记一定有办法：
落实政策、发掘资源、培育产业

扶贫开发贵在精准，重在精准，成败之举在于精准。各地都要在扶持对象精准、项目安排精准、资金使用精准、措施到户精准、因村派人（第一书记）精准、脱贫成效精准上想办法、出实招、见真效。

——2015 年 6 月 18 日，习近平在贵州召开部分省区市党委主要负责同志座谈会上强调

啃下扶贫"硬骨头"

——重庆中益乡驻村第一书记们的扶贫故事

新春正月里，村民黄德华家的院坝前围满了群众，重庆市石柱土家族自治县中益乡光明村最新一场群众院坝会开场了。

院坝会由驻村第一书记谭祥华主持。贫困户余修培说，去年10月份靠着易地搬迁补助，一家人搬下山，住上了新房，心里别提有多高兴了。"改善生活环境，干部们还得继续努力哟！"余修培一席话，引得大伙儿哈哈大笑。

别看现在的院坝会气氛轻松，在1年多前，情况可不是这样。

中益乡是重庆18个深度贫困乡镇之一，山高坡陡、土地瘠薄，贫困发生率高。为了啃下这一扶贫"硬骨头"，重庆专门下派驻乡扶贫工作队，各村配齐第一书记，帮着村里搞规划、建项目、促脱贫。

全兴村第一书记刘亚平发现，全兴村过去遗留了低保、危旧房改造等民生问题没有解决。"要获得群众信任，走进群众心坎里，不先解决这些遗留问题可不行。"为此，驻乡工作队决定各村第一书记与乡、村干部一道进村串户，通过田坎会、院坝会等形式收集群众意见诉求。

"1年多来，乡里先后开展了3轮走访排查，累计整改问题700多件。"中益乡乡长谭雪峰介绍，特别是乡里有近半群众生活在海拔千余米的高山上，房屋不少是土木结构，有的已破旧不堪。乡里多方筹资，通过易地搬迁、危旧房改造，已基本解决贫困户住房安全问题。

助推扶贫产业发展是第一书记们的一项重点任务。最近一段时间，华溪村第一书记汪云友一直忙着下乡收蜜，晚上十一二点回到村子是家常便饭。"中益山清水秀，生态好，产出的蜂蜜每斤能卖150元，只要群众能致富，自己累点也值得。"汪云友对记者说。

中益乡土家族世代有养蜂的习惯，但过去却是"养在深闺人未识"，销路一直没打开。如何才能盘活这一"沉睡的资源"呢？汪云友等人想到了引入龙头企业，向农民传授规模化、标准化的养蜂技术，并通过电商平台打开市场。

同样是养蜂，如今大不同。在中益乡一片山林里，整齐摆放着蜂箱，四周装上了摄像头。"通过网络定制产品，市民缴纳认购费、管理费后，便可获得蜂箱1年的收成。而且通过摄像头实时观看，保证蜂蜜品质不打折扣。企业负责配送到家，产品销售情况很好。"乡里新引进的企业五度农业公司与近150户贫困户签订中蜂代养代销协议，每年还能根据销售情况分红。到2018年，中益乡已发展中蜂8000群，蜂蜜产业成为"甜蜜"的骨干产业。

在扶贫政策支持下，中益乡农户谭文良成了蜂蜜产业的参与者、受益者。他给记者算了笔账，全家四五十群蜜蜂，一年的蜂蜜收益有八九万元。

为增加群众长效收益，各村第一书记更是没少想办法：华溪村重点引导农户以土地入股发展中药材、有机水稻，对缺技术、缺劳力的农户实行"代种代管""联养合作"；全兴村则想挖掘生态资源，鼓励农民与企业合作，共同发展乡村民宿……各种措施持续发力，不断巩固扶贫成果。（新华社重庆2018年2月18日电　记者李松、黎华玲、伍鲲鹏）

驻村第一书记三封"公开信"引来村庄发展"金点子"

"村里是不是可以在人员容易扎堆的地方和主街道建几间公厕""村里要地有地，要水有水，还靠着景区，盖大棚搞农业观光、采摘肯定不错"……春节里，在山东省临沭县石门镇大官庄村委会，大伙你一言我一语，为村里发展出点子。

村民特别是外出务工人员，在春节里聚在一起讨论村里产业发展，在大官庄村还是头一次，也成了当地的新鲜事。而这源起于驻村第一书记刘斐和村委会一起发出的三封"公开信"。

"愿老人孩子不再留守，把希望的饺子包圆""请您积极为家乡发展建言献策，把思乡之情化作助乡之力""相聚在村委大院，愿意腾出宝贵的时间，与我们一起畅谈"这三封"公开信"通过微信群发出，以真诚恳切的语言，配以大官庄的全新村貌，邀请外出务工人员回乡创业、为乡村发展谋思路。

常年在浙江宁波打工的村民陈洪说，看到村里发生那么大变化，"急着想回来看看，也想在家乡、在老人、孩子身边干出点事来。"

大官庄是一个典型的农业村，位于鲁苏交界处，既不靠近城镇也没有便捷的交通，没有发展优势的大官庄村成了省级贫困村，近 2000 名村民常年在外打工。去年 2 月，国网山东省电力公司选派刘斐到大官庄任职第一书记。他一手抓党建一手促发展，筹集资金对大官庄村进行道路硬化、村子绿化、环境净化、路段亮化，后又接连上了光伏扶贫项目和建设一处扶贫车间。

"外在的改变相对容易，只要资金物资到位就能干成，难的是如何激发村民的创业热情，激发村子的发展活力。"刘斐认为，要想让大官庄摘穷帽，让老乡真正脱贫走上致富路，还得靠乡村振兴、靠产业支持。

三封"公开信"引来的"金点子"讨论会卓有成效：先后有 50 多名村民提出了自己的想法。"初步梳理了一下，条件成熟并且可近期着手实施的创业项目就有农家乐、土特产展销、大棚采摘等十几个。"刘斐说，这些想法就是一颗颗村庄振兴发展的种子。

通过大家伙一起讨论、互相启发，村民们的思路开阔了，谋发展的决心和信心被凝聚起来，不少村民都铆足了一股劲。村民陈延华说，即将完工的扶贫车间给自己留了几间厂房，因手里有来料加工的资源，今年将大干一场。

（新华社济南 2018 年 2 月 23 日电　记者袁军宝、陈国峰）

大漠小村来了"土豆书记"

冬日，记者来到南疆岳普湖县岳普湖镇艾吾再力库木村，这个位于塔克拉玛干沙漠边缘的深度贫困村，一片生机。

村民说，是祝贺香带来了村里的变化。

今年初，祝贺香从自治区商务厅派往艾吾再力库木村，担任驻村第一书记。当时，全村281户1054人，建档立卡贫困户76户269人。祝贺香认为，致贫原因各不相同，必须一户一策根据实际情况制定脱贫措施。

村里农业用地紧张，不少村民常年在外打工，贴补家用，但由于不能熟练使用国家通用语言，脱贫缺少技术门路，只能打打临工。为此，祝贺香聘请商务厅里的技能专家在村委会举办中式烹饪、家政保洁等培训班，100多名村民通过培训掌握了实用技术。

"女书记做事细心，祝书记听了我家情况后，推荐我参加烹饪班的培训。"如今，贫困户热合曼·纳斯尔在县城的一家新疆菜馆担任拉面师傅，收入稳定。

"晚上，我和村民们准时到工作队组织的农民夜校学习，祝书记常说学好国家通用语言是实现稳定就业的第一步，大伙儿的积极性都很高。"热合曼·纳斯尔说。

针对村里部分贫困户缺少劳动力的情况，祝贺香还召集驻村工作队队员、村干部和部分村民，组建志愿者服务队，帮扶大家解决生产生活中的困难。

岳普湖县由于靠着塔克拉玛干沙漠，干旱少雨，土地盐碱化严重，村民们地里一直种植小麦、棉花、红枣"老三样"，产量不高，很难脱贫。

祝贺香经过与工作队和村"两委"商议，征求村民意见，引进内蒙古相对耐旱耐盐碱的土豆品种，大力发展土豆种植，还亲自下地，协助技术人员给村民种植进行指导。

土豆丰收时节，祝贺香忙着帮助村民卖土豆。她参与录制土豆采收短视频，发布到网络上做推介；积极协调流通企业，与超市、批发市场等对接，把土豆销售出去。这一项，带动贫困户亩均增收超过 3000 元，祝贺香因此被村民称作"土豆书记"。

秋冬，村民们在祝贺香的带领下，又在收完的土豆田里种起大白菜。贫困户穆海拜提·麦麦提今年单靠土豆便挣了 1.4 万元，收入较过去翻了几番，最近他家的白菜又在巴扎上供不应求，他兴奋地说："2019 年快到了，我离脱贫越来越近了。"

为了让更多种植户增收，祝贺香想方设法让农产品直接进入市场，减少中间流通环节。她与当地政府对接沟通，推动县域电子商务品牌"天赐岳礼"上线，全县特色农产品都可利用这一品牌统一走向市场。

"多一份产品卖出，就多一户农民受益。"祝贺香介绍，如今，岳普湖的土豆、哈密瓜、红枣、驴奶粉等已在京东、淘宝、苏宁易购等电商平台销售，各电商服务站也带动了一批贫困户就近就业。

记者看到，上午 10 时，岳普湖镇的电商服务站就聚拢了人群。服务人员阿依古丽·阿布勒哈生与取件的顾客核对订单后，麻利派发货物，与几个月前刚从村里出来打工的她判若两人。

阿依古丽·阿布勒哈生对记者说，祝书记几次到她家做工作，今年 4 月，她告别整天围着厨房、几亩薄田打转的日子，鼓起勇气尝试从未接触的电商服务业。她对现在这份工作十分满意，每个月有 2200 元的收入。

过去完全不懂网购的阿依古丽·阿布勒哈生，如今手机里的"购物车"满是打蛋器、毛大衣、眼贴……"现在村里网购也像城市一样方便，祝书记和工作队还为我们服务站配备了货运电瓶车，打通电商'最后一公里'，村民们足不出户，快递开门到家。"

进入岁末，祝贺香又开始筹划村里的来年：如何延伸产业链，实现一产提高村民收益、二产开发建设农产品种植基地、三产电商服务业带动更多人就业……（新华社乌鲁木齐 2018 年 12 月 29 日电   记者孙少雄、齐易初）

换种记——"辣椒之乡"见闻

贵州省遵义市绥阳县是个"辣椒之乡",20世纪80年代,绥阳朝天椒年产3000余吨,是出口名椒之一。可前些年,因为壮劳力大多外出打工,"辣椒之乡"也流行起种苞谷这样的"懒庄稼"。

初冬的黔北大地,绿意犹在。通往绥阳县洪骆村的山路旁,已经收获的辣椒地里套种的白菜长势喜人,山野间还有一片片不知名的白色"野花"。

这次到绥阳,听说当地调减种植,在驻村工作队都忙着帮农民"换种"时,却发生村民将种子调包的奇事,我们决定一探究竟。

事情要从洪骆村种的辣椒说起。

洪骆村驻村第一书记邓磊邀请专家实地考察后,想推广种植一种国外引进的高产辣椒。可没想到去年春耕前夜,第一轮群众会下来有九成反对。

据说绥阳的朝天椒在盛唐时经湖南、广西一带传入,有一千多年的种植史。在"辣椒之乡",不怕没人种辣椒,可大多是自家吃、捎带卖点给小贩,谁都不愿花太多劳力。光靠一两次群众会就想改变千百年的耕种习惯,谈何容易?

邓磊和村干部一夜没合眼,到最后想到的唯一办法是认领试种田。

过去种辣椒,自留种往地里一撒就行,新品种得育苗。在一片质疑、观望和期待中,育苗大棚建起来了。

村干部轮流守护着亲手培育的椒苗。就在大家铆足干劲的时候,意外出现了。

"那天我进大棚,看到椒苗株株长得苗壮,正暗喜,可走到尽头,却看到十几盘椒苗又黄又细。当时我背心都凉了,心想莫非种子有问题?"邓磊一边回忆,一边搓开一颗洋辣椒,彼时的五味似乎又杂陈开来:难道推广新品种还没开始就要终止?这岂不是让群众看笑话?以后村委会的威信何在?

结果技术员来一比对……

——"好家伙，是有人'动脑筋'换的种。"邓磊立马告诉村干部，"一定要查出是谁干的！"

——"干吗?"

——"我们要奖励他！"

"是我换的种。"村民秦伟知道记者的来意，大大方方再次"承认"了。原来是他帮忙育苗时，偷偷换了一批自己前年留的本地种。

没想到秦伟这一换，本地椒生生被比下去，帮村委会征服了群众的心。5亩、10亩、20亩……订单像春笋般冒出来，洋辣椒苗一度供不应求。被拖延了两个月的"换种"计划，最终在2017年争取到全村5900多亩田土中860亩的份额。

"苞谷是懒庄稼，一亩收700元顶天了。"村民李传胜说，他家有四亩半田土，去年种辣椒卖了2.3万元，今年种辣椒卖了2.7万元，再加上平时跑运输，供两个孩子读书不成问题。

"说起来，去年村里还争取到50万元补助给种辣椒的贫困户，补贴地膜等前期投入。摘掉二类贫困村的帽子后，今年县里虽没给补助，没想到辣椒种植面积还翻倍了。"邓磊说。

据村干部调查，洪骆村辣椒和苞谷的种植比例从去年的一比四，变成了今年的三比二。

明后两年，邓磊期望辣椒种植能巩固脱贫成果。一是利用合作社壮大村集体经济，建一条辣椒烘干线，二是打通到邻县的公路，缩短到辣椒市场的距离，引进更多新品种。

"一百多种辣椒，够你们换的了。"记者调侃道。

"跟着市场换，再换也不怕吃亏。"邓磊说，过去村民种苞谷不用愁，现在为地里种什么挺犯愁，村委会要做的就是盯紧那些农业公司。

洪骆村的确是"换种"的典型，但在贵州却不是个案。2018年，贵州省调减苞谷种植700余万亩，其中绥阳县就有12万亩，调减下来的地块除了种辣椒，还种植金银花、中药材、酒用高粱和其他经果林，朝着农业供给侧改革"引导农业生产、优化供给结构"的目标稳步迈进。

告别洪骆村，在返回县城的山路上，记者用手机"扫一扫"发现，那漫山遍野的白色"野花"，原来是中药材前胡开的花，迎着寒风绽放。（新华社贵阳 2018 年 12 月 9 日电　记者刘苗卉、齐健）

第一书记卖米记

清早，宋国功推门进入村部办公室，室内的热气扑面而来，模糊了他的眼镜，随热气一块涌向他的还有早已等候在办公室的村民们。

"宋书记，新一年的小米订单啥时候签呀？"

"宋书记，我今年想扩大种植面积，能行吗？"

"我们不是贫困户，能种订单谷子吗？"

村民们将正在擦眼镜的宋国功拉到火炉旁，你一言我一语地问道。

宋国功是内蒙古自治区赤峰市敖汉旗四家子镇林家地村的驻村第一书记，村民们私下里都叫他"小米书记"，关于小米的大事小事都爱找他。"宋书记卖小米可有一套了，把村里的小米从3块5卖到了9块钱。"村民们说。

3年前，小米在林家地村村民眼中，还只是填饱肚子的口粮，和脱贫致富沾不上一点关系。"我家的谷子年景好的时候一亩地收800来斤，能卖400多块钱；年景不好的时候收个200来斤，上不了成色、没人收，只能自家留着吃。"贫困户辛长学说。

宋国功2015年到林家地村驻村扶贫后，发现村里最适合种植谷子，而且人人会种，有种植的传统。他在北京的农贸市场考察时，看到绿色有机小米一斤能卖20多元，于是萌发了将小米作为村里脱贫主打产品的念头。

习惯了小米价贱的村民们，听说驻村第一书记准备通过卖小米带领大家致富，都摆着手连说不可能。

"我们只会种地，哪会卖粮呢？"村支书孙宗芳说出了大家的担忧。

宋国功意识到，对于世代耕种的村民来说，种谷子难不倒他们，难的是小米卖不上价：辛苦一年到头来却挣不上钱。扶贫产业需要和市场对接，在市场中实现价值。他开始进京入津，为林家地村小米跑市场。

一开始，宋国功带了几袋林家地村的小米来到北京，想成为大超市或企业食堂的供应商。但是初来乍到的他找不到销售门路，一家一家超市上门推销，却频频被拒。眼看出来已经半个月，但是一袋小米也没有卖出去，宋国功想着必须要换个法子。

他不断发动身边的朋友帮忙，托朋友联系市场。"扶贫是全社会的事，大家能帮的都乐意帮一把。"终于，他联系到一位在企业工作的老同学，老同学将林家地村的小米推荐给了单位食堂。

2017 年 3 月，这家企业和林家地村签订了绿色谷子供销协议。随后，村党支部又和贫困户签订了保价回收协议，由村里统一提供种子肥料，产出的小米保价收购，打消了村民们"小米贱卖"的担忧。

3 个月后，林家地村 50 亩绿色有机谷子开犁播种。种了一辈子谷子的辛长学发现，这次的种法和以前大不一样，"化肥换成有机肥，除草杀虫靠人工，绿色种植出力多。"村民们开玩笑说，以前"种子一撒、农药一打、秋后一收、劳动不愁"的"懒汉种法"现在不管用了，种谷子也要精细化。

新方法种出的谷子虽然亩产 500 多斤，比上化肥的地收成少，但是产出的小米品质高，每斤能卖到 9 元钱，每亩地纯收入 1500 元以上，是原来的三四倍，甚至更多。包括辛长学在内的首批参与种植的 12 个贫困户纯收入共有 78324 元，当年全部脱贫。

听说过了年又要开始签订新一年的小米订单，村民们一大早就赶来找宋国功咨询。辛长学 2017 年靠种小米赚了钱，新的一年想扩大种植面积；村民杨志勇 2017 年还持观望态度，今年也想积极加入；也有村民担心客户收购量有限，种谷子的人多了会不会跌价。

宋国功笑哈哈地说："我们今年又联系到 2 个企业食堂和 1 个超市，过完年就能签协议了，大家放心种，销路不用愁，我继续给大家卖小米。"

（新华社呼和浩特 2018 年 2 月 8 日电　记者丁铭、李云平、魏婧宇）

驻村第一书记的"牧草试验田"

阳春时节，河北省唐县西北部偏远山区南山村的牧草试验田里，一派繁忙景象：村民们忙着翻耕土地，播种紫花苜蓿、高丹草等牧草种子，为山羊提供优质牧草饲料。

66岁的甄兰勇经常到这块试验田里转一趟。他曾是南山村"建档立卡"贫困户，2017年，在唐县供电公司扶贫工作队帮扶下，甄兰勇尝试养殖山羊，当年养羊收入达4000余元。有了收入来源，甄兰勇逐步摘掉了"贫困户"帽子。

一些乡亲通过养羊脱贫，但隐忧依然存在。

2018年初，唐县供电公司驻南山村扶贫工作队队长兼驻村第一书记娄文彪发现，甄兰勇等10户贫困群众养殖了340多头山羊，但养殖模式都是放养，牧草以山草为主，对山坡植被有破坏作用。山区野生植被繁杂，山羊也容易误食有问题山草而发病。冬春季节山上植被干枯，牧草"季节性短缺"，山羊养殖效益易受影响。

"乡亲们日子好不容易有了盼头，牧草问题必须要解决！"娄文彪从县里请来几位经验丰富的畜牧技术人员进行"会诊"。通过实地勘查和研判，驻村扶贫工作队和南山村"两委"决定，探索搞一块牧草试验田，争取保障山羊优质饲料来源。

2018年以来，南山村牧草试验田面积逐步扩大，墨西哥玉米、苏丹草、巨菌草等牧草品种陆续试验种植，娄文彪和山羊养殖户经常查看牧草长势。然而，受气候、水质、土壤等因素影响，苏丹草、巨菌草等品种并不适合在南山村成规模种植。

挫折面前，一些群众劝说娄文彪放弃，但他依然满腔热情扑在试验田上。"南山村位于太行山区，从环保角度考虑，山羊养殖产业要长远健康发展，就要解决牧草问题。"娄文彪说。付出辛苦却没有回报，他也沮丧过，甚至想过放弃。但作为扶贫工作队队长和第一书记，他不能轻言放弃，让来之不易的脱贫成果付之东流。

娄文彪的执着感染了乡亲们。大家帮着浇水、除草、出主意，牧草试验田成了村民们自发照顾的"小农场"。"娄书记是我们村没有户口的村民，他做这一切都是为了乡亲们，我们大家都想尽一份力。"南山村党支部书记甄乐建说。

功夫不负有心人。在试验中，娄文彪和乡亲们发现，紫花苜蓿长势喜人，1亩地每年可产新鲜牧草2000到5000斤，适合在南山村种植。这种多年生牧草含有丰富维生素和粗蛋白质等营养成分，茎叶柔嫩，山羊喜食。娄文彪和乡亲们喜笑颜开。

突如其来的新冠肺炎疫情，并未动摇娄文彪和南山村人巩固脱贫成果的信心。从农历正月初二开始，娄文彪一直坚守在疫情防控一线。近日，他采购了数十斤紫花苜蓿草籽，大家一起播种，并期待能有好收成。（新华社石家庄2020年4月5日电　记者齐雷杰）

"上天入地"也要带领乡亲脱贫
——记广东那毛村驻村第一书记彭彬

从广州出发，往西南走 600 多公里，就来到了中国大陆最南端的雷州半岛。这里有着漫长的海岸线和热带海滨风光，却因诸多原因导致发展相对落后，那毛村就是其中的典型代表之一。

2016 年 5 月，彭彬作为广东省农业农村厅派驻雷州市那毛村党支部第一书记，到那毛村开展精准扶贫。三年光阴似箭，他千方百计琢磨脱贫新路，自己的头发白了、皮肤黑了，而那毛村却迈上了新台阶。

"入地"——从土里种出"金子"来

这两天，那毛村天朗气清。新盖的文化楼和体育公园旁，不少村民闲坐在这里纳凉。对他们来说，未来的生活充满了盼头。

但彭彬刚到那毛村时，却是另一番景象。入村摸底之后，他发现，这里的扶贫担子要格外重。

那毛曾是个渔村，20 多年前渔民上岸，却没有足够的种养技能。全村耕地不到 1000 亩，常住人口却有 3000 人，农地分配严重不均。村里的 60 户贫困户中，绝大多数没有受过教育，不少家中还有大病和残疾情况。这个海边村庄平均每年都会遭遇至少一次的台风袭击，农业种植风险很大。

没有天时地利，彭彬和驻村工作队就靠自己的专业来研究。经过调研，他们发现，那毛的土质偏沙，富含火山灰，适合种番薯。于是确定主攻冬种番薯，一来避开台风灾害，二来南薯北运、供应北方冬春市场。

"我们的'黄金手指薯'可不一般，个头小，不用剥皮，吃了不口渴，女孩子也不怕弄花指甲。"现在，彭彬走到哪都要为自家番薯代言。但如今叫响市场的"福平"牌番薯，在推广初期并不顺利。

这是烤制的"福平"牌番薯（2019 年 8 月 29 日摄）。新华社记者 李嘉乐 摄

广东省农业农村厅派驻雷州市那毛村党支部第一书记彭彬（右）带着村里的年轻人学习使用农用无人机（8 月 29 日摄）

广东省农业农村厅派驻雷州市那毛村党支部第一书记彭彬在番薯地里检查番薯苗的生长情况（8月29日摄）。

村里的李喜在茅草房里住了大半辈子，因为腿部残疾，一家五口只靠他媳妇做些杂工来养活。他们家曾经也种过番薯，因不得其法总是赔钱。

工作队推广初期，李喜和许多村民都不相信种番薯能挣钱。四处碰壁的彭彬选择做给农民看，带着农民干。2016年国庆，工作队带着3户示范户种下16亩番薯，其中包括李喜家的两亩丢荒地。

"年底就丰收了！"彭彬说，他们把全村人请来品尝，还请了客商到村里采购，现场为示范户结算现金。李喜一家两亩地，短短4个月就"刨"出了4000元。原来土里真的能挖出金子！村民尝到了实实在在的甜头，也就开始跟着种植了。

第二年，李喜还借了亲戚10亩地种番薯，一年就赚了3万多元。收入增加了，人也精神了。李喜从以前的"等靠要"，到现在主动请缨，还担任起村里的保洁员。去年，李喜一家盖起崭新的小平房，如今已经是村里的脱贫"明星"。

"上天"——无人机飞出脱贫新路子

村里耕地毕竟有限，加上一些年轻人不愿下地干农活，农机专业出身的彭彬想到了一个好法子——带村民"上天"搞飞机。

"无人机替代地面农机是一种趋势，加上无人机培训成本低、门槛低，收入也不错，适合推广。"彭彬说，他开始尝试在村里培训操作农用无人机开拓新路。

在广东省农业农村厅的支持下，那毛村合作社和珠海羽人公司合资成立湛江羽人飞防服务公司，办起了无人机培训学校，贫困户子女来培训全部免费。

这么"酷"的工作立刻吸引了村里村外许多年轻人过来学习，23岁的李尊挺就是其中一个。

李尊挺说，一个月的培训让他对这个工作充满了兴趣。因为成绩优秀，经过考核，他被公司聘为正式员工，从事专业的无人机植保工作。

目前那毛村已经培养学员30多人。年轻的飞手们操作着无人机，开展甘蔗、水稻、番薯的喷药、施肥、播种服务，效率比传统农业服务高出许多，深受市场欢迎，订单一个接一个。3年来，合资公司为粤西地区作业面积20多万亩，合作社收入近40万元，为贫困户每人每年分红上千元。

李尊挺等飞手不仅带动了自己家庭脱贫致富，也带动着更多的年轻人回到村里。

脱贫后还要富起来、靓起来

在扶贫工作队的办公室墙上，贴着所有来过那毛扶贫的工作人员照片。3年多来，人来人往，彭彬的头发已经从刚来时的乌黑变得花白。经历过雨天高速上给供应商送货而出车祸，见证过并肩作战的村委同志因公殉职，彭彬不曾动摇过扶贫的信念。

2018年，村贫困户人均纯收入近万元，村集体收入15万元，那毛村终于脱贫了。

村里番薯加工厂的扶贫车间开动了，公共区域楼顶50千瓦光伏发电项目也试验成功，村里的小学配备了先进的教学设备……

"近来，父亲一直焦虑忧郁……我看这个村子变化真的很大，可他还时常摇头。我问他，你那么辛苦干了三年，还没成功吗？他说，自己的任务是完成了，但村里的工作还有很多……村子进步了，父亲却退步了，他头发白了，皮肤黑了，也变得更焦虑了……"这段稚嫩而饱含感情的文字，出自彭彬 13 岁的儿子彭秉丞《父亲的工作日》的作文。

在驻村三年多的时间里，彭彬一般一个月才能回一次家。没能给予家人足够的陪伴，还错过了儿子的成长和升学。谈到这些，这个不怕苦累、不怕危险的汉子，还是红了眼眶。

"孩子笔下描绘的，不只是我，也是全省 2000 多名驻村第一书记和近4 万名驻村扶贫干部的真实写照。"彭彬说。

接下来的一年多，彭彬还将继续坚守在扶贫一线。增加番薯品种、探索农产品深加工的产业、整治人居环境……彭彬说，让村子不但脱贫，还要富起来、靓起来。（新华社广州 2019 年 9 月 10 日电　记者邓瑞璇）

"博士书记"驻村记

戴着眼镜，一副典型的知识分子派头；晒得黑红，东北口音，又像是个吃苦耐劳的农村汉子。他就是当地村民口中的"博士书记"，内蒙古自治区兴安盟科右前旗远新村的驻村第一书记——张骅。

2017年底，张骅从北京林业大学来到国家级建档立卡贫困村远新村。报到第一天，村里的老支书就给了他一个下马威："从北京派这么个第一书记，还没俺孩子大，能干事吗？你得听我的，论辈分还得给我叫声叔。"一腔热血换来一盆冷水，张骅没言语，心里暗下决心，要用实际行动赢得村民的信任。

为了尽快熟悉融入远新村，白天，张骅顶着零下20多度的严寒走村入户，晚上，他加班做好记录，7天时间挨个走访50余户贫困户，12天一个人把全村300多户档案全部捋顺。老支书和村民全都看在眼里，开始口耳相传，"这个'博士书记'干活实在！"

通过摸底调查，张骅对全村现状了然于心。远新村人均6亩多地，村民以种植玉米为主要收入，年头好的情况下一亩地纯收入500元，但遇到自然灾害，普通农户就可能致贫，贫困户很可能连饭都吃不上。

如何提高单位亩产的效益？经过3个多月的反复钻研，张骅最终选择以种植黑糯玉米为切入点，搭配种植黑小米、黑豆、黑皮花生、黑龙葵等，把目标定位在一线城市中高端消费人群，打造颜色农业产业链的致富新模式。

"之所以选择种植黑糯玉米，是考虑到当地村民有丰富的玉米种植经验，接受起来比较容易，而且黑糯玉米的市场前景好。"说干就干，张骅把村里的种植大户动员起来，自己带头投钱不要股，在2018年成立了种植专业合作社，让贫困户也参与进来。

黑糯玉米种植成功，成为 2018 年兴安盟那达慕大会唯一指定用玉米，还卖到了北京市场。2018 年，合作社创造就业岗位 24 个，带动 30 多位贫困群众脱贫，土地亩产值由 800 元提高到 2400 元左右。"去年听了小张书记的话，种了不到 2 亩黑糯玉米，一下卖了 6000 多元，干啥能赚这么多钱啊。"82 岁的村民邱凤芹笑得合不拢嘴。

第一把火烧起来后，张骅带领村民相继完成农村集体经济股份改革，建成田园综合体，发展起文旅产业等，村里的第二把火、第三把火接连烧起来……

如今，远新村发生了翻天覆地的变化。2018 年全村顺利脱贫摘帽。

回首一年 365 天，张骅驻村工作长达 330 多天，几乎抽不出时间回家探望怀孕的妻子。村民开玩笑说："我们村这个'博士书记'，对得起党，对得起远新村，就是对不起自家媳妇儿。"

从一开始遭遇质疑，到赢得村民信任，再到带领全村脱贫致富，张骅说，深夜想家时，他偷偷抹过眼泪；村民拿到合作社分红那天，他也感受到从未有过的自豪和幸福。

"作为一名共产党员，作为党和国家培养了这么多年的博士，能让远新村的贫困群众早日脱贫，体现了我的自身价值，也让我的人生更有意义。"张骅说。（新华社呼和浩特 2019 年 10 月 24 日电　记者安路蒙）

下台村驻村第一书记邓生栋：
把产业和经营智慧留在了大山

脱贫了，日子也好了，青海省海东市乐都区城台乡下台村村民依旧忧心忡忡："邓书记走了我们该咋办？"

过去多年来，对于下台村村民而言，贫困就像夹在村庄两旁的大山一样，移不动、搬不走。下台村党支部组织委员祝保年说："过去挣钱就是靠种地、外出打工，村里你穷我也穷，看着眼前的黄土和大山，大家根本改变不了啥。"

来村里不到两年，下台村驻村第一书记邓生栋结合自己多年的农牧工作经验和下台村的实际，为村里办了三件事：把土地种到一起；把能人叫回乡里；把村民搬出大山。

"刚开始，别说村民们了，就连我们村干部也不同意把各家各户的地合在一起种。"村主任祝克刚说，土地是农民的饭碗，邓书记流转全村土地成立生产合作社的想法一提出，就遭到了村干部和村民的质疑。"自己的地，种好种坏是我自己的事，大家一起种，以后这地可能就不是我的了。"村民许恩国说。

为了打消村干部和村民的顾虑，邓生栋带领村里的干部、能人，到省内外合作社经营较为成功的村庄进行观摩学习，又和扶贫工作队的同事挨家挨户讲解政策。最终，全村731亩土地全部流转至合作社进行统一耕种、管理。许恩国说："去年村里给每户人家按户口本人数人均分了300元，今年听说分红还要涨，关键是还不用自己下苦功，书记的办法真是好。"

合作社带给村民们实实在在的收益，为邓生栋的工作打开了局面，利用撂荒地开养鸡场、建立农畜产品电子营销中心、废弃小学改建成乡村旅游体验点……扶贫项目如雨后春笋般在下台村实施开来，但有了项目谁来经营管理又成了难题。

在乐都县城做了22年蔬菜销售生意的祝爱甲，今年2月被邓生栋和村干部"劝"回了大山。

"邓书记和村干部告诉我现在回村创业有许多优惠条件，虽然之前没有养过鸡，但我愿意试一试，算一算今年就能收入30万元，事实证明我的选择没有错。"

"外乡人很少能到

11月20日，邓生栋（左）向养鸡场负责人祝爱甲询问养鸡场经营情况。

穷山沟创业，靠本村能人经营这些项目最牢靠，村民也放心。"邓生栋说，通过能人带动，下台村村集体经济得到了发展，预计今年村里人均分红可以达到600元。

收入提高了、村民有干劲了，可下台村终究是"窝"在山里的村庄，老百姓看病、孩子上学都需要翻过眼前的黄土坡。借易地扶贫搬迁政策东风，在邓生栋和村干部协调下，下台村村民从今年8月起，陆续搬到了距离乐都区政府所在地6公里外的集中安置小区。住在干净暖和的新房里，70岁的李艳琳老人说："邓书记来了，福气也来了，村里又是分红又是搬家，尽是美事，下台村的日子兴旺了。"

谈起今后的打算，下台村干部和村民脸上总是笼着一丝愁云，"邓书记和扶贫工作队要是离开了，村里的工作就少了外脑支撑，想想就觉得不踏实。"祝克刚说。

邓生栋一来到养鸡场，祝爱甲就抓住问个不停，"书记我明天要去谈业务，需要注意点儿啥""书记，养鸡销路还有啥办法能扩大一些吗？"

祝爱甲说："书记和扶贫工作队的干部总会离开，但他们把产业和经营智慧留在了大山。"（新华社西宁2019年11月25日电 记者王金金）

扎根贫困藏区的"火炕书记"

——记扶贫驻村第一书记马生君

记者第一次见到"火炕书记"马生君，是在西宁市一家医院病房里。抱着刚刚出生的儿子，这位衣着朴素、皮肤黝黑的西北小伙笑得很开心。

自2015年11月担任青海省果洛藏族自治州达日县特合土乡夏曲村扶贫第一书记以来，马生君很少能拿出假期陪伴家人，他说："明天就要启程回村。我生命中下一个重要时刻，一定是夏曲村脱贫摘帽那一天。"

想"拔穷根" 先"医病根"

夏曲村位于三江源地区草山深处，平均海拔4420米。2015年6月，26岁的马生君从青海大学毕业，成为青海省环境科学研究设计院的一名环评技术员。因踏实肯干，又有环保专业基础，刚入职的他成为组织选派驻村扶贫的第一人选。

初到夏曲村，恶劣的环境让马生君很不是滋味：旷阔草原上有不少生态恶化形成的黑土滩，畜牧业发展难；道路坑洼泥泞，交通出行难；定居点取暖设施不全，带着帐篷转场的牧民住宿条件更差；河流周边风吹垃圾跑，卫生防疫差……夏曲村住房难、出行难、饮水难，致富更难。

"精准识别的贫困户很多因病致贫，而病因是高寒艰苦的环境。放牧时直接饮用不干净的河水，寒冬取暖靠火炉加牛粪，包虫病、妇科病、风湿病等易发多发 。"马生君说。

要"拔穷根"，必须先医好"病根"。马生君白天入户走访，晚上查阅材料，研究取暖方案。他说："有一天我突然想到，在儿时家里用的火炕上加入热水系统，或许能消除恶性循环，减少群众因病支出。"

为了设计施工图，这位80后第一书记常工作到凌晨。历经反复试验，他倾注心血的"火炕＋热水取暖"系统终于研制成功。

新技术的推广并不顺利。牧民们习惯把羊皮铺在地上当成床，对他们而言，火炕"太高"，不适应。

有人抱怨"这里穷惯了，做什么都白费劲！"别人怨天尤人时，马生君却认准了一条路：用实实在在的改变，树立正确导向，以点带面，改变人心。

为了让牧民接受新鲜事物，马生君组织召开群众大会讲解防病知识，介绍新取暖系统。但村民居住分散，一到集中宣讲不仅缺席人数多，会场纪律也乱。

"一次不行就两次！"面对不愿尝试新取暖系统的村民，马生君三天两头上门发放宣传册，给他们补课。

在马生君的引导说服下，达日杰成为参与试点的村民之一。新取暖系统安装后，达日杰的床铺变热了，他通过热水系统对饮用水灭菌消毒，有效降低了包虫病传播的可能性，家里再无人"因寒致病"。

2017年10月，"火炕＋热水"系统在10家牧户试点成功，"火炕书记"因此得名。

思路通了　致富路也通了

没有丰富的虫草资源，夏曲村更适合发展畜牧业。"村子的路通了，牛羊才能运出去。"对于修路，群众意愿很强烈。马生君多方争取，获得投资额613.7万元的乡村道路项目资金。目前，他正探索建立农产品科技服务平台，为牧民提供畜牧养殖和销售信息，走"互联网＋畜牧"之路。

要致富，就要丢掉"等靠要"思想。夏曲村70％以上的牧民是文盲，大多依靠政策补助维持生活。

"我从小在贫困家庭里长大，国家支持我上了大学。掌握实在的本领，才能断了'穷根'。"马生君说。2016年，村里开始实施"致富能人＋贫困户创业"，开展畜牧养殖等技术培训。贫困户文热一直没有工作，马生君鼓励他从牦牛养殖学起，目前文热月收入已达3000元。

处理好生态保护与牧民脱贫的关系，是摆在马生君面前的另一道考题。深思熟虑后，他将目光放在73.5万亩黑土滩上，带领村民种草。2015年以来，夏曲村获 2750 万元投资治理黑土滩，设立管护员岗位 79 人，深受群众欢迎。

"我们的好书记"

2019 年，夏曲村有了喜人变化：包虫病发生率从 15% 下降到 9.94%，人均年收入从不到 3000 元提高到 8600 元，还有 120 千瓦离网光伏电站、安置点公共厕所、安全用水机井 52 口……一桩桩实事好事，改善了牧民群众的生产生活条件。

因语言不通、习俗不同，一些藏族群众曾对这位回族小伙"很不屑"。如今，群众有了信心、有了奔头、有了干劲。他们竖起拇指，亲切称赞马生君为"我们的好书记"。

四年来，马生君日夜驻扎在村里，与"贫困"不折不挠地"死磕"。展望未来，他最大的愿望是三江源草绿河清牧民富。

"我给孩子取名为'马勤睿'，希望他像一匹勤奋睿智的骏马，奔驰在美丽富饶的三江源。"马生君说。（新华社西宁 2019 年 12 月 12 日电 记者王大千、周喆）

"带货书记"的扶贫车

"一车货 4 万元，这油门踩得带劲！"见到应文伟时，他刚给客户送完一车板鸭、鸭蛋、菜籽油回来，满脸堆笑。

"九联村电商平台""脱贫攻坚"……车身喷着电商广告、车窗贴着鸭蛋海报，他送货的车其实是自己的私家车。

四十出头的应文伟是江西省南昌县畜牧兽医局副局长，也是南昌县南新乡九联村驻村第一书记。在村民口中，他还有另一个称呼——"带货书记"，他的私家车是村里名副其实的"扶贫车"。

地处鄱阳湖畔，距县城上百里，九联村是省"十三五"贫困村。2018年 10 月驻村后，应文伟一直寻思着给村里发展产业脱贫。一天，听说村里有养鸭户的鸭蛋卖不掉，他便尝试联系销售。短短一周，2 万枚鸭蛋销售一空。

一打听，村里养鸭的还不少。应文伟眼前一亮："何不搞个合作社！"

说干就干。他召集村民组建种养专业合作社，主要卖鸭蛋、大米、茶油、鲫鱼等农特产品。农民自种自养的地道货很受欢迎，但九联村地处偏远，送货是个大问题。

应文伟开来了自己的车。合作社社员杨多根说，合作社成立后，应书记经常用自己的车帮他们带货。货越卖越好，为了多装些东西，应文伟索性把后排座椅拆掉，还在车身喷上合作社的名字等。私家车俨然成了送货车，村民们给他取了个外号——"带货书记"。

"带货书记"既是送货员，也是推销员。有一次到一家大企业推销，对方将他拒之门外，为了拿下订单，他先后跑了 5 次，最后一次，不死心的他带上了贫困村第一书记的任命书，对方被他的诚意打动，知道他是贫困村的第一书记后，一次性就下了 9 万多元的订单。

"扶贫需要一股锲而不舍的韧劲。"应文伟说。

风里来，雨里去，很多人以为他真是送货的。

2019年元旦，天降大雪。县城一家酒店临时缺米，早上七点多，酒店负责人找到应文伟说要1000斤大米，但必须在中午前送达。他二话不说从家开车去村里拉米。返程路上，车子爆胎，他一个人趴在雪地里换胎，冻得直打哆嗦，来回四个小时，终于赶在中午前把米送到酒店。

"当时我就一个想法，一定要让合作社拿下酒店的订单。"他说。如今这家酒店成了合作社的长期客户。

用心的人总是幸运的。送货有时还能"捡到"订单。2019年端午节前，应文伟给一家单位送货。卸货时，一桶土榨的菜籽油不慎从车上掉下，洒了一地，油香四溢，许多人围上来，他因此为合作社多拿了16万元订单。

······

驻村前，应文伟新买的车两年开了2万公里。驻村一年后，里程数增加到6万多公里。九联村村支书李永平说，随里程数一起增加的，是合作社的种养大户从5户增加到21户，销售额不断攀升，曾经的"空壳村"一年有了15万元村集体收入，村民有了分红。

慢慢地，合作社走上正轨，社员多次提出给应文伟报销送货的车费、油费，他都拒绝了。"只要村民能脱贫，百姓能增收，我贴点钱值得。"他说。

对于他的努力和付出，村民看在眼里。南昌县委组织部长陈奇勇说，2019年10月，应文伟驻村任期届满，村民们签字递交请愿书希望他留任，他二话没说就留了下来。

新春伊始，应文伟又忙开了。"元旦到现在，已经送了13万多元的货。"他说，2020年，他准备在村里建一个农副产品加工厂，生产、加工、销售一条龙，让合作社再上一个新台阶。

"我希望村里奔小康快点，再快点！"应文伟踩下油门，奔走在路上。

（新华社南昌2020年1月19日电 记者李兴文、郭强）

"圆梦村"里圆梦人

——记福建武夷山大渚村第一书记王丰伟

4月29日天色擦黑，闽北山村凉风习习、灯光星星点点，乡间小路上飘来浓浓的饭菜香。匆匆吃过晚饭，福建武夷山大渚村第一书记王丰伟快步来到65岁的村民吴邦友家。

"吴叔，白天省农科院的专家实地察看了，您家的田不适合养稻萍鱼，实在不好意思。"原来，村里前些日子跟吴邦友达成意向，在他家的10亩稻田试养稻萍鱼，这种鱼保守估计亩产可达百斤、每斤30余元，没想到专家来现场一看，计划泡汤了。急性子的王丰伟等不到第二天，连夜找吴邦友当面说明情况。

自去年5月8日第一次来到大渚村，34岁的王丰伟下派接近一年了，这位武夷山风景名胜区旅游管理服务中心生态园林科科长，从热闹的景区来到距离市区48公里的偏僻山村，一周平均有五六天住在村里，村部一间长期空置的办公室成了他的宿舍。

走进这间略显空荡的房间，一张床和一个柜子是全部家具。"白天忙着村里的大事小情，晚上经常到村民家串门，这里也就是个栖身之所。"王丰伟轻描淡写地说。

站在村部向外望去，一侧正在建设能容纳1000吨农产品的冷链库，为村里120亩马铃薯提前备仓；另外一侧，大渚村幸福院刚刚建好投入使用，阅览室、娱乐室、小厨房一应俱全，高6米、宽8米的投影幕布，在疫情前已经播放了两场电影。

"我住的条件简陋了一些，但亲历大渚村的点滴变化，心里面很敞亮。"王丰伟感慨道。户籍人口1300多人的大渚村常住人口只有300多人，发展不起像样的产业，村里面貌"灰头土脸"，主路两边旧猪栏、杂棚林立，鸡鸭满地跑……这是大渚村留给王丰伟的第一印象。

如今，借力被福建省圆梦村干事会确定为首批"圆梦村"试点村的东风，王丰伟正带领村民一起求索"圆梦"之路、乡村振兴之路。

"圆梦，就是要圆村民追求幸福、过上好日子的梦。"王丰伟说，在圆梦村干事会的引导下，村里确定两个近期目标，一是激发村民致富的内生动力，二是推动"返青复民"，吸引外出务工人员回归。

王丰伟和村"两委"心里清楚，"乡村要振兴，产业是关键"。去年以来，大渚村把高效生态循环农业作为发展方向，通过"公司＋合作社＋农户"方式发展林下中草药三叶青种植，还对接福建沈佳农业科技公司发展有机蔬菜种植，首批试点种植西蓝花、甘蓝、花椰菜 60 亩、马铃薯 120 亩，预计亩均产值 6000 余元。

春日清晨微风拂面，漫步在大渚村的大路小道，但见远处青山巍巍、浮云朵朵，近看道路两边干净整洁、绿化一新，从高山缓流而下的小溪水质清澈，吸引水鸭三五成群漫游觅食，一幅美丽的山水画卷跃然眼前。

走近一大片绿油油的菜地，就是面积达 200 亩的大渚村有机蔬菜种植基地。42 岁的村民李和林大清早就下地忙活起来，一辆农用车装满了新鲜采摘的菜花。

"与沈佳公司签订的合约价格是每斤 1.5 元，我们自己卖到武夷山的超市单价超过 3 元。"李和林说，他和另外 7 名村民去年返乡创业，每人投资 3 万元创办起兴渚家庭农场，"看到大渚村翻天覆地的变化，感觉我们回来对了！"

产业发展之外，村民的文化生活也更加活跃，合唱团和广场舞队的建立，把大渚村一潭沉静的池水搅活了。"村里支持采购了音响、服装，还邀请音乐老师来上课，去年 9 月大渚村广场舞队首次参加镇里的文艺汇演，村民思想解放了，敢说敢唱也敢跳了。"王丰伟说。

"下一步，考虑请农技专家指导村民种植有机蔬菜，提高产量；有几个自然村保留了几十栋旧民房，想把乡村旅游搞起来；刚跟老人协会商量，计划给 65 岁以上的老人过集体生日……"谈起"圆梦村"的明天，王丰伟眼神透亮，心里的一张工作清单早已填得满满当当。（新华社福州 2020 年 5 月 1 日电　记者王成）

"朱大喇叭"吼出脱贫"幸福草"

大年三十，"朱大喇叭"又开始广播了。翻看着手边和村民签订的"霸王条款"合同，"朱大喇叭"决心以权谋"私"到底。

"朱大喇叭"本名朱文武，是黑龙江省望奎县海丰镇恭头一村驻村第一书记。最初，他不想接这个"烂摊子"——前任驻村书记没干满一届就被逼走了。

老朱是被"诓"到村里的。"说让我来村里先听一下情况再决定，结果镇里领导一看我挺实诚，就不让我走了。"作为黑龙江省绥化市食药监局的驻村干部，老朱被"逼上梁山"。

恭头一村，民风一度不敢恭维。"你知道我是谁不？你整个喇叭成天叽叽啥呢？说得千好万好，你给我家一粒米了？"朱文武刚开始广播，一个村民的电话就怼了进来："别的驻村书记都是活雷锋，送这送那，到你这一天穷白话，没个正事！"

老朱火冒三丈，骑着电动车十分钟后赶到村民家里。"朱书记，你咋知道是我打的电话？""你以为我不记得你电话号？你吃的米面还真就是我驻村工作队送的，我今天就给你掰扯掰扯，我是干啥吃的！"第一次交锋，朱文武"文武双全"。

"村民有这想法，说明对政策还不够了解，最重要的是村里缺少见得着钱的产业。"这次村民"叫板"引发了老朱更深的思考。

望奎县地处松嫩平原腹地，2011年被确定为大兴安岭南麓连片特困地区县。作为中国14个集中连片特困区之一，大兴安岭南麓地理位置偏僻、基础设施落后、产业发展不足，贫困让许多农民心里不舒坦。

朱文武平时说话快得像放枪，广播时却沉得住气，铿锵有力。"要想生活好，就种龙胆草……"对村里广播喇叭"情有独钟"的他，一直通过这种方式向村民宣传扶贫政策、种植技术等，"朱大喇叭"外号由此而来。久而久之，外村村民也赶来凑热闹听一听，"朱大喇叭"更响了。

到村里一个多月后，朱文武准备发挥特长，带领村民发展中药种植产业。"这么多年没徇过私，为了大伙我就破例一次。"从找科研所购苗到联系药材销售商，老朱干劲十足，没想到村民们却不领情。

"朱书记，你可别扯了，龙胆草在咱这根本养不活，我朋友都赔了几十万了。"前任村支书公开表示反对。

"种地我不如你们，种药材你们不如我。赚钱算你们的，赔了算我的！"老朱把心一横开始试种，为此还与村民签订了"霸王合同"——驻村工作队确保苗成活率、确保最低收购价、确保销路稳定。"过去药材都在大田种，咱在自家小菜园里种。"他说，小菜园土质肥沃，没有化肥农药，肯定错不了。

2018年，朱文武和工作队队员"自掏腰包"，免费提供村民一年生防风种子种植，并在7个自然屯培训21名贫困户当示范户，为试种龙胆草做技术准备。

"第一年试种防风真见到钱了！"在脱贫户边志富的炕头上，俩人对视嘿嘿一笑，老边说："当初以为你就是来照个相、整个景、镀个金，回去当官，没想到这根儿就扎在咱村了。"心里的苦乐只有"朱大喇叭"自己知道，没有见到父亲最后一眼的他，把老人的假牙埋在了村里留念。

在恭头一村几栋冰雪覆盖的大棚里，地面上一片黄草叶，地下龙胆草的根正在顽强生长，远处展板上龙胆草绿油油的照片给人一抹亮色。

"这是我们2019年新建的种植基地，这药草苦，但对我们来说却是甜。"60岁的边志富和老伴都有疾病，只能干些轻活，他在基地打零工一年赚了4000多元，"我叫边志富，有了党的好政策和好干部，我一定能致富。"

"脱贫攻坚巩固提升，我们正精准发展特色产业种出更多'幸福草'。"绥化市副市长、望奎县委书记单伟红告诉记者，经过不懈努力，2018年8月黑龙江省政府正式宣布望奎县脱贫摘帽，当地正瞄准"粮头食尾、农头工尾"，发展绿色食品、生物医药等特色产业促农民增收。（新华社哈尔滨2020年1月26日电　邹大鹏、刘赫垚、唐铁富）

让乡村振兴插上"数字翅膀"
——全国人大代表王萌萌履职记

"汪婷，最近虾苗存活率高些了吗？"临近 2020 年全国两会，全国人大代表、安徽省定远县西孔村党总支第一书记王萌萌正奔波在田间地头，调研和收集村民们对农村农业发展的建议。

许久不见王萌萌，这位"85 后"的年轻代表竟然长出了一缕缕白头发。1988 年出生的她毕业于合肥工业大学法律专业，在毕业之际放弃城市生活，选择来到农村书写青春梦想。

采访中，王萌萌的电话响个不停，多是村民咨询生产、贷款的各类事件。她总是一一耐心解答，回答不上来的就拿笔记下。

无论是行走在泥泞的田地间，还是与村民围坐在小院的桌子前，王萌萌总喜欢带着本子走门串户，并将村民意见一条条记录下来，对于能在本村解决的问题，和村两委一起及时处理；不能立即解决的，及时给予明确答复。

新冠肺炎疫情发生后，一些村民外出务工受到影响，留在了村里。这部分群体就业如何保障？生活怎么样？有何期盼？这一系列问题萦绕在王萌萌心上。在刚过去不久的"五一"假期，她放弃休假，入户走访村民，与大家促膝长谈，积累了大量的鲜活资料。

这个假期只是王萌萌履职之路的一个缩影。回忆起过去一年，王萌萌说，在 2019 年全国两会之后，她曾前往北京、上海、遵义、蚌埠、马鞍山等地参加履职培训或调研，涉及农产品深加工、脱贫攻坚、数字乡村建设等多项话题。目前，她已就其中一些内容形成书面建议，将带上今年全国两会。

一场雨过后，在安徽省定远县西孔村村委会对面的田地里，2200 棵薄壳核桃树苗长出了更多新叶。西孔村党总支第一书记王萌萌正沿着泥泞的田埂查看树苗生长情况，和树苗"主人"郭凌波聊产业发展。

王萌萌（左）在安徽滁州西孔村产业扶贫基地向农户收集建议（2020年5月8日摄）。新华社发 黄博涵 摄

王萌萌（右）在安徽滁州西孔村山核桃基地调研（2020年5月8日摄）。新华社发 黄博涵 摄

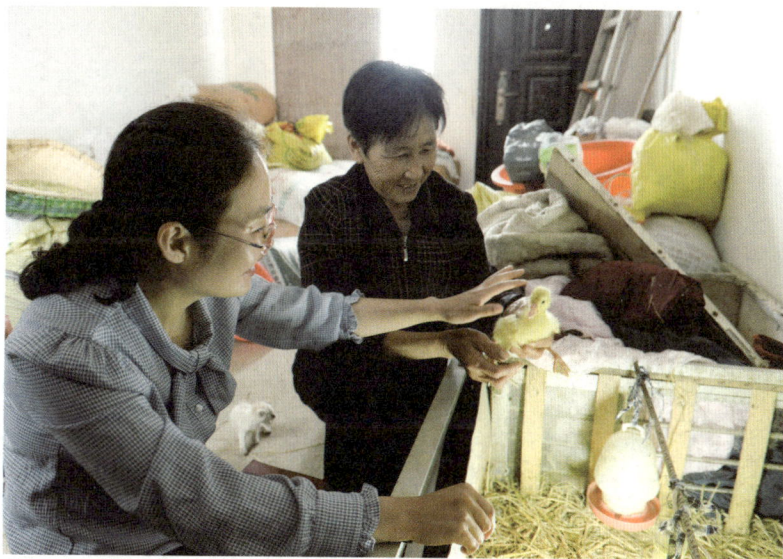

王萌萌（左）在安徽滁州西孔村的农户家中走访（2020 年 5 月 8 日摄）。新华社发 黄博涵 摄

7 年前，西孔村村民还只种植"一麦一稻"。"85 后"大学毕业生王萌萌的到来为村庄发展注入新血液。她带头种植草莓、葡萄等经济作物，在创业基地设立扶贫车间，吸纳贫困户就业，用实际成效号召村民发展多元化产业。水蜜桃、西红柿、车厘子、草莓……如今的西孔村产业发展丰富，越来越多人加入王萌萌的"创业大军"。

得益于丰富的实践经验，这位年轻的全国人大代表对农村问题有着深刻认识，她的建议也主要聚焦于脱贫攻坚与乡村振兴。

"农村就业扶贫车间可以帮助贫困户实现家门口就业，并通过自己的辛勤劳动实现脱贫。与扶贫车间的岗位工资、政策补贴相比，我更看重里面的定期培训，可以帮助贫困户提升技能水平。"2018 年全国两会时，王萌萌结合日常调研与思考，提出"提高扶贫车间建设质量、降低政策享用门槛"的建议。

"把基层的声音带上全国两会，为农民脱贫致富和新农村发展代言；把全国两会的信息再传递回去，为乡村产业发展找到更合适的路子。"王萌萌的办公室桌上有一摞大小不一的笔记本，上面密密麻麻的文字记录了她在走访调研时的感受与思考，也见证了她履职的点点滴滴。

2019 年 2 月 27 日，王萌萌（右）在吴圩镇非洲菊产业扶贫基地调研。新华社记者 刘军喜 摄

当前，智能感知、智能分析、智能控制等数字技术加快向农村普及，以大数据为核心的市场监测体系、质量监测体系、农技服务体系等在农业中应用初见成效。在王萌萌看来，数字乡村建设将成为引领乡村振兴的重点之一。

然而，她在多地调研中发现，数字乡村建设也面临着一些问题，如城乡信息分化现象较为突出、城乡信息化人才配置失衡等。因此，她今年带上全国两会的建议之一便是"在新型基础设施建设中突出做好数字乡村建设"。

"通过挖掘数字经济潜力与提升数字化治理能力，让乡村振兴插上'数字翅膀'。"王萌萌说，希望在新型基础设施建设中加大对县域及县域以下的支持力度，并积极探索县域乡村数字化公共服务手段。（新华社合肥 2020 年 5 月 12 日电 记者张紫赟）

水痴书记"卖水记"

山林葱郁，泉水汩汩。太岳群山脚下那股清冽的山泉水，千百年来默默流过孔旺村，滋养了这方土地，见证着生活艰辛。

2015 年 8 月，山西省安泽县政法委的 80 后干部程鹏被派到和川镇孔旺村担任"第一书记"。如何脱贫致富？几个月走访后，程鹏打起了"卖水"的主意。从此后，他"为水乐、为水愁，为水碰破头"，村民亲切地称他为"水痴书记"。

深山出好水：我要为村里建个水厂

"山里条件比不上城里，但水好喝，山泉水，甜！"村里不少老人自豪地告诉程鹏。

"集体账上没钱，脱贫就没底气，要不干脆建个水厂吧。"程鹏跟村干部商量，把山泉水卖到城里，村里有了稳定收入，村民既能来上班，更能每年分红。

没承想，赞成的人不多。"程书记，咱祖祖辈辈喝的泉水，真能换回钞票？"面对着这个年轻人的"奇思妙想"，村民们的质疑多过了好奇。

连续被泼了几盆凉水，程鹏静下心来。"村子人不多，要完成扶贫任务，大家综合施策，多方帮扶，怎么也能完成目标任务，但要想长久脱贫，最终还得靠壮大村集体经济。"程鹏下定决心，水厂还是得建，而且越快越好！

"能不能建成，我们心里都没底。"村主任董林山实话实说，看到这后生这么起劲，想想人家也是为村里好，只好支持他干。

为水厂"疯狂"：拉上同学垫资，抵上房产借贷

2016 年春节刚过，程鹏就张罗着建厂房。没地方建，就盖在村委大院；

缺钱启动，就说服做生意的老同学垫资开工。程鹏确实是没办法，手上虽说有 10 万元，但那是留着买设备的，一分也不敢乱花。于是他跟老同学约定，建厂房先付一半，完工后再付清。

2017 年春节快到了，程鹏没有按期还同学的钱，被人堵到一家小餐馆里。

"不给钱，你这个年也不好过！给不了钱，扣车！"老同学的债主对程鹏步步相逼。

"年前如果还不了，就把车放你那吧。"程鹏狠狠心说。债主不放心，还专门录了段视频作证。

可是，这边厂房欠款没还利索，水厂验资又差点把程鹏逼疯。

跑公司注册时，程鹏才知道，村集体企业需要 20 万才能办手续。"上哪弄这 20 万呢？"那些日子，程鹏把自己关在小屋子里，一动也不动，直愣愣地发呆。

村支部书记张栓锁看在眼里，急在心上。可没过多久，张栓锁听程鹏说"钱的事弄好了"。原来，程鹏瞒着妻子偷偷把房产证拿出来抵押，借了 20 万高利贷。老张和村干部一听都愣住了，他们一合计："村里再穷也要把利息给出了！"

"水厂跟咱家有多大关系？你怎么能赌上房产？"事后知情的妻子范艳丽生气了，"万一还不上咋办？你忍心让我和孩子睡大街吗？"

"事儿都过去了，别再提了。"程鹏满脸愧疚，"好在及时还上了。"

"痴心"换真心："升你官你也别走"

那辆用来抵债的汽车是 2015 年 10 月买的，程鹏短短两年就开了 5 万公里：拉着村民到城里看病，带着村干部考察学习，去太原洽谈水厂设备……这辆车成了村里的"公车"，谁家有事，一声招呼就到。

长久的奔波劳累，让平时喜欢户外运动、身体健壮的程鹏开始吃不消。今年 7 月的一天，正在开车的程鹏突然喘不上气来，左手和左脚异常难受。医院一检查，高压 160。几个月后，进一步检查结果出来了，长期疲劳紧张导致心脏供血出了问题。

医生告诫他要好好休息，可面对村里的大事小情，他又怎么可能停得下脚步？

"第一书记"这活不好干，程鹏进村第一天就有体会。

在村民大会上第一次亮相，一位村民直言不讳地冲程鹏说，"来村里的官，能干活的留下；不干活的，早晚得撵走喽！"

"我相信将心比心，以心换心。"程鹏说，是走形式做样子，还是踏踏实实干事，百姓心里有数。

2017 年春节前，孔旺山泉公司拿到 QS 认证，正式投入市场。程鹏又开车拉着水四处"叫卖"。来自山里的孔旺山泉，很快在安泽县闯出了点小名气。目前每天可以销售 150 桶左右，孔旺村破天荒有了稳定的集体收入，预计今年水厂能为村集体增加收入 10 万元。

山高月出晚。一天晚上，七八位村民聚在新修建的小广场上聊天。见程鹏走过来，一位退休的老书记问："程书记，昨天全县'第一书记'交接的新闻里咋没见你？到届了你可别走啊！"旁边一位妇女也大声插话："对，程书记，升你官你也别走！"

"不走，不走，我再干一届。"程鹏嘿嘿一笑，盘腿坐在地上。"正好你们在，咱商量一下村口那条路拓宽的事……"（《半月谈》2017 年 12 月　记者陈忠华、王井怀）

小赵书记有能耐

大孤山钟灵毓秀，大洋河万载风流。在辽宁省著名的古镇大孤山西部，有个名不见经传的谷屯村。60 年前，这里曾因发掘了新石器时代的阎坨贝丘遗址而名噪一时。一甲子时间过去了，这里再次被人们热议："俺们村的小赵书记老有能耐了，把外国企业都招来了。"

"赵书记，你给咱村带了多少钱来？"

2018 年 3 月，38 岁的赵方铭主动请缨参与驻村扶贫工作，从丹东市招商局赴东港市孤山镇谷屯村担任"第一书记"。这个村不仅集体无收入，还有外债 16 万元。

驻村第二天，皮鞋换成运动鞋，信心满满的赵方铭在村干部陪同下，开启了在村里的"串门儿"之旅。

"赵书记，你给咱村带了多少钱来？"对困难户"家访"时，赵方铭被问到最多的就是这句话。困难群众的几番"盘问"，让赵方铭陷入沉思：怎么才能让村里有钱？让困难群众看到脱贫希望？

连续几天走访，赵方铭很快摸透了村情。谷屯村之所以沦落成贫困村，是因为村里土地不适合种植经济型农副产品，没有任何可以利用的土地资源，也没有工业土地指标，村民只能靠种植水稻和玉米来维持生计。

怎么办？授人以鱼不如授人以渔。赵方铭认为，如果能为村里招来"凤凰"，既能让村集体有收入，又能解决村民就业问题，就可以从根上治穷。

可引进企业说起来容易，做起来难。建大棚出租？争取扶持资金顶多能建 3 个大棚，形成不了规模。引进优质农业企业投资？村里自然资源实在匮乏，大企业不愿来，小农业企业又改善不了村民收入。

眼看着"脱贫大计"要泡汤，赵方铭突然想到村里闲置的两栋厂房。何不翻建一下招商出租？这样投入不大，既盘活了闲置资产，又能让村里有固定收入，还能解决村民的就业问题，一举多得。

村两委班子议定后，先后召开了两次党员和村民代表大会，村民们对这个项目热情很高。曾经的"软弱涣散村"迸发出前所未有的凝聚力，这位"80后"第一书记给村里带来的除了热血，更多的是希望。

"党组织派我驻村，就是来解决困难的"

项目定了，说干就干。为解决翻建厂房资金问题，赵方铭和村两委为村里申请到 50 万元的扶持资金。下一步，就是要找到能进村投资的"凤凰"。

有着多年招商局工作经验的赵方铭，充分利用自己的人脉资源，开始了招募之路。那段时间，赵方铭逢人便推销谷屯村，亲朋好友都觉得他这个第一书记当"魔怔"了。

2018 年 6 月，赵方铭结识了有意在中国投资建厂的韩国客商金万洙，暗下决心一定要把握这个机会。然而，因为谷屯村区位优势不明显，硬件条件也并不符合韩国客商的要求，合作洽谈一度搁置。

多次沟通未果，赵方铭急火攻心，一下子病倒了。谷屯村书记孙文远和村主任于承海几度劝他放弃："赵书记，别忙活了，这个项目咱们就别引进了，咱村太穷了，人家不愿来……"

老书记和老主任无奈又辛酸的几句话，让赵方铭瞬间又燃起了斗志。他斩钉截铁地说："相信我，党组织派我驻村，就是来解决困难的。"第二天，赵方铭带着病又上路了。

功夫不负有心人。经过多方协调沟通，韩国客商被赵方铭的诚心打动，项目最终落到了谷屯村。

目前，总投资 700 万元的韩国水循环电热板厂的厂区建设已经进入收尾阶段，预计将在 2020 年 3 月投入生产。出租厂房每年能为村集体增加 7 万元收入，至少能解决 100 多名本地群众的就业问题。

2018 年秋天，赵方铭又先后赴上海、杭州、武汉等地招商 5 次，成功将绍兴鸿盈服装有限公司"请"进了孤山镇。2018 年年末，赵方铭被东港市委组织部评为年度扶贫之星。

　　对谷屯村脱贫攻坚战取得的阶段性胜利，赵方铭没有飘飘然。他说："从负到富，我们还有很长的一段路要走。千难万难、干就不难，只要村民们有了信心，脱贫攻坚就有了盼头，谷屯村一定可以走出一条通往幸福美好的小康之路。"（《半月谈》2019 年第 24 期　记者周晓宇）

驻村第一书记当起"虾农""牛倌"

"最近开始热起来了，要保持牛舍的环境卫生，做好防暑降温，要多盯着点……"6月中旬，湖北省咸宁赤壁市官田村，驻村第一书记魏碧涛又一次来到村里的养牛场查看情况。

魏碧涛是咸宁供电公司职工，自2018年7月驻村扶贫以来，他多了两个特殊的身份——"虾农""牛倌"。

地处丘陵地区的官田村，长期缺少支柱产业，部分村民生活较为困难。驻村后，魏碧涛对官田村的地理环境、贫困户情况进行了全面了解。

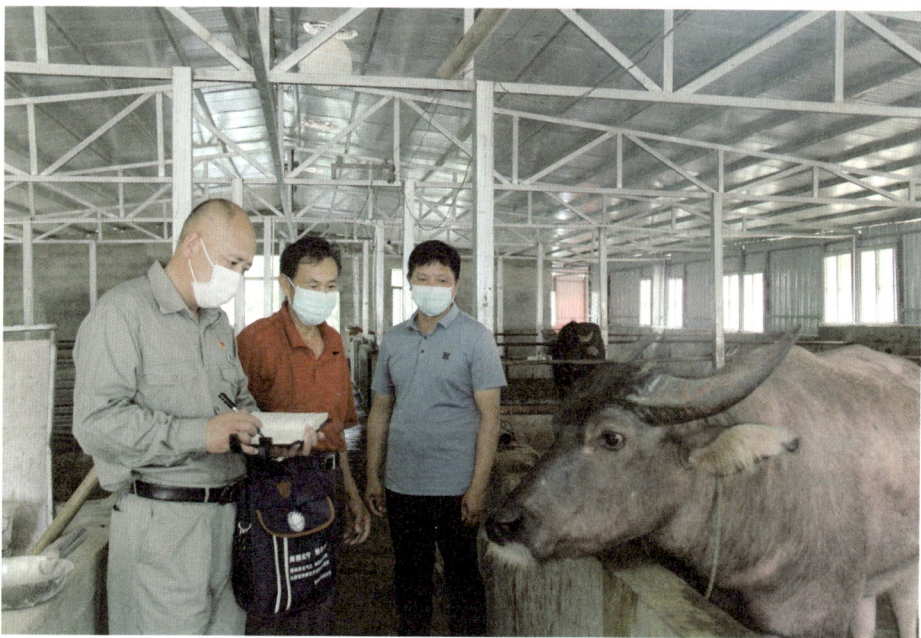

2020年6月12日，魏碧涛（左）在湖北省咸宁赤壁市官田村了解水牛养殖情况。
新华社发 毕红续 摄

2020年6月12日,魏碧涛(右)在湖北省咸宁赤壁市官田村了解虾稻产业发展情况。
新华社发 毕红续 摄

"官田村的水资源丰富,与陆水湖相邻,村中又有2500亩的稻田,适合在稻田中养虾,发展虾稻产业。"魏碧涛说。

选准了方向,他开始探索"合作社+基地+农户"的发展模式。2019年春,在魏碧涛的推动下,村里的农业合作社建成,并开始为贫困户提供购买虾苗、饲料的资金支持。

动员贫困户参与,却并不容易。在贫困户谢南阳家里,魏碧涛碰了"钉子"。原来,谢南阳曾经养过小龙虾,但因为稻田中的水位不能得到有效保障,产量很不稳定。因此,他对养虾顾虑重重。

"只有改善排灌条件,保证小龙虾生产的水质环境,才能提高贫困户养虾的积极性。"走访村民的过程中,魏碧涛意识到了这一问题。

他将这一情况与咸宁供电公司进行了沟通,希望得到支持。很快,公司帮助争取到一笔37.9万元的电网改造资金。随后,官田村建起4.1公里的排灌专用线路。

专用线路完工了，泵站随时能用，用水就有了保障，谢南阳心里的"石头"总算落了地。在魏碧涛的帮助下，他申请助农贷款，养起了 30 亩龙虾。

随着排灌问题顺利解决，村民的信心也更足了，43 名贫困户先后申请加入了合作社。

为了帮助农户掌握养殖技巧，魏碧涛又邀请赤壁市农业农村局水产养殖专家来到官田村，开展了 10 期水产养殖培训。

稻在水中长，虾在稻下游。目前，合作社虾稻产业的总规模已发展到 2000 余亩，成为官田村的支柱产业。谢南阳家用上了冰箱、空调、热水器，迎来了新的生活。

2019 年底，官田村集体年收入从 2018 年的不足 1 万元增长至 8 万元，全村建档立卡贫困户 58 户 189 人全部脱贫。每天关注着虾稻产业的发展情况，魏碧涛说，自己也成了一名"虾农"。

发展虾稻产业成效显著，"虾农"魏碧涛又开始琢磨起带动村民养牛，"村民不仅要脱贫，更要致富，养牛的效益可观。"

他在调研中了解到，村民赵铭海建了一个养牛场，共有 15 头牛，一头牛一年的纯收入有 4000 多元。"牛不容易生病，存活率高，牛肉价格也比较稳定，可以试一试。"

"虾农"，变身"牛倌"。今年 5 月起，养牛开始成为官田村新的扶贫产业项目。

"我们不能懈怠，要继续发挥好扶贫工作队作用，带领村民探索产业扶贫发展的新路子。"展望未来，魏碧涛信心满满。（新华社武汉 2020 年 6 月 14 日电　记者梁建强）

从深度贫困村到集体经济示范村
——一个石漠化山区驻村第一书记的坚守

　　"以前人畜混在一起，家里地方少，一次只敢养一两头牛，后来田书记带领大家在屯里建了集中式牛棚，人畜分离，我可以多养几头牛了，增收效果比种地强多了。"在广西南宁市隆安县南圩镇銮正村育肥牛产业示范园内仅养殖基地，贫困户韦月芳一边把从地里砍回来的玉米秸秆投喂给自家的5头牛，一边对记者说。

　　韦月芳口中的"田书记"，名叫田轶，今年是他担任銮正村驻村第一书记的第5个年头。记者见到他时，他正在内仅养殖基地帮助贫困户粉碎牧草。

　　銮正村地处石漠化山区，全村土地均为旱地，另有一些林地。作为南宁市56个深度贫困村之一，"卖头猪，要爬山，一来一回三四天"是銮正村此前的真实写照。村里几乎家家户户养牛、养马，养牛是为了耕地，养马是为了驮运农作物。

　　"我2016年2月从南宁市来到銮正村，当时的銮正村是一个典型的空壳村，村集体没有一分钱。"田轶表示，村级集体经济发展滞后，是当地脱贫攻坚和乡村振兴的一大短板。驻村后自己一直在谋划如何发展村级集体经济，并培育致富带头人。

　　考虑到銮正村一直有养牛的传统，田轶与村干部、返乡人员等反复商议，决定引导大家发展育肥牛产业，通过政府扶持资金建设产业基地，引导企业进驻，当地政府为企业在水、电、路、土地流转等方面提供支持，村集体通过出租和入股两种形式与企业合作，实现企业赚钱、村集体分红、村民受益的"三赢"模式。

　　隆安县銮正育肥牛养殖专业合作社理事长隆富康介绍，除带领大家一起发展育肥牛产业，养殖基地还吸纳不少贫困户就近就业，帮助他们稳定增收。

　　田轶介绍，近年来，銮正村坚持以党组织引导产业发展、以产业发展夯实基层党组织建设的思路，坚持宜种则种、宜养则养的原则，大力发展育肥牛、肉猪养殖和木薯、中草药种植四大产业，尤其是育肥牛、肉猪养殖让村级集体经济逐渐有了起色。"2019年村级集体经济收入24.75万元，今年到目前已有20万元，预计全年村级集体经济收入可达28万元。"

　　如今的銮正村，全村5个屯都建设了产业基地，外銮、内銮、上礼、内仅4个屯育肥牛基地和都正屯肉猪养殖基地已经投入使用。目前，4个育肥牛基地有育肥牛230头以上，带动全村380户农户养牛850头，其中贫困户养牛453头。肉猪养殖基地由村集体负责建设，建成后出租给龙头公司运营，2019年10月出栏肉猪1100余头，实现村级集体经济收入10万元，今年4月肉猪养殖基地二期投入使用，预计今年产值达到3800万元，可给村级集体经济带来收入12万元以上。

　　如今，銮正村的村级集体经济日渐壮大，一批致富带头人涌现出来，村民收入水平稳步提升。2018年銮正村顺利实现整村脱贫，2019年全村贫困发生率降到0.7%，銮正村村民合作社被命名为首批自治区级示范性农村集体经济组织。（新华社南宁2020年7月6日电　记者覃星星）

驻村第一书记虎正南：守得花开见民富

盛夏时节，柳泉村千亩黄花菜迎来采摘季，细长饱满的花苞迎风摇曳。柳泉村驻村第一书记虎正南正忙着协调晾晒场、对接销售商。

"今年全村黄花菜种植面积增加到了4000亩，量变大，要提前做准备。"虎正南说，进入盛产期的黄花菜每亩收益将达到5000元，已是村民眼中的"致富花"。

虎正南25岁时从宁夏原国土资源厅派驻到吴忠市红寺堡区柳泉乡柳泉村做驻村队员，今年已是第6年。驻村工作期一般为两年，而两次驻村工作期满，他都选择留下，就是为了眼前这朵"小黄花"开得更艳。

红寺堡区是我国最大的易地生态移民扶贫集中安置区，黄河水浇灌了这里68万亩良田，养活23万从宁夏南部山区搬迁而来的贫困群众。作为一座荒滩上崛起的新城，红寺堡区开发建设只有20余年。

2014年刚到柳泉村时，让虎正南发愁的是，村民虽然搬出了干旱缺水的大山，但头脑里的"大山"还没移走。村民地里还是习惯性地种着小麦和玉米，一年辛苦到头，每亩纯收入最高也不过500元，"庄稼收入不行，却还年年种"。

发展什么产业才能让村民真正富起来？虎正南和其他驻村工作队员四处考察，并通过试种，最终选定了适宜当地且经济价值较高的黄花菜。然而一开始村民们并不买账。

"农民害怕冒险，要亲眼见到效益，才有信心。"于是虎正南组织村民代表到甘肃、陕西等黄花菜主产区观摩，让村民和当地的种植户面对面聊天，终于让大家疑虑渐消，相信这事儿能干。

实际上，位于宁夏中部干旱带的红寺堡区发展黄花菜产业别具优势：日照充足、昼夜温差大、病虫害少……红寺堡区生产的黄花菜条形饱满、色泽光亮、口感爽口，在市场上很有竞争力。

从 2016 年开始，补贴资金到户、免费铺设高效节水滴灌带、建设晾晒场……借助红寺堡区大力发展黄花菜的东风，一系列扶持政策陆续配套到位。次年，虎正南又牵头在村里成立黄花菜种植合作社，提供统一技术指导、田间管理服务，帮村民收购和销售黄花菜。

产业发展让农民得到了实实在在的好处。"我家的黄花菜种植面积已扩大到 11 亩，去年纯收入 1.5 万元，比种玉米强多了！老婆再也不吵着要搬回老家了。"柳泉村村民贾廷升说。

2019 年，柳泉村的人均年纯收入比 2014 年翻了一番，增长至近 1 万元，正式摘掉贫困村"帽子"。柳泉村的黄花菜产业只是这个移民区农业产业转型升级的一个缩影，如今红寺堡区的黄花菜、葡萄酒、枸杞等规模化产业逐渐兴起，仅黄花菜的种植面积就已经推广至 8 万亩。

今年底，虎正南第三轮驻村工作期将满，可是他还有很多"放不下"："前段时间我们申请的黄花菜商标批准通过了，把柳泉村黄花菜品牌推出去，稳住村民刚刚端起来的脱贫饭碗，这是我站好最后一班岗的目标。"（新华社银川 2020 年 7 月 13 日电　记者曹健、张亮、马丽娟）

"刷屏书记"的"富民工程"

"时光如梭，走过这人生如梦芳华。再回首，斑驳岁月里书写的，不只是那些摇曳于风中的青春盎然，还有我为你固守的执着岁月。"这是黑龙江省绥化市市场监督管理局驻望奎县海丰镇恭头一村扶贫工作队队长、第一书记朱文武扶贫手册扉页上的话。

2018年，朱文武从前任第一书记手中接过驻村扶贫"接力棒"，发誓要给村里打造一项富民产业，他称为"富民工程"。此后，他每天在微信朋友圈刷屏，记录并鼓励贫困户和村民们通过产业来实现小康梦。

驻村伊始，朱文武用一整天时间把全村所有贫困户档案逐一拍照存在电脑和手机上，有空就看看。一周多时间，就把全村81户贫困户和194名贫困人口的档案内容记在心里。他还遍访了全村879户村民。

2018年4月，朱文武开始了村里第一次"产业发动"。他召集村民开会，发动村民调整种植业结构，种植鲜食玉米。可到会的只有26名村民，经过3个小时口干舌燥地"演说"，只有7户村民愿意调整84亩种植面积。由于达不到规模化，难以实现订单生产，黏玉米种植未能成为脱贫主打产业。

很快，朱文武通过和单位同事一起谋划，确定了种植中药材龙胆草的产业扶贫思路。在县里的一次会议上，他详细说出了这一产业规划。"县委书记表扬了我64秒，"朱文武回忆说，县里认为产业谋划精准，切实可行，很快就批准了项目建议书，并拿出200万元扶贫项目资金，在恭头一村建龙胆草种植基地。

但产业建设一开始就遇到了"通天河"。由于龙胆草产业项目用的是扶贫项目资金，不是农业开发资金，项目申请书上的基地建设土地租金25万元不符合使用要求，而村集体又没钱。憋了好几天，朱文武终于从绥化市引来投资企业，出资解决了这一问题。

产业发展很快又遇到了"火焰山"。2019年春，药材基地建设需要近

30 万元的配套设施和设备，村集体依然没钱。在单位发动职工捐款的同时，朱文武又以个人贷款的形式，筹集了 15.3 万元支援药材基地建设，让产业发展再跨过一道坎。

从 2018 年春开始，朱文武就在 7 个自然屯培训了 21 名贫困户做种植示范户。让大家利用龙胆草一年育苗期的空闲园子地，先种中药材防风，感受中药材从种到收的全过程，积累经验。

2018 年 6 月，朱文武租了辆大客车，组织全村种植户和党员去签约收购方的药材基地参观，并把《党员要争当致富带头人》的党课带到大客车上。通过让村民看到种植药材农民的小康生活，激发他们种植的热情。

朱文武每天把村里发展中药材种植产业的事拍成照片和视频，发到自己的微信朋友圈里。"让大家把这项事业看清楚，不是骗人的，是真抓实干。"朱文武说："刷屏朋友圈，就是制作一个音像版的扶贫日志。"

2019 年春，建档立卡贫困户孙玉山的儿媳妇王凤娟代公婆在园子地栽种了 0.7 亩龙胆草。经过一年的旱涝考验，今春把龙胆草挖出来一看，药材很壮实。眼见收获可期，王凤娟决定今年再扩种 4 亩地。这 4 亩地预计明年秋天可成材出售，按基地给的保底价，会有六七万元的纯利润。

2020 年 5 月，村民刘树清不"淡定"了，一直怀疑龙胆草带不来多大效益的他，特意跑到种植户高彬家的园子里挖出一棵药材，拿到手里一看，龙胆草的根系足有 3 寸多长。于是，刘树清主动找到扶贫工作队，一下子签了 13 亩的种植合同，下决心要把晚种一年的损失夺回来。

为培养积极性，种植基地免费为贫困户提供一定数量的龙胆草苗。目前，恭头一村 81 户贫困户中，有 55 户与基地签了种植合同，总面积超过 400 亩。没签约的贫困户，由扶贫工作队在基地为其代种相应数量的龙胆草，收入将归贫困户所有。朱文武介绍，药材种植产业将为恭头一村乃至附近村屯带来 10 年的持续致富希望。

目前，村里成立了药材种植专业合作社，"头一村"药材产品注册商标也已正式申报待批。扶贫工作队制定的 "村有当家产业、户有致富项目、人有一技之长"目标，正通过特色药材产业变成现实。（新华社哈尔滨 2020 年 7 月 27 日电　记者程子龙、王建威）

王立峰：产业扶贫的实干家

今年 39 岁的王立峰是河南省伊川县平等乡上元村驻村第一书记。回忆起 2017 年底，刚由河南省煤田地质局派驻到上元村时，支撑村集体经济收入的产业太少、基础设施薄弱是王立峰对村里的第一印象。

入村后，通过一段时间的摸查，王立峰深入了解百姓需求。他四处奔走，在村里建起了扶贫车间，让 30 多位村民实现了就近务工。此后，他还引进了服装加工、童车编织、净化水厂、养殖场等项目，千亩樱桃产业园也在稳步推进中。驻村近三年来，王立峰在村里已引进发展 10 个产业项目，村集体经济收入达到 40 余万元，实现了 70 余人不出村就业。

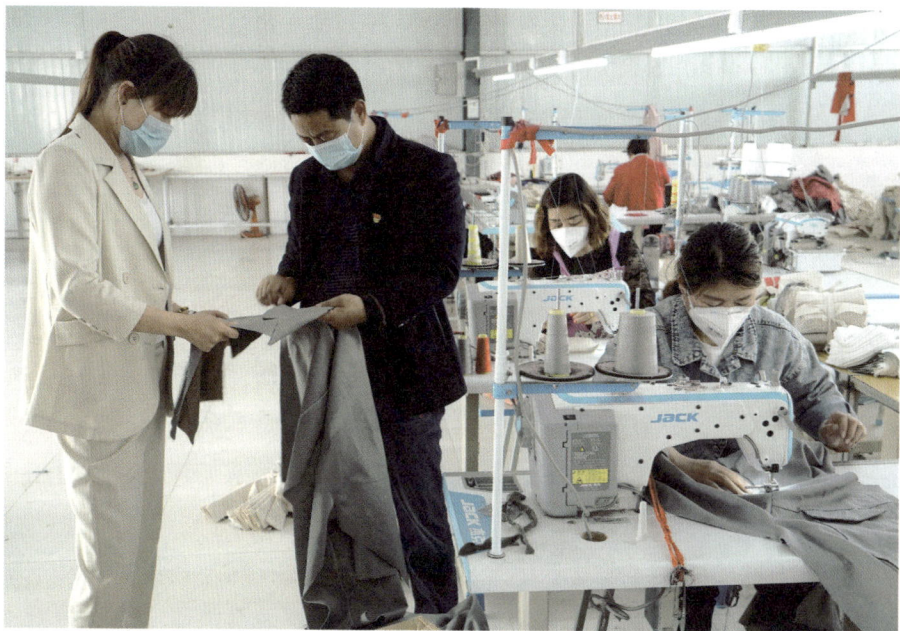

王立峰（左二）在服装加工厂查看产品质量，了解生产进度（2020 年 4 月 14 日摄）。新华社记者 李安 摄

王立峰在樱桃产业园清理石块（2020年4月14日摄）。新华社记者 李安 摄

一名小朋友从河南省伊川县平等乡上元村的光伏发电设备旁走过（2020年4月14日摄）。新华社记者 李安 摄

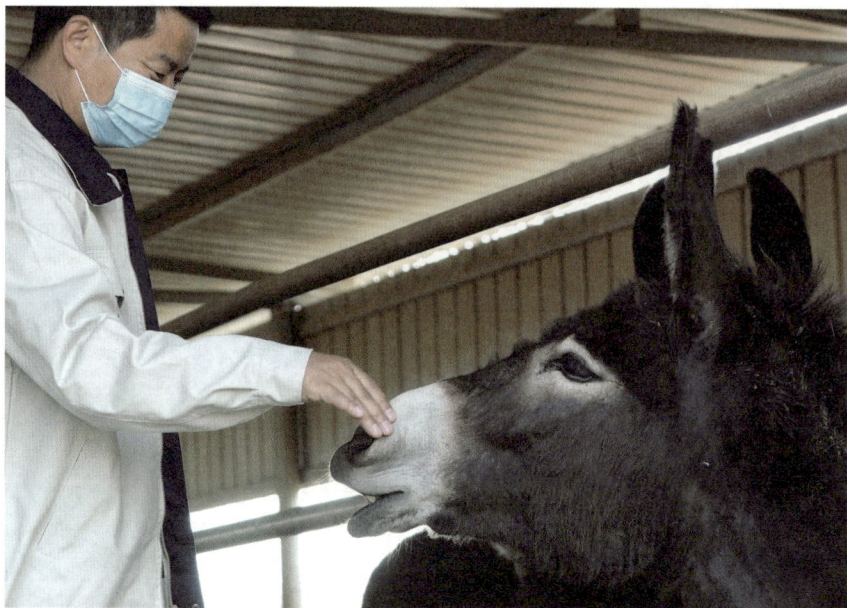

王立峰在养殖场查看驴的生长情况（2020 年 4 月 14 日摄）。新华社记者 李安 摄

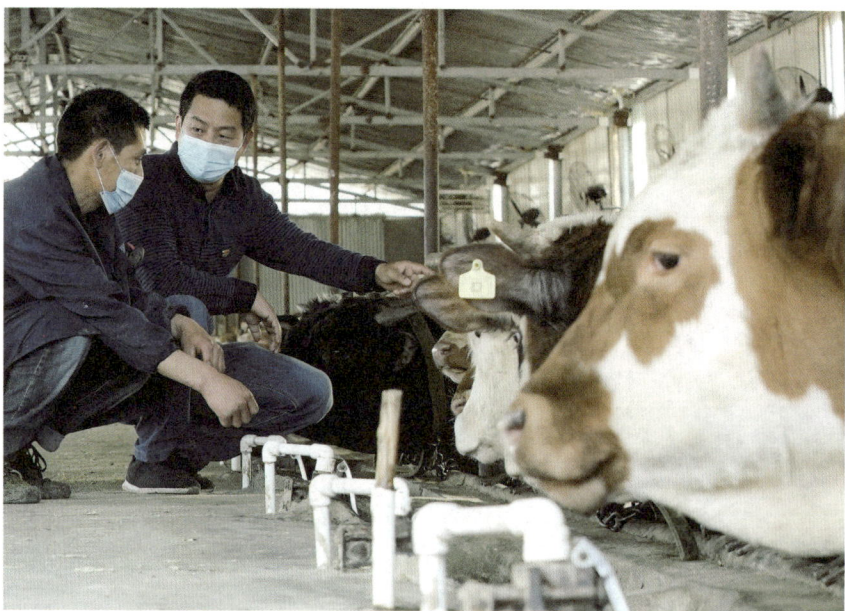

王立峰（左二）在养牛场里了解养殖和销售情况（2020 年 4 月 14 日摄）。新华社记者 李安 摄

王立峰（右）在大棚里帮种植户采摘食用菌（2020 年 4 月 14 日摄）。新华
社记者 李安 摄

　　为了改善村容村貌，王立峰还在村里新建了党建广场、农具展览馆、古
槐广场，对全村进行绿化，污水管道、自来水等一批惠民工程也实施完毕。
"接下来还想继续扩大招商力度，建设一批符合老百姓实际需求的新兴产业，
把上元村打造成豫西地区的特色乡村、美丽乡村、富裕乡村。"王立峰说。

　　（新华网 2020 年 4 月 16 日　　记者李安）

驻村书记眼中的西海固山村巨变

一声鸡鸣打破寂静，西海固大山深处的小山村蒙集村渐渐醒来。此时，58岁的驻村第一书记王东宣已背着相机登上山顶。"蓝色屋顶是牛棚羊圈，红色屋顶是村民住房。以前山下还是一片灰瓦泥墙。近五年来，村里发生了巨变。"已经两次延期驻村的王东宣指着山下的村庄自豪地说。

王东宣20多岁时就迷上摄影。2014年来到蒙集村驻村后，他被这里的贫穷震撼了，镜头里都是当地百姓的苦日子。

蒙集村位于宁夏固原市西吉县震湖乡海拔1900多米的大山中。西吉县是宁夏西海固地区最后一个尚未摘帽的国家级贫困县。

"没见过这么穷的地方，村民住土窑洞，喝水要用大塑料桶去十几公里外的乡上拉，吃饭都没菜，光啃干馍。"王东宣回忆到蒙集村时的第一印象时说。

作为驻村第一书记，王东宣迫不及待地想让这个小山村富起来。他挨家入户，分析贫困户致贫原因，帮助制定发展规划。他联系自己的单位中国移动公司，投资建设村里的移动基站、办公设施、路灯、垃圾池；他还在朋友圈分享山里娃的照片，引来不少爱心人士给孩子捐款。

"2015年家里还穷得不行，王书记建议我贷扶贫款养黑山羊，开始啥都不懂，书记专门请专家来给我们指导培训，2016年我就靠养羊脱了贫。"56岁的村民蒙德彪说。

王东宣在村子入户时有"三件宝"——手册、香烟和照相机。"村里人可能不知道我具体叫什么，但是大家都管我叫'背相机的书记'。"王东宣入户除了完成帮扶任务，还要顺带发挥一下他的特长，给村民在逢年过节、家人团圆时拍一张全家福。

随着精准扶贫的持续深入，蒙集村几乎一年变一个样。2016年，蒙集

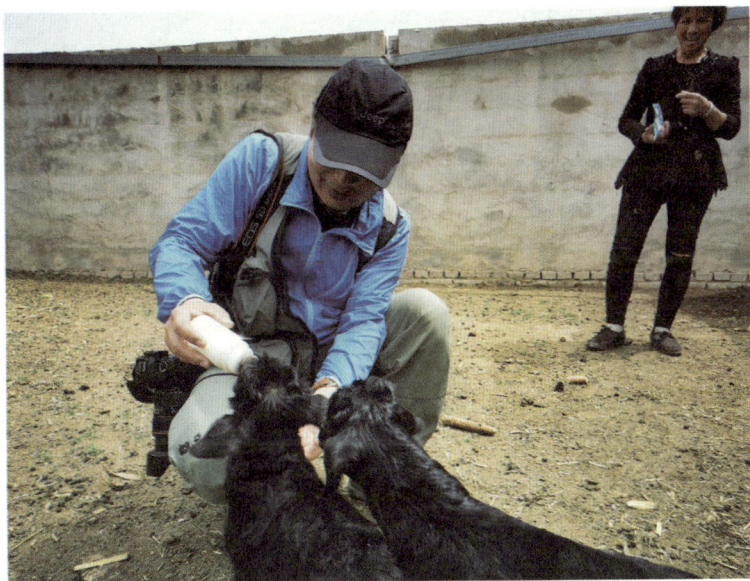

王东宣去养羊大户蒙德彪家拍摄小羊羔。新华社记者 马思嘉 摄

村整村脱贫；2017 年，村里最后一户人家从窑洞里搬了出来；2019 年，全村最后 4 户人家通上了自来水。

从令人压抑的贫穷到可喜的生活变迁，王东宣的电脑硬盘渐渐被村里的影像填满。"村子变化太快，我意识到很多东西以后再也看不到了，就开始用相机记录。"王东宣说。

最近，王东宣又对村民们上网购物的行为产生了拍摄兴趣。经常去乡上开会的他每次会顺手帮村民带快递回村，义务快递员当时间长了，他发现村民网购的变化。"寄到村里的快递越来越多，不单有衣服、家用物品，还有南方水果等生鲜物品。这充分说明，村里人真的富起来了。"王东宣说。

"等西海固全面脱贫后，我们村打算建一个村史馆，把王书记拍的照片也陈列进去，让村里人记住过去，感恩变化。"蒙集村村支书蒙儒勇说。（新华社银川 2020 年 6 月 23 日电 记者张亮、卢鹰、马思嘉）

用改革之手拔穷根

——"第一书记"扶贫"计"

　　作为脱贫攻坚"精准力量"的"第一书记",被选派到扶贫一线是打赢脱贫攻坚硬仗的突破口。他们大都来自县级以上机关,利用创新的理念,因村施策并制定个性化帮扶方案,帮助村"两委"精准扶贫,抓发展、摘穷帽,成为带领群众脱贫致富的主心骨。

　　罗明芳(中)在了解饮水工程进度(2015年11月23日摄)。罗明芳,四川省雅安市天全县大坪乡徐家村"第一书记"。徐家村是当地"穷村",基础设施建设滞后、缺乏支柱产业。2014年5月罗明芳上任后经过调研,和村干部共同制定了解决道路硬化、饮水困难等方案。她还因地制宜制定产业精准扶贫规划,利用当地丰富的土地资源发展生姜种植产业,帮助村民脱贫致富,目前生姜种植面积已达到900多亩。新华社记者 薛玉斌 摄

李宝强（右）在一户百姓家了解林下养鸡情况（2015 年 11 月 25 日摄）。李宝强，眉山市青神县瑞峰镇天池村"第一书记"。天池村土壤土质较差，蓄水困难，缺水严重，长期以来该村经济收入主要靠外出务工。李宝强上任后与村两委调研后确定了全村的扶贫规划：依托既有资源发展现代观光农业和生态养殖业，同时利用互联网帮助村民们销售农产品。新华社记者 薛玉斌 摄

唐权（中）与村干部规划竹笋采摘体验基地（2015 年 11 月 24 日摄）。唐权，四川省乐山市沐川县建和乡庙坪村"第一书记"。庙坪村为省定贫困村，山高坡陡，可利用耕地极少，基础设施滞后、交通不便。2015 年 8 月上任后，针对庙坪村产业缺乏、基础设施落后的现状，唐权与驻村帮扶工作组因地制宜、制定了扶贫规划：依靠土地流转优化、招商引资发展旅游业实现扶贫，帮助村民脱贫致富。新华社记者 薛玉斌 摄

付子瑜（左）在监督村路修建进度（2015 年 11 月 25 日摄）。付子瑜，四川省眉山市丹棱县双桥镇团林村"第一书记"。团林村有 42 户建档立卡贫困户，主要分布在紧邻团林村的总岗山脉上，道路、吃水、电力等基础设施不完善，阻碍当地经济产业发展。付子瑜上任后走访调研，确定了基础设施建设与经济产业共同发展的扶贫规划。

据悉，四川有着近 500 万的贫困人口，分布在大小凉山彝区、高原藏区、川南乌蒙山区、川东北秦巴山区四大贫困连片地区。为集中力量打好脱贫攻坚战，四川省日前选派 1.5 万名优秀机关干部到建档立卡贫困村任职"第一书记"。怎样制定拔"穷根"的计划与计策？记者近日来到四川省几位第一书记身边探访他们的扶贫"计"。（新华网 2015 年 11 月 26 日　记者薛玉斌）

百名第一书记组团进城卖年货

为期3天的"年货大集"在长春欧亚卖场11日开市。在当天启动的"吉林省党建引航脱贫攻坚暨第一书记代言展示会"上，来自吉林全省各地的100名驻村第一书记披挂上阵当起"代言人"，向消费者和客商推介着各自村里的特色产品。

记者在现场看到，第一书记们代言的产品中既有黑木耳、杂粮杂豆、有机大米、玉米等农副产品，也有手工草编等工艺品。据主办方负责人介绍，此次活动是吉林"第一书记代言"系列活动之一，所展销的产品都是实实在在的扶贫产品，通过这个"窗口"让社会各界了解产业扶贫的新成果。

"带来的产品本来计划够卖3天，但开市一上午就售空了，所以还要赶紧补货。"吉林省汪清县罗子沟镇西碱村驻村第一书记任义没想到，他带到现场的粉条很受消费者欢迎。"做粉条等特色产品是我们村重点扶贫产业之一，市场反应这么好，我们肯定要做出更多更好的产品满足市场需求，促进贫困村民增收。"任义说。

在吉林省通榆县瞻榆镇丰盛村驻村第一书记刘宇的展位上，包装精致的瓜子吸引了不少消费者关注。刘宇介绍，他到村里担任第一书记后，发现村里在种植向日葵和杂粮杂豆方面有优势，就把优质资源和外面的企业积极对接，把瓜子和杂粮杂豆等制作成适合城市消费者需求的产品。

吉林省汪清县鸡冠乡吉兴村驻村第一书记王纵鹏说，由于村里的地理位置偏僻，以前优质黑木耳等好产品走不出去。通过参与"第一书记代言"等活动，现在吉兴村的木耳在不断推介之下远近闻名。（新华社长春2019年1月12日电　记者刘硕、胥舒鹜）

脱贫不松劲、发展上台阶
——重庆驻村第一书记的新春扶贫事

　　春节前夕，重庆南川区长坪村的 25 户贫困户领到了扶贫产业股权分红，明细账一算，多的一户有 1900 多元。

　　这已是长坪村发展扶贫骨干产业、试点财政资金股权化扶贫的第五个年头。村里贫困户除了流转土地有租金收入、务工收入外，还人人有份股金收入。

　　采访时，不少贫困户告诉记者，扶贫要搞好，还得靠第一书记等村里一帮干部带动，大伙人心齐努力干，才有好效果。

　　长坪村靠发展猕猴桃、无花果、金丝楠木等特色产业带动，2016 年实现整村脱贫摘帽。但这几年，巩固脱贫成果的劲头一直没松过。

　　最近，驻村第一书记马渝茗忙着张罗村里 1000 亩茶叶基地土地整治的事情。在地头，马渝茗仔细查看新修生产便道的质量。"为搞好高标准茶叶基地，我们专门申请了高标准农田项目资金，现在正在做的就是打破分散的田坎界限，'小田改大田'，方便规模生产。"马渝茗说。

　　村里一提出建茶叶基地，就受到大伙欢迎。村民张德会说，我 70 多岁了，到地里干农活也干不动了。如今产业发展起来了，正好把土地流转出去。我自己喂点鸡鸭，轻松一些，收入也不错。

　　做规划、建项目、谋产业……在重庆，不少扶贫第一书记扎根乡村，带动群众干事创业，交出了亮眼的成绩单。

　　在渝东南武陵山深处，有一个复兴村。远观村里层层叠叠的水稻田，宛如镶嵌山间的块块美玉。这几年，靠着绿色、洁净的土地资源，当地老乡一亩地种出 3000 多元的水稻产值，群众脱贫有了产业。

　　"复兴村摘掉'贫困帽'，走上'复兴路'，最感谢的还是张书记。"

群众口中的张书记，是复兴村第一书记张向东。

好山好水能种好稻。但过去群众一家一户种植，稻种乱、价格低，好生态没能带来好效益。在张向东牵头组织下，复兴农民以股份合作社为平台，统一稻种采购、种植流程和销售渠道。

据介绍，这几年合作社重点做了两件事，一是坚持绿色标准。300 多亩核心种植区域保证全程"喝"的是山泉水，"吃"的是有机肥。二是与专业化公司合作，打造、推广"龙洞贡米"品牌，线上线下统一销售，提高稻米附加值。

春节前，张向东还忙着调试村里大米加工厂的设备。他说："我们自己建一条稻谷加工包装线，既帮外地稻谷加工，收些加工费，也能把本地优质稻增值收益留在村里，村集体收益能更上层楼。"（新华社重庆 2020 年 1 月 27 日电　记者李松）

第四篇

播种希望的人：
激发乡亲们脱贫的内生动力

2019 年 4 月 15 日，习近平总书记来到重庆市石柱土家族自治县中益乡华溪村，访农户、看扶贫、话产业，实地了解村里脱贫攻坚工作情况。回忆起总书记考察时的情景，华溪村第一书记汪云友很自豪："总书记握着我的手，详细了解驻村工作情况，勉励我们一锤接着一锤敲，一仗接着一仗打。" "总书记叮嘱我们，脱贫了工作队伍也不能撤，脱贫攻坚仗打完后还有乡村振兴任务。"汪云友说，总书记来的时候，华溪村建档立卡贫困户 85 户 302 人中，尚有 8 户 19 人没有脱贫，2019 年已全部脱贫。

驻村第一书记"年终总结"里的喜与忧

到底要不要种黄花菜？就这个问题犹豫、争论过多次后，贾廷升和媳妇终于达成了共识："种！15 亩地全改种黄花菜！虎书记说了，种黄花菜有补贴，村里合作社管加工、有销路，还担心啥？"

贾廷升口中的虎书记叫虎正南，是宁夏吴忠市红寺堡区柳泉乡柳泉村的驻村第一书记，宁夏国土资源厅派驻柳泉乡扶贫工作队的一员。这个春节，闲下来的虎正南盘点自己一年的工作，发现最大的收获，是念好了"黄花经"。

柳泉村是移民村，也是全乡贫困人口最多的村。村里大多数农户种植玉米，成本高、收益低，近两年玉米价格下跌明显，最低时一斤只能卖七毛钱。

靠种玉米，啥时才能脱贫致富？虎正南和驻村工作队进驻以后，把引导和推动全村种植结构调整作为头等大事来抓。

"让村民改变几十年的种植习惯太不容易。2016 年底我们把黄花菜苗子都拉到村上了，没人愿意种，愁死人。东家说西家讲，不知跑了多少趟。"柳泉村支部书记王强提起种黄花的事，只是摇头。

种黄花，今年种，明年等，后年才能收，这让习惯了春种秋收当年见效益的村民顾虑重重，担心"等不起"，更担心没销路。

为了让村民打消顾虑，虎正南和王强一遍遍上门帮忙算账：种玉米当年能见效益，但把种子、化肥、水费、机耕费等成本算进去，辛苦一年也就能不亏钱；如果种黄花菜，第二年每亩收益最少 1000 元，第三年进入丰产期，亩产鲜菜 3000 斤，折合干菜 500 斤，每斤干菜能卖 26 元。

口说无凭，眼见为实。村两委包了两辆大巴车，带着上百人到临近乡镇观摩黄花菜产业，跟种植户交流、取经。村民们实地考察后，动心了。加之红寺堡区出台的特色产业扶持政策，为黄花种植户每亩补贴 500 元，彻底打消了村民后顾之忧。

为带动乡亲们种黄花菜，柳泉村还成立了土地股份专业合作社，以"村支部＋合作社＋农户"的经营模式发展黄花菜种植产业。2017 年，合作社流转农户土地种植黄花菜近 900 亩，目前全村种植面积近 1400 亩。

"我们春节前又订了苗子，开春后村民还要种 200 亩，现在大家积极性高得很。"虎正南说，驻村工作队还向国土资源厅争取资金，给村上的黄花种植大户配套了除草机。

让村民种黄花菜，发"黄花财"的希望指日可待，可虎正南心里还是不轻松。

作为移民搬迁地区，村里底子薄，脱贫致富后劲弱，一部分村民还有等靠要思想，缺乏自身发展动力，怎么办？个别贫困户家中的壮劳力因种种原因倒下了，在经济、精神上压垮了一家人，他们的后续发展怎么办……

虎正南说，新的一年，他要带着这些问题干工作、想办法，希望年底工作总结时，每个问题都能找到答案。（新华社银川 2018 年 2 月 22 日电　记者任玮）

郭若桥：用青春架起大山深处"脱贫桥"

晋陕大峡谷，黄河乾坤湾。山西省临汾市永和县奇奇里村就立在河边崖上，脚下的大河奔流不息，村里的贫穷传了几代。

2015 年以来，奇奇里村以国家扶贫政策为杠杆，撬动整合社会资源，激发贫困户内生动力，扶了贫又扶了志。2017 年底，奇奇里村奇迹般地整村脱贫。发生在奇奇里村的奇迹，离不开驻村第一书记郭若桥的努力。

一座桥，架在乡亲们心坎上

永和县是国家扶贫开发工作重点县，奇奇里是永和县最偏远、最贫困的村子。这里梁峁起伏、沟壑纵横，耕地不足 300 亩，山坡地 2000 余亩。村民靠天吃饭，世世代代守着几棵枣树过日子，多少年来背负着贫穷的包袱。

2015 年，刚满 26 岁的郭若桥被临汾市委组织部委派到奇奇里村担任"第一书记"。"眉清目秀、白白净净，一看就是城里娃，能吃得了这苦？"村民看到郭若桥摇摇头。

进村伊始，郭若桥挨家挨户走访。在一户老乡家，郭若桥看见半身不遂的老人斜躺在炕上。"您家有什么困难？"老人摇摇头，什么都没说。连走几户，村民要么缄口不言，要么客气得让人难受。

村民们有自己的理儿，这里穷了几辈子，一个"小娃娃"式的干部来了，能起多大作用？

时间长了，郭若桥渐渐咂摸出跟老乡交流的法子。"要想让村民敞开心扉，就要与他们打成一片，过与他们一样的日子。"村民下地干活路远，每天只吃早晚两顿饭。于是，郭若桥也跟着吃两顿，村里整日山药蛋、大白菜，郭若桥跟着乡亲们一起吃，天天和村里的老少爷们一起往地里钻。

几个月下来，郭若桥的脸黑了，身上起皮了，腿上长湿疹了，"没见过这么好的娃！"乡亲们从心里接受了这个共产党的年轻干部，甚至把他当成自家孩子。

听人说城里人爱吃米饭，58岁的村民刘宁富悄悄骑上摩托车花了两个小时跑到镇上，买回两碗白米饭。"怎么也得有点下饭的菜吧。"郭若桥捧着米饭，喜滋滋地等着。这时，刘老汉笑呵呵地递给他一包白糖，"就着可好吃了，快吃吧！"

郭若桥一下子明白了，村里人平时不吃米饭，不知道该怎么吃，就拿出自认为最好的作料让他下饭。泪水无声落下，他忙低头扒了一口饭。

一座桥，带着人们走出大山

奇奇里的枣树，种了不知多少年。丰收的季节，把红枣困在山里的，是一条窄窄的"鼻梁路"，它阻隔了奇奇里，困住了乡亲们。

每年秋末，村民都等着收购商进山收枣，可一遇雨雪，卡车就进不了村。为了卖枣，村民们要赶在下雪前用三轮车把红枣运出去，寄放在别处一点点卖，年前卖不完，年后就会掉价，5块钱一斤的红枣，只能5毛钱一斤卖给放羊人喂羊。

2017年10月27日，奇奇里村驻村第一书记郭若桥在村里喂鸡。新华社记者 曹阳 摄

　　郭若桥到村的第一个冬天，几场铺天盖地的大雪，又把进山的路封了。"不能眼睁睁看着枣烂在地里。"郭若桥和村支书郭记贵、村干部郭强一商量，踏上了卖枣之路。

　　郭强在临汾"摆摊位"，郭若桥去省城太原"占市场"，郭记贵负责运送。每天从早晨 6 点卖到晚上 9 点，不停歇地干了两个月，郭若桥瘦了一大圈。

　　枣卖完了，郭若桥却开心不起来。他琢磨，修路，刻不容缓。路修好了，一切才会有希望！

　　说干就干！郭若桥查政策、跑部门、寻支持，几乎每天都在县、市和省城之间奔波。开车跑了 4 万公里、解释沟通了很多次，一条 7.3 公里的旅游三级公路项目终于跑了下来。

　　旅游路可以通到村外，但进村还有 1 公里却没有着落。修这段路要占地砍枣树，而且没有一分钱补偿，工作怎么做？

　　刘宁富家被占的地最多，足有 2 亩多。一天晚上，一筹莫展的郭若桥在窑顶上找到老刘时，他两眼发红，脚下一地烟头。"郭书记，你不要再为难了，地你们占吧。受了一辈子穷，我也想让子孙后代走上好路。"老刘说，枣树砍了，不行就去放羊！

2018 年 5 月 31 日，奇奇里村驻村第一书记郭若桥（左）和村干部验收新修建的旅游步道。新华社记者 曹阳 摄

最后，被占地的村民在"一致同意不赔偿"的承诺书上签了名。承诺书上的 23 个红手印，是最朴素、最坚毅的决心与宣言。

2016 年 7 月，路通了，一直通到窑洞前。村民到县城的时间缩短了一半，再大的雨雪也挡不住走出去的脚步。

接下来，家家户户通上自来水，架上太阳能路灯，不少贫困户安上光伏电站……沉寂已久的奇奇里变了，村民们脸上露出了笑容，最可贵的是，在穷苦面前挣扎煎熬的心，开始被唤醒。

一座桥，引着山村拥抱世界

路通了，村民们享受着走出去的便利，而郭若桥则寻找着将世界请进来的可能。

黄河乾坤湾，美而无人知。奇奇里地处绝佳的观赏位置，还是天然的地质博物馆和石雕艺术园。多美的景色啊！影视专业毕业的郭若桥自己凑了几万元，用最新的航拍、延时摄影技术，拍了一部奇奇里风情片，里面有大河美景、黄土风情。播出后好评如潮，奇奇里开始为外界所知。

2018 年 1 月 17 日，奇奇里村驻村第一书记郭若桥（左）在山西省展览馆举办的"年货节"上为村里的土特产品做宣传。新华社记者 曹阳 摄

一次偶然的机会，郭若桥结识了来拍摄乾坤湾的摄影家、时任中国摄影家协会副主席王悦。经过多次商议，他们计划在奇奇里办一个以扶贫为主题的摄影展，打造中国第一个黄河岸边的"摄影村"。

2017年10月17日扶贫日当天，"摄影村"正式落户奇奇里。来自多个国家的400余名摄影师，为奇奇里捐赠了1000多幅作品。不少摄影师说，只要扶贫需要，作品的使用权尽管拿去。

郭若桥动员村民把自家闲置的窑洞改造成农家乐。"外面是老窑洞，里面是舒适的土炕、洁净的卫生间，这样的农家乐既有乡村特色，又生活方便。"

砍了树的刘宁富没去放羊，而是经营起了农家乐，还开起了村里第一家小卖部。"在我这买东西，可以用手机扫一扫给钱！"刘宁富指着桌上的二维码说，别看奇奇里偏远，可城里有的咱也有！

用希望撬动脱贫内生动力

郭若桥说，扶贫不能只给钱给物，还要扶精神。"村民有了精气神，扶贫才算上了轨道"。

社会资本进村了，村民精神振奋了，脱贫的内生动力潜移默化中形成了，现在村里没了甘愿受穷的"懒人"，大家都带着新希望往前奔。

郭若桥认为，扶贫干部毕竟是"外来户"，内生动力主要靠村两委班子。在他带领下，奇奇里村两委班子眼界大开，对工作的积极性主动性明显提高。村委委员杨爱生去年主动报名县文化局组织的旅游培训，自掏路费到几百里外认真学习了4天，"村里一天一个样，自己不学点东西就跟不上了。"

为发展旅游，郭若桥组织村民将旧窑洞改造为农家乐，用的是扶贫资金，不花群众一分钱。第一批改造时，郭若桥挨家挨户动员，还组织外出学习，最后只改造12孔。但到第二批时，家家户户抢着报名，20多孔窑洞很快改造完。

村民开始主动适应村子旅游发展定位。第一批脱贫户刘宁富办农家乐后生意不错，一年收入有四五万元。为扩大经营，他在院里建了新餐厅。

农闲时村民没了往年喝酒打牌的习惯，而是主动找商机。今年春节期间，游客成批来到奇奇里，几位村民跑到县城进货，村里村外摆起摊。最多的一天，一户人家卖了 1200 元的货。

更可喜的是，如今奇奇里村又成为撬动永和这个贫困县的支点。在奇奇里的示范下，全县认领枣树、核桃树等 3600 余株；全县 10 多个中心村开始打造特色农业镇、特色旅游乡等，形成规模效应。

奇奇里出名了，慕名而来的人多了起来，农家乐的生意也红火了起来。游客多了，离家打工的年轻人也开始返村。短短两年，奇奇里的贫困人口就从 108 户 323 人减少到 47 户 126 人，贫困发生率从 51% 降低到 20%。

冬日里寒风刺骨，郭若桥脚步没有停歇。"玩在黄河边，吃在农家乐"，郭若桥说，奇奇里村民的好日子才刚刚开始。（新华社太原 2018 年 6 月 4 日电　记者陈忠华、霍瑶、王井怀）

黄玉印的扶贫"攻心计"

4 年前，刚到内蒙古自治区兴和县大库联乡康卜诺村任驻村第一书记的黄玉印拿着自己设计的"贫困户心理调查表"入户走访时，贫困户笑他"城里书记净搞虚的"。4 年来，黄玉印根据贫困户的心理情况和性格特点，针对性地解决扶贫中遇到的问题，摸索出一套扶贫"攻心计"，村民们都说"黄书记的工作，件件都做在了我们的心坎上"。

2015 年，刚到康卜诺村的黄玉印在王家梁自然村入户调查时，发现缺水是当地发展的最大阻碍。他决定申请农村基础设施建设资金为王家梁村通上自来水，但是他的方案却遭到村民张志明的强烈反对。

"通自来水方便生活又不用自己花钱，咋会有人不同意呢？"黄玉印怎么也想不通。他多次走访张志明的邻居和亲戚，得知张志明家中有口深水井，村民缺水时经常来他家借水，这让他很有面子。他反对通自来水，是怕以后没人来借水，影响他在村里的声望。

摸清张志明的性格，黄玉印有了主意，"既然他好面子，就让他在通自来水这件事上挣一个面子，这样他就不会不同意了。"在开村民大会时，黄玉印安排张志明第一个发言表态。张志明觉得自己受到了重视，为了不掉面子，他当着全体村民的面同意了通自来水的方案，王家梁的自来水工程顺利开工。

只有 12 户村民的卞家村，位置偏僻、可耕土地少，是康卜诺村辖内发展最慢的一个自然村。2017 年，当地政府将卞家村列入异地搬迁项目村，准备将 12 户村民迁入新村。

然而异地搬迁规划出来后，一多半的村民却说不想搬走。黄玉印到 12 户村民家了解他们的实际需求，发现村民们不愿搬家的理由各式各样，有的担心新村没地方养羊，有的老人不愿离开祖辈留下的旧房子。

养了 60 多只羊的薛凤德多次表示不愿搬迁，担心到了新村没地方放羊。

他说："我的旧房子加上院子有 500 平方米，根据政策搬到新房子后，房子加院子只有 300 多平方米，这么多羊住哪儿？"

"扶贫工作不能搞'一刀切'，要考虑每个贫困户的实际需求。"黄玉印说。他因户施策，将薛凤德等 4 户养羊村民的新房子安排在新村四个角上，这里向外延展的空间大，可以在墙外的空地上加盖羊圈，方便进出放羊。

对于安土重迁的老人，黄玉印则是给老人讲新村的好处。"老房子住了几十年，墙也软了，地也软了，这么大年纪住着不安全。到了新房子，砖墙结实又保暖，还通了自来水。"

黄玉印因人而异进行思想工作，12 户村民最终全部同意搬迁。搬到交通便利的新村后，村民外出打工更为方便，每名劳动力每年的务工收入平均比之前多了 3000 多元。

在黄玉印的笔记本上，密密麻麻记录着全村人的性格和家庭情况：谁胆子小，发展产业要多鼓励；谁比较莽撞，要提醒他不要蛮干；谁在村里人缘好，可以发挥带头作用；谁和谁家有矛盾，要避免两家起冲突……

"扶贫工作是个精细活，遇到的情况千头万绪，但是根据大家的性格和家庭情况，能够找到打开心结的钥匙，柔性地解决问题。"黄玉印说。

康卜诺村刚开始养牛脱贫时，有的村民胆小不敢尝试，担心养不好赔钱，黄玉印向他们介绍补贴政策和养殖保险情况，鼓励他们进行养殖；有的村民盲目扩大养殖，黄玉印又向他们介绍市场规模和风险情况，建议他们减量提质。目前，全村有 47 户贫困户家里养着"脱贫牛"，每头牛每年能带来 6000 多元的收入。

黄玉印通过"攻心计"，将扶贫工作做到了百姓心坎上。他根据村民的需求，引入马铃薯种植与加工、黄牛养殖等产业，为贫困户开辟稳定的增收途径，目前康卜诺村 58 户贫困户已有 37 户脱贫，剩下的将于今年底实现脱贫。（新华社呼和浩特 2019 年 10 月 15 日电　记者丁铭、李云平、魏婧宇）

"懒汉庄"改名记

　　"懒汉庄"不养懒汉，35 户有劳动能力的贫困户靠双手脱贫致富，但地处豫西伏牛山腹地的小村庄却被称为"懒汉庄"，缘由何在，说法不一。

　　"懒汉庄"原名阳坡庄，是河南省卢氏县朱阳关镇漂池村的一个自然村。有人说，阳坡庄地处朱阳关、五里川、瓦窑沟三镇交界处，山大沟深，交通不便，多年间是个"三不管"。周边乡村发展越来越好，阳坡庄却不见起色，村里几十户人家要么外出打工，要么另居别处，留下的住户日子越过越穷，志气越磨越短，甚至有人越来越懒，到 2015 年底，竟全成了贫困户，阳坡庄就被叫成了"懒汉庄"。

　　也有人说，阳坡庄条件虽差，但漂池村方圆 40 平方公里，40 多个自

村民收起晾晒的香菇（2020 年 3 月 31 日摄）。新华社记者 韩朝阳 摄

然村分布在沟沟岔岔，其中条件更差的也不少。2016年阳坡庄被改建为易地扶贫搬迁安置点，又搬来了几十户贫困户，有群众看到贫困户扎了堆，还分了安置房，心里不是滋味，就讽刺这里为"懒汉庄"。

"提起'懒汉庄'，村里人都恼得很。"漂池村村支书巢建波解释，他们也想脱贫致富，但阳坡庄前面是深沟，后边是土坡，没桥没路没产业，而搬迁户原来的生活环境比阳坡庄更差，他们被困在深山里，致富无门路。

巢建波所言非虚，30余户搬迁户的经历都在诉说这一点。45岁的王满贵原住在距离阳坡庄6公里的山沟里，4间土坯房是最值钱的家当，王满贵有两个孩子，出不了远门就在沟里种香菇，但只能骑摩托车的泥土路还成了生产障碍，袋料运不进来，香菇卖不出去，每年种两三千袋香菇，勉强养家糊口。

2016年，易地扶贫搬迁帮王满贵解了难。新建的阳坡庄扶贫社区水、电、路设施齐全，配套有香菇扶贫基地，朱阳关镇政府还派了帮扶工作队，并协调卢氏县农商行为贫困户办扶贫贷款。

搬了新家，王满贵不仅摆脱了"一伸手就摸到屋顶"的土坯房，住进了敞亮楼房，还申请扶贫贷款，租土地，搭菇棚，每年种1.4万余袋香菇，收入成倍增加。如今，他不仅早已脱贫，曾经耳闻过的"懒汉庄"也很久没人提起。

在"长抓林果短抓药，当年种菇收入多"发展思路的引领下，阳坡庄的贫困户都攒着劲要大干一场，种香菇、栽核桃、种连翘……纷纷甩了贫困帽。如今，除1户贫困户因无劳动能力未脱贫外，其他35户贫困户全都脱了贫。

环境造就了懒汉，环境也改变了懒汉。

村民在整理香菇（2020年3月31日摄）。新华社记者 韩朝阳 摄

这是河南省卢氏县朱阳关镇漂池村阳坡庄新建的易地扶贫搬迁安置小区，村民取名"多彩社区"（2020年3月31日摄）。新华社记者 韩朝阳 摄

"以前，村民提起'懒汉庄'，既气愤，又羞愧，现在实干脱贫，连走路都昂首挺胸。"驻村第一书记王睿见证了村民精气神的变化。

51岁的新住户王春民虽不愿提及"懒汉庄"，但说起搬迁后的新生活却津津乐道。"原来住在山坡上，只能种两亩坡地维持生计，搬过来后学了种菇技术，还种了连翘、核桃，收入越来越高，日子越过越好。"王春民说，以前大家各住一道沟，多数人不认识，搬过来后，大事小事互相帮忙，邻里关系越处越好。

阳坡庄脱贫致富奔小康，扬眉吐气的新老阳坡庄人都想正式告别"懒汉庄"。阳坡庄太"穷"，"懒汉庄"难听，大家纷纷要求改村名，村民们又是查字典，又是请教亲朋中的文化人，最后一致同意改名为漂池村多彩自然村，新建的社区就叫"多彩社区"。

为啥叫"多彩"？很多村民也说不出个一二三，大概是产业多彩，生活多彩，幸福多彩。（新华社郑州2020年4月3日电 记者韩朝阳、何娟）

云南西盟：驻村第一书记王波的国庆假期

雨后，班母村的空气格外清新。国庆假期没有回家的王波走在村内的硬化路上，看着村子的新貌，思绪万千。今年初，王波从云南省委农办来到普洱市西盟佤族自治县勐梭镇班母村担任驻村第一书记，开始了他第二次驻村生活。

2014年王波在楚雄州姚安县担任新农村指导员，经历了精准识别贫困户、精准识别回头看等扶贫工作后，2017年结束驻村工作回到原单位。此时的王波感觉自己对农村产业发展仍缺乏了解，而发展产业是保障脱贫质量的重要途径。因此，他打定主意再次申请下乡驻村，在农村发展产业上干点事情。这次，他来到了西盟县。

西盟县是国家扶贫开发工作重点县，这里集山区、边境、民族等于一体，当地的佤族、拉祜族等直过民族更是帮扶的重点和难点。

叮叮叮……手机突然响了，一看是班母村4组的岩丙打来的电话，王波心里一紧，他家又出什么事了？

"书记，来我们家'座谈'一下吧。"岩丙在电话中说。岩丙是贫困户，家里四口人，女儿有些残疾，儿子非常顽皮，经常逃课。

"座谈？好的。"虽然王波心里满是疑惑，但他答应后便赶到岩丙家。

进院时，王波见岩丙正将堂屋的鸡赶出来。"书记快进来坐坐。"岩丙用带有浓厚地方口音的普通话招呼王波进屋。

王波一直放心不下岩丙一家。为让岩丙的儿子岩科去学校上课，王波曾做了不少工作，但山里的孩子不太习惯安静地坐在教室里听课。

王波此次在班母村驻村，打定主意要实施产业扶贫计划。经过努力，现在村里已培育了蜜蜂养殖、云岭牛养殖等产业，通过多种途径提升了贫困群众的收入水平。但和产业扶贫相比，班母村的教育扶贫，更让他牵挂。

"今年村里出了 7 名大学生，1 名中专生，创班母村的纪录了。"王波说，这要是在城里可能不算什么，但在这个贫困山村，可是费了不少劲的。

为了让这 7 名大学生能够更好地适应大学生活，王波和驻村队员对他们进行了一对一辅导。

"他们有一颗自强奋进的心。"王波说，通过教育扶贫，村里的群众、孩子正在发生改变，文化程度不高的村民也愿意把孩子送进学校。在暑假期间，村里还有两名大学生加入扶贫队伍中来，帮着做统计，给村民们宣讲扶贫政策。

"今天叫书记来，就想感谢你一直以来的关心。"岩丙说，在驻村扶贫工作队的帮助下，家里开始一点点好起来了，全家对脱贫都充满信心。

在驻村工作人员等各方的推动下，村里群众的生活有了改变，也意识到教育和发展产业的重要性。

"思想观念的转变需要时间，这更要求我们从点滴做起。"王波说。（新华社昆明 2018 年 10 月 7 日电 新华社记者杨静）

驻村第一书记的"牧草试验田"

阳春时节，河北省唐县西北部偏远山区南山村的牧草试验田里，一派繁忙景象：村民们忙着翻耕土地，播种紫花苜蓿、高丹草等牧草种子，为山羊提供优质牧草饲料。

66 岁的甄兰勇经常到这块试验田里转一趟。他曾是南山村"建档立卡"贫困户，2017 年，在唐县供电公司扶贫工作队帮扶下，甄兰勇尝试养殖山羊，当年养羊收入达 4000 余元。有了收入来源，甄兰勇逐步摘掉了"贫困户"帽子。

一些乡亲通过养羊脱贫，但隐忧依然存在。

2018 年初，唐县供电公司驻南山村扶贫工作队队长兼驻村第一书记娄文彪发现，甄兰勇等 10 户贫困群众养殖了 340 多头山羊，但养殖模式都是放养，牧草以山草为主，对山坡植被有破坏作用。山区野生植被繁杂，山羊也容易误食有问题山草而发病。冬春季节山上植被干枯，牧草"季节性短缺"，山羊养殖效益易受影响。

"乡亲们日子好不容易有了盼头，牧草问题必须要解决！"娄文彪从县里请来几位经验丰富的畜牧技术人员进行"会诊"。通过实地勘查和研判，驻村扶贫工作队和南山村"两委"决定，探索搞一块牧草试验田，争取保障山羊优质饲料来源。

2018 年以来，南山村牧草试验田面积逐步扩大，墨西哥玉米、苏丹草、巨菌草等牧草品种陆续试验种植，娄文彪和山羊养殖户经常查看牧草长势。然而，受气候、水质、土壤等因素影响，苏丹草、巨菌草等品种并不适合在南山村成规模种植。

挫折面前，一些群众劝说娄文彪放弃，但他依然满腔热情扑在试验田上。"南山村位于太行山区，从环保角度考虑，山羊养殖产业要长远健康发展，就要解决牧草问题。"娄文彪说。付出辛苦却没有回报，他也沮丧过，甚至想过放弃。但作为扶贫工作队队长和第一书记，他不能轻言放弃，让来之不易的脱贫成果付之东流。

娄文彪的执着感染了乡亲们。大家帮着浇水、除草、出主意，牧草试验田成了村民们自发照顾的"小农场"。"娄书记是我们村没有户口的村民，他做这一切都是为了乡亲们，我们大家都想尽一份力。"南山村党支部书记甄乐建说。

功夫不负有心人。在试验中，娄文彪和乡亲们发现，紫花苜蓿长势喜人，1亩地每年可产新鲜牧草2000到5000斤，适合在南山村种植。这种多年生牧草含有丰富维生素和粗蛋白质等营养成分，茎叶柔嫩，山羊喜食。娄文彪和乡亲们喜笑颜开。

突如其来的新冠肺炎疫情，并未动摇娄文彪和南山村人巩固脱贫成果的信心。从农历正月初二开始，娄文彪一直坚守在疫情防控一线。近日，他采购了数十斤紫花苜蓿草籽，大家一起播种，并期待能有好收成。（新华社石家庄2020年4月5日电 记者齐雷杰）

扶贫"新长征"：老区在路上

"为建房向亲戚朋友借了9万元，办农家乐又贷了10万元。说实话，压力不小，但现在有县里干部一对一帮扶我家，村里也说2018年前帮我脱贫，奔小康，我信心满满！"44岁的村民钟灶生说到激动处，从椅子上站了起来。

11月27日，记者深入到赣南原中央苏区于都县的贡江镇红峰村采访扶贫情况。经过"十二五"时期努力，这个全县出名的贫困村，还剩下72户贫困户等待脱贫，大家心情都很急迫。见记者走入农家，村民一下子围拢上来，农家小院一下子热闹起来。

环绕在青山绿水间的红峰村，过去因为山高林密，交通不便，致富无门，全村人着实受穷了一阵子。"现在好了，你看看这青山满目，水清见底，道路也修通了。城里人一车一车进山来旅游、爬山，上周六我在村口数了一下，有2000多人，我们脱贫的路子就在这里了。"62岁的村民钟汉良剥着蜜橘在一旁说："我和老伴身体都不好，孩子们都在上学，村里问我有没有信心后年脱贫，说实话，压力不小。但政府给出了生态旅游的新思路，我还真有底气拔穷根了。"

于都县扶贫办主任王九龙说，于都建县至今已有2000多年历史，全面奔小康不让一个群众掉队，这在于都的历史上是破天荒的大事。为了把难事做好做实，于都要求县直机关干部，每人都要定点帮扶贫困群众，"县领导也带头包了20户，逐家逐户帮他们想办法，有技术的搞蔬菜种植，小年青想做网店就推荐到县里的电商学校培训！"

村支书刘良华接过话头，向记者算了一笔"光伏扶贫账"：建一个家庭光伏电站，总投资约4万元，政府补贴5000元，光伏企业再捐助一部分，农户只需承担3万元。这3万元银行还提供贷款，政府贴息5年。目前村里已经装了 80 多户，根据近期的试运行情况，最高一天可发电 28 度。

"即使不是大晴天，也能发电五六度哩！这些电要是都能顺利'并网'，平均一个月收入可超过 300 块钱。"于都县政府办干部、红峰村驻村扶贫第一书记丁良跃探身凑到小方桌前，伸出 3 个手指。在他身后，是晾晒在院子里的新季稻谷，一束束阳光洒落，稻谷金光闪闪。

记者驱车行驶在于都河沿岸，平缓的河水在这片满眼青翠的大山中已流过了千百年。而从 1934 年 10 月起，于都河成为长征第一渡，于都也成为万里长征的起点。

于都县委书记蓝捷说，十八届五中全会通过的"十三五"规划建议作出 2020 年"现行标准下农村贫困人口实现脱贫，贫困县全部摘帽"的庄严承诺，于都作为原中央苏区县，再次踏上脱贫奔小康的"新征程"。不同的是，这一次目标已定、方向渐明："不让一个老区群众掉队！"

冬日的小村庄，翠色依旧，阳光格外耀眼。（新华社南昌 2015 年 11 月 28 日电　记者闫甲佳、郭强、周华）

落后村来了扶贫"亲戚"

自从和帮扶人结下"亲戚"，年近花甲、身患残疾的特困户黄陆明也开始计划脱贫。看着村里扩建的水泥路和新房，他逢人便说："身边有了贴心人，现在脱贫也不迟。"

黄陆明是海南省保亭黎族苗族自治县什玲镇人，他所在的界村，贫困发生率曾超过50%，和南林乡的东方村成为县里仅剩的两个深度贫困村。两个村被定为海南省林业局的精准扶贫对象。

几年来，海南省林业局先后派驻帮扶人到东方村和界村进行亲情扶贫、生态扶贫。来了扶贫"亲戚"，落后村从头到尾变了模样，贫困户的日子有了奔头。

同吃同住调研把脉

2016年起，海南省林业局在扶贫定点村东方村连续派驻了三任驻村第一书记。今年5月，该省林业系统又抽调6名干部组成扶贫工作队驻扎界村，开展脱贫攻坚工作。

帮扶人下村，仅是扶贫第一步。"没有调查就没有发言权。"驻界村扶贫工作队队长许卫国说。为尽快准确掌握贫困户的致贫原因，为脱贫把脉，他带着5名队员住农家小房，搭起简易床铺，与贫困户同吃同住同劳动，和结下的"穷亲戚"们打成一片。驻东方村的第一书记黄海警，回忆刚到村里时也是挨家挨户串门调研摸底，做贫困户的知心人。

没过多久，帮扶人就对具体情况了如指掌：卫生和精神面貌差，产业和就业压力大。

在界村，以前很多村民大清早就开始喝酒，更传有打油诗："村道遍地猪粪，老旧破房分散。村民喝酒成风，精神萎靡不振。" 2014年被列为特困户的黄陆明就过着"今朝有酒今朝醉"的日子。

另一方面，由于资金少，老弱伤残多，村民仅靠种槟榔、割橡胶等维持生计，没有产业支撑，更没有就业门路，扶贫步履维艰。

扶贫扶智精准施策

问题摸清楚了，"亲戚"结下了，就得"一户一策"想点子、找出路。界村扶贫队决定将村容村貌整治作为突破口。

借危房大规模改造的机会，队员指导村民申请政府补贴，修建完善卫生间、排污管道等设施，很快便解决了生活污水横流的现象。

村容变了样，可部分人对脱贫却漫不经心，腿脚残疾、老婆瘫痪的黄陆明就是其一。扶贫队队员郭智珂便主动同他结了"亲戚"，用"感情牌"让黄陆明主动报名参加产业扶贫。今年8月，界村80名贫困村民还去了其他先进村学习美丽乡村建设经验。

要想长久脱贫，产业是第一选择。海南省林业局调研后决定在东方村和界村"多条腿"走路，解决"等靠要"难题。村里引进资本，以"公司＋贫困户"或"合作社＋贫困户"模式发展种养殖后，贫困户参股分红；申请生态护林员公益岗位，吸纳了两个村共58名扶贫困就业；鼓励部分贫困户先脱贫致富，发挥示范作用。

几年来，用于两个村的扶贫资金共计750余万元，帮扶人还在村里举办种养殖等劳动技能培训班，因病致贫的村民，也被送往医院治疗。

村里村外焕然一新

"我从'南林'来，带着兰花草……"在今年的保亭县"互联网＋爱心消费扶贫大集市"活动上，东方村脱贫帮扶人黄海警现场动情哼唱。他说，生态扶贫兰花基地正改变着贫困户的生活。

东方村的贫困户在冬种时节过后，再也不像往常一样闲着没事干。种兰花、办养殖场，个个争着成为"脱贫之星"。

东方村的兰花盛开时，界村新引进的50亩百香果种植项目，正搭架种苗，光伏发电项目也开始运营。扶贫队长许卫国说，这将带动村里117户贫困户增收致富。

两个落后村还发展了椰子手工皂、鸽子、种羊养殖等项目。58名贫困户当上了生态护林员，每人每年能领到1万元工资。如今，东方村113户433人同步享受产业扶持政策；界村建档立卡的126家贫困户中仅余3户未脱贫，两村均实现整村脱贫摘帽。

村民们边笑着聊天边在地里忙活，崭新的住房与槟榔田园相映成趣。还未脱贫的界村贫困户黄陆明，按照扶贫队请来的专家给出的意见积极打理自己的槟榔园。他说：扶贫"亲戚"来了，村子变了，自己脱贫摘帽的信心又增加了。（新华社海口2018年12月30日电　记者陈凯姿）

"种下稻子数鸭子"：黑龙江贫困山村春耕新事

四月，和风拂面。中国东北的黑土地渐渐苏醒。55岁的农民薄宪国像往年一样忙活着育秧苗，今年更多了几分期待和欣喜。

一个多月后，这些稻田里将迎来一群特殊的"客人"——数百只鸭子。薄宪国说，一亩稻田放上20到25只幼鸭散养，既能除虫除草，又能实现鸭粪还田，还减少了农药化肥的使用，一举多得。稻米天然无污染，自然卖上好价钱。

"现在一亩地产水稻600多斤，一斤能卖10块钱；以前虽然能产1000斤，但才3元多一斤。扣除其他成本，一亩地能增收1000多元。"薄宪国说，"种下稻子数鸭子"，减产却增收，成了小山村的新鲜事。

黑龙江省的粮食总产连续多年全国第一。薄宪国所在的哈尔滨市延寿县六团镇东安村是个深度贫困村，距离市区三个多小时的车程。由于地处偏远，交通不便，以往村里没有像样的产业。

转变发生在两年前。2017年6月，哈尔滨市红十字会业务部主任刘雅芬来到东安村任驻村第一书记。一来她便琢磨："全村1.6万亩土地，有1万亩是水田，守着好山水，为啥换不来好收成？"

刘雅芬和村党支部书记安爱学便组织村民到外地学习取经，发现了鸭稻米种植模式，经过村民讨论后决定引进村子。全村9个农户带头种植350亩鸭稻田，并一点点摸索出鸭稻共育的很多窍门。

为了把好米卖上好价钱，刘雅芬带队参加由中国红十字会举办的众筹扶贫大赛。决赛现场，一碗碗由鸭稻米蒸出来的米饭香味浓郁，赢得评委点赞。最终，"原生态鸭稻米"荣获大赛优秀奖，得到10万元项目扶持资金。利用这笔资金，东安村购买更多鸭雏，扩大了种植规模。

慢慢地，鸭稻米还给村里带来了一场思维革命。一些农民开始学着利用互联网做文案推广，开拓线上市场。后来，鸭稻米还通过了无公害农产品认证，注册了商标，在很多农产品展销活动中亮相，受到不少南方顾客欢迎。

"小山村里有不一样的春天。"刘雅芬说，在产业带动下，去年底东安村实现整村脱贫，原来 90 户贫困户仅剩 5 户 6 人未脱贫。接下来会让村民了解更多农业新品种，春种希望，秋打好粮。（新华社哈尔滨 2019 年 4 月 25 日电　记者杨思琪）

悠悠药草香 娓娓致富曲

冬日清晨，在广西宾阳县大桥镇六龙村，村民张洪忠早早起床，下地查看自己种的 5 亩莪术。放眼望去，一株株不足半米高的莪术早已枯萎，耷拉着干枯蜡黄的叶片，张洪忠却颇为满意。

"到了冬季，莪术的茎叶自发枯萎，再过 3 个月，就可以采挖它的根部卖药材了。"张洪忠说，莪术的根部呈圆柱形，和马铃薯相似，闻起来有樟脑的香味，具有行气破血、消瘀止痛的功用。

作为当地脱贫增收的重要产业，中草药在六龙村的田间地头随处可见。除莪术外，这里还种植郁金、广佛手、何首乌等中草药。目前，全村中草药种植面积约 1000 亩。

六龙村驻村第一书记韦金良介绍，六龙村是离乡镇较为偏远的贫困村，全村共有贫困户 135 户 515 人。以前，村民们靠种植水稻、玉米和甘蔗为生，长期处于家庭单干、地块分散、靠天吃饭、收入微薄的困境。

为改变这一现状，2017 年，通过招商引资，龙头企业宾阳县三丰现代农业有限公司进驻六龙村，一方面带动开展中草药种植，另一方面投资建设公司总部和中草药加工厂房等配套设施，打造扶贫车间，通过土地流转、提供务工岗位、第三方服务等方式助推六龙村经济发展，促进农民增收。

2018 年，在良好的中草药种植基础上，六龙村以"公司＋合作社＋农户＋厂房"模式，建设六龙村中草药扶贫产业园，流转约 160 亩土地种植特色中草药，发展村集体经济，由村民合作社自主经营。

记者走进宾阳县三丰现代农业有限公司，一阵浓浓的中草药香味扑鼻而来，工人们正在各个加工生产线上忙活着。净制、蒸煮、晾晒、切片、筛选……从田间到车间，中草药在这里加工后，销往全国各地。

在公司里，陈撰村的蒙秋婵正忙着用犁翻晒地上的莪术。"我们一家 4

口人，我自己身体不好，丈夫外出打工只够勉强糊口。"蒙秋婵说，两个孩子一天天长大，家庭开支压力让她很发愁。

2017年，蒙秋婵经介绍来到这里工作，一个月有3000元左右的收入。"这份工作比较轻松，离家也近。有了收入，孩子上学也不用发愁了。"她说。

据了解，自2017年以来，六龙村中草药产业让全村超过190户农户（其中贫困户超过43户）直接受益，每户年均增收500元以上，受益人口占全村三分之一。当前，随着产业持续发展，越来越多的村民参与中草药产业，形成以六龙村为核心基地、辐射全镇的带动发展趋势。

大桥镇党委书记蔡焕雄介绍，下一步六龙村将致力于中草药产业链延伸，在发展中药花草制香制药的同时，结合文化休闲旅游，利用中草药开花期吸引大批游客，实现"观赏、药用两不误"。此外，当地还将发展中草药养殖产业，打造"沉香鸡"等品牌。

张洪忠是2017年第一批先行种植中草药的农户之一，2018年获得的1万多元收入让他尝到了甜头。迎着冬日暖阳，他望着自家的几亩地，充满信心地说："明年3月，我要把家里的水田地平整了，扩种10亩莪术。"（新华社南宁2019年12月9日电　记者覃星星、陈一帆）

赣南第一书记，助力老区换新颜

江西省赣州市是全国较大的集中连片特困地区之一，也是江西省脱贫攻坚的主战场。自2015年起，众多第一书记陆续扎根在这片红土地上的3468个行政村，实现全覆盖。半月谈记者走访多个村庄发现，第一书记到来后，不少村庄村容村貌焕然一新。

各出实招，破除"等靠要"思想

"'我不要''竹荪菇听都没听过''懒得种'……这是2017年初村民们常说的几句话。"宁都县黄陂镇大湖村第一书记曾建华说。

2016年10月，宁都县城建局测绘队队长曾建华被选派到大湖村任第一书记。带着从原单位争取来的10万元产业帮扶资金，结合大湖村实际情况，曾建华首先想在村里发展竹荪菇产业。

可由于长期贫困，不少村民"等靠要"思想严重，认为扶贫就是发钱给物，甚至有个别人以当贫困户为荣。"不把他们的精气神提起来就没办法开展扶贫工作。"曾建华说。

脱贫先脱懒，扶贫先扶志。为提升村民们的精神状态，每位第一书记都有各自的办法。在南康区浮石乡窝坑村，刘江峰挨家挨户上门做工作；在石城县木兰乡陈联村，万洪云和村民同吃同住；在会昌县珠兰乡大西坝村，冯宗伟下定决心严禁赌博。

曾建华则选择从单个村民入手，示范带动其他村民。李水秀早年丧夫，又患有偏头痛等慢性病，一直靠种田为生。为了引导她种植竹荪菇，曾建华多次上门与她交流，并承诺"赚不到钱我个人垫给你"。

"收成加分红，我2018年赚了1万多，这都得感谢曾书记。"李水秀说。有了李水秀的带头示范，大湖村村民纷纷投身竹荪菇产业。

夯实基础，为发展创造条件

在定南县岿美山镇丰背村，第一书记夏文翔来到村里面临的最大问题就是山高路远交通不便。从高空俯瞰，那条尚未拓宽的 3 米宽出山公路，像一条细细的绳子，一头连着山外的世界，一头连着丰背村。

因为交通问题，不仅村里的年轻人不愿回乡创业，许多致富机会也被拦在了山外。定南县布衣山谷旅游山庄公司经理黄阳涛说："我们公司曾在这开发兴建旅游区，可游客来了以后都反映说，这里路太弯太窄，第二次不敢再来。"

如今，通过夏文翔的积极争取，在产业发展的同时，丰背村已筹集到近 500 万元的道路改扩启动资金。夏文翔说，等这条路完全修好，从县城到丰背村可以缩短 20 多分钟的车程，不管发展农业还是旅游业，都有了条件。

"农民是以土地为根本，若田里没有水，他就种不了地，自然也就没有收入。"万洪云说，从 2016 年底开始，陈联村实施了系统性的高标准基本农田改造和坡坎溪流综合整治工程，目前已颇有成效。

产业支撑，实现脱贫不返贫

南康区浮石乡窝坑村的葡萄种植产业，是刘江峰来到窝坑村后开展的首个农业项目。2016 年 3 月，刚到窝坑村的刘江峰带着铺盖，住进了窝坑村。

"我们的首要职责是带领群众摆脱贫困。"刘江峰说。为转变村民浓厚的土地观念，刘江峰挨家挨户上门做工作，领着村里的党员和村民代表去外地参观学习，最终说服村民，成功流转土地 500 余亩，葡金生态农业合作社顺利建成，如今已产生利润。半月谈记者了解到，第一书记中既有国家部委、省直单位选派的，也有赣州各级政府部门派驻的；既有退休后仍坚守岗位的，更有刚参加工作就来扎根基层的；既有独自一人矢志扎根的，也有一任接着一任干的，因地制宜的产业蓝图在赣南各村落笔。

第一书记到来后，兴国县崇贤乡崇义村 83 户贫困户，每户靠养土鸡每批增收 2000 元至 5000 元；崇义县过埠镇果木村蔬菜基地仅土地租金就为群众增收 10 多万元；宁都县黄陂镇大湖村的村集体经济收入从最初的 6000 元增加到 12 万元……产业的发展让贫困村稳定脱贫有了切实保障。

（《半月谈》2019 年第 6 期　记者邬慧颖）

扶贫"老兵"驻村五年甘当农民"服务员"

身穿迷彩服、背挎军用水壶，拿着笔记本走村串户访民情……转业军人隋耀达每天冲锋在脱贫攻坚战场前线。2014年，在海南省妇联工作的他主动请缨，来到保亭黎族苗族自治县加茂镇共村任驻村第一书记。如今，两次留任的他已是一名扶贫"老兵"。扎根共村五年多来，他甘当农民的"服务员"，为黎族、苗族群众蹚出一条致富路，全村61户贫困户231人全部脱贫。

春风化雨扶起脱贫志气

驻村第一天，隋耀达就遇到个"下马威"。

入户走访途中，隋耀达看见村民聚众赌博，于是上前制止。话没说完，一个醉醺醺的汉子上前将他衣领揪起，让他少管闲事。

"黄开团住手！这是新来的第一书记！"同行的村两委干部赶紧喝止，对方才悻悻松手。

挨家挨户走访后，隋耀达发现驻村帮扶远比想象中困难：共村667口人，贫困人口超过三分之一。像黄开团这样的年轻贫困户不在少数，内生动力缺乏，"穷根"难拔。

一些闲汉三天两头相约喝酒，"两季稻谷饱肚皮，一季瓜菜换酒钱"是他们生活的真实写照；赌风难止，有的贫困户沉迷赌钱气跑了老婆，赌博时年幼的孩子在一旁看着……

治贫先治愚，隋耀达决定从黄开团这个"刺头"下手。隋耀达拎着熟食来到他家，边吃边聊，两人慢慢熟络起来。意识到错误的黄开团给隋耀达道了歉："书记对不起，那天我喝多犯浑了。"隋耀达接下话茬劝他少喝酒，多琢磨挣钱路子。

隋耀达发现黄开团头脑灵活，建议他做点小生意。在隋耀达的帮助下，黄开团申请扶贫小额贷款，干起了槟榔收购。危房改造、教育扶贫等政策"组合拳"让他摘掉"穷帽"，成了村里的致富能人。

黄开团的变化村民看在眼里，脱贫志气与日俱增，对隋耀达也愈发服气。针对村里开办的扶贫产业合作社，隋耀达制定了股权激励机制，贫困户投劳越多股权越多。"等靠要"思想渐渐没了市场，"幸福都是奋斗出来的"成为村民津津乐道的座右铭。

久久为功培育脱贫产业

村民致富念头被点燃，该发展什么产业带动大家，成了隋耀达日思夜想的事。当地群众有散养黑山羊的传统，但产业"小散弱"效益不理想。隋耀达有了想法：大量闲置土地能集中种牧草，能不能进行规模化转型？

"以前没圈养过，能养得活吗？"面对村民的迟疑，隋耀达开车跑了全省 10 多家羊场，历时半年写出 40 多页近 3 万字的项目可行性报告，又分批带领百余村民实地考察。2016 年，共村成立巾帼养殖专业合作社，纳入全村贫困户。

羊场投产后又面临资金紧缺。银行不愿给刚起步的羊场贷款，隋耀达打算拿出房产证担保贷款。"如果项目失败还不上钱，咱们连住的地方都没了！"一向支持他的妻子王玉珍也急了。但眼看着寄托全村希望的产业就要半途而废，隋耀达还是抵押贷款 20 多万元。

"隋书记决心要带大家把产业做起来，不好好干都对不住他。"共村巾帼养殖专业合作社社员黄秀玲说。

开荒建设牧草基地，隋耀达第一个跳进齐腰的沼泽地里；早产的羊羔要人工喂养，他抱回房间用奶瓶喂奶……隋耀达对羊场倾注了大量心血，"羊书记"的名号越来越响。三年多来，羊场养殖规模已从 100 多只发展到 700 多只，年产值达 60 多万元，年年稳定分红实现良性循环。

红毛丹种植、黎锦编织和光伏电站等项目也走向正轨：100 多亩红毛丹陆续开花挂果；村里妇女成立黎锦合作社编织销售旅游工艺品；建设的 500 千瓦村级光伏发电站即将并网发电。

举家驻村将群众当亲人

"我是党员,又来自农村,深知'像城里人一样过上好日子'是农村百姓最大的盼头。"隋耀达说,干部驻村不仅要带着政策和项目来,更要带着一腔热血来。

2014年7月,海南省委选派干部驻村扶贫。彼时的隋耀达刚被确诊颈动脉瘤,不适合高强度工作。然而,他还是主动请缨驻村。两次留任,隋耀达在村里一干就是五年。不仅如此,他还一度举家"落户"山村扶贫。

2016年,隋耀达动员妻子辞去工作,带着两岁半的女儿从海口搬到共村住了9个多月,妻子给羊场工人做饭,女儿在镇里上幼儿园。70多岁的老父亲也到羊场帮忙,直到去年在买菜途中遭遇车祸住院。父亲在病床躺了近一年,让他愧疚至今。

隋耀达说,让家人来到农村,是希望他们能更加理解和支持自己的事业。"女儿已经知道,爸爸老不回家是因为这里有很多人需要他。"

五年来,隋耀达累计为共村争取10余个项目,资金近千万元,动员社会捐款捐物20多万元。自掏腰包给孩子购买文具、带村民到医院看病、资助村里修建文化室……他用自己的工资、各类奖金捐赠款物已达10万元。

"公务员就是服务员。你帮村民办成一件事,他永远都记着你的好。"隋耀达说。他的手机成了村民随时拨打的热线电话,他的小车也成了村里的货车、公交车和救护车,近三年就跑了20万公里。村民黄开雄说:"共村的脱贫路就是隋书记的车跑出来的!"(新华社海口2019年9月18日电 记者罗江)

麻花庄振兴记

麻花庄原名五里河，守着传承200多年的贡麻花制作手艺，几乎家家户户炸麻花，但几十年来，生意不见起色，名气越传越小，甚至沦为贫困村。老支书张玉林感慨："守着祖传手艺，却越过越穷，不知道怨啥。"

河南省司法厅驻五里河村第一书记杨永峰等人的到来，为五里河的发展理清思路，改变各自为战、相互拆台的弊病，小麻花成为脱贫大产业，生意风生水起，名气越来越大，脱贫致富的村民们决定将"五里河"改名为"麻花庄"。

赊麻花 卖麻花 借鸡生蛋破僵局

2017年的冬夜，杨永峰常在河南省民权县王桥镇五里河村的村室里苦思，既焦虑，又胆怯，如何开展工作，心中一片茫然。

刚到五里河，村里的状况让人越看越心焦。村里只有三个干部，73岁的老支书带着两个老同志已苦苦支撑3年；村里没集体收入，水电费欠了3000多块钱，电工要停电，水工要停水；走访76户贫困户，老弱病残占大半，一家比一家困难。

"光走访没用，上门多了，贫困户看见我就烦。"杨永峰深知，摆脱贫困是村民的期盼，只能琢磨咋挣钱。

紧挨村室有家麻花厂，和厂长张瑞伟聊天，杨永峰得知炸麻花是村里的传统手艺，已传承200多年，也曾名噪一时。"当时村里揭不开锅，卖麻花成为唯一选择。"杨永峰说。

俗话说，要想见效快，先找熟人卖。杨永峰先从麻花厂赊账进麻花，再把通讯录翻个遍，找有需求的亲朋好友推销麻花，拉感情、讲道理，2018年春节前夕，杨永峰和老支书推销了近2万箱麻花，为村集体挣了近18万元。

张玉林感慨："杨书记挣的都是脸面钱。"

当年春节，村里还清了水电费，给贫困户买了新棉被，向80岁以上老人送了慰问金，为42名学生发了助学金。困扰五里河的发展难题破了冰。

统价格 树品牌 整合资源谋发展

杨永峰"赊麻花、卖麻花"的破冰之举让村民尝到了甜头，但"脸面钱"不能天天挣，稳定脱贫奔小康，仍要围绕麻花做大文章。

五里河村有6家麻花厂、4家小作坊，还有诸多散户。数十年来，无序竞争，相互拆台，积怨不断。经营麻花的村民都清楚"不进反退"的缘由，也有人想结束无序竞争，统一价格、品质、品牌，抱团发展，但一盘散沙聚不拢。想改变各自为战的现状，就要化积怨、聚人心。

为了说服村民统一价格，杨永峰立下"军令状"，2019年春节前，他负责向郑州市场推销3万箱麻花。酒店、商超、学校、电影院……能想到的地方，杨永峰挨着跑了一遍，当年春节期间，村里麻花销售收入达到700万元，利润增加150万元，村集体增收近30万元。

观念不变原地转，观念一变天地宽。杨永峰组织党员干部到先进村参观学习，老支书张玉林参观后感叹："人家一穷二白创基业，我们守着手艺穷要饭，惭愧得慌。"越来越多村民看到，与其为了蝇头小利"窝里斗"，不如整合资源"抱团闯"。

2019年3月，五里河村正式改名为麻花庄村。2019年6月，麻花庄成立村集体企业——民权县麻花庄村食品有限公司，原有的6家麻花厂都成了该公司的分厂，统一品牌、统一价格，抱团发展迈出重要一步。

聚人心 育人才 建好支部管长远

麻花庄发展向好，村里的年轻人也有了奔头。

"90后"青年张亚博、张亚钊是双胞胎，大学毕业后，一直忙活自家的麻花生意。在杨永峰的动员下，两兄弟开始为村庄发展出谋划策。如今，哥哥张亚博当选为麻花庄村党支部组织委员，专注于跑销路、打品牌；弟弟张亚钊成了村集体企业的副总经理，忙碌于麻花生产和网络销售。张亚博说：

"现在村里整合了产业，有了集体经济，我们觉得在农村大有作为。"

两年前，干了50年村干部的老支书张玉林跑不动了，但麻花庄的事业才刚起步，正需要"领头羊"带头闯。这一次，张玉林没有再面临没人愿干、无人可用的尴尬。2018年村"两委"换届，村"两委"班子充实到9个人，多数是有闯劲、头脑活、学历高的年轻人。

新任村支书张永涛在东南沿海跑运输近20年，这次下决心回村发展。"我早年到温州，那时候就感觉差距巨大，那里家家户户都发展产业。"张永涛也曾在村里做过麻花生意，却"乘兴而来，败兴而归"，但这一次，他觉得村里迎来了好机遇，"杨书记和老支书开个好头，我们接着把剩下的路走好。"

通过发展麻花产业，2019年11月，麻花庄村76户贫困户全部脱贫摘帽。如今，随着一批年轻人扎根家乡，发展产业，麻花庄的乡村振兴路越走越实，越走越宽。（新华社郑州2020年7月27日电　记者韩朝阳）

第五篇

不走的工作队：
留下强有力的基层堡垒

要加强贫困村基层组织建设，发挥基层党组织战斗堡垒作用。贫困地区各级党委和政府，对口帮扶地区各级党委和政府，贫困地区各级领导干部、驻村工作组、第一书记等，都要尽心尽责、担当责任，共同把党交给的光荣任务完成好。

——2017 年 12 月 18 日，习近平在中央经济工作会议上的讲话

扎根农村天地　决胜脱贫攻坚

——各地各单位精准选派第一书记抓党建促脱贫攻坚

选派机关优秀干部到村任第一书记，是加强农村基层组织建设、做好"三农"工作特别是打赢脱贫攻坚战的重要组织举措，也是全面深化农村改革的重要要求。2015 年 4 月，习近平总书记主持召开中央全面深化改革领导小组第十一次会议，审议了《深化农村改革综合性实施方案》，明确提出向软弱涣散村党组织和贫困村党组织选派第一书记。

中央组织部认真贯彻落实习近平总书记对选派第一书记工作的重要指示批示精神，把派强用好驻村第一书记作为抓党建促脱贫攻坚的一项重要任务来抓，会同中央农办、国务院扶贫办印发《关于做好选派机关优秀干部到村任第一书记工作的通知》，对全国选派第一书记工作作出部署。目前，全国建档立卡贫困村和党组织软弱涣散村实现第一书记全覆盖，为贫困地区脱贫攻坚提供了坚强组织保障。

选优派强　示范引领

2017 年 8 月，55 岁的中央政策研究室办公室副巡视员王平堂主动来到吉林安图县龙泉村任第一书记。初到龙泉村，现实给了他当头一棒：环境脏乱差，人心不齐，互有怨气。有的村民抱着看热闹的心态，"倒要看看北京来的官能搞出啥名堂"。

驻村后，他不召集开会，而是带个笔记本挨家挨户做调研，一个多月就把全村情况摸个遍。村里只要有红白事、盖房子，王平堂都去帮忙，3 杯酒下肚，村民和他的心逐渐近了。

树立勤劳致富典型、打造集体经济品牌、筹资建成煎饼加工厂……两年下来，产业项目红火了，村民腰包鼓了，村班子凝聚力战斗力提升了。村民们都说:"北京来的官没架子,走家串户办实事,比自家亲戚还实在。"

王平堂正是我国奋战在脱贫攻坚一线的数十万第一书记的优秀代表。为推动第一书记工作深入开展,中央组织部又相继在宁夏召开集中连片贫困地区抓党建促脱贫攻坚工作座谈会,在广西百色召开深度贫困地区抓党建促脱贫攻坚工作经验交流座谈会,对第一书记工作进行再动员再部署。

在人员选派上,各地各单位坚持因村精准选派,重点从机关优秀年轻干部、国有企事业单位的优秀人员和以往因年龄原因从领导岗位上调整下来、尚未退休的干部中选派。

——中央单位共选派 3 名厅局级干部、120 名处级干部到贫困村任第一书记,发挥了示范作用。

——黑龙江省专门从科研院所和各级涉农部门公开遴选一批农业实用技术人员到农业产业基础好的村任第一书记。

——山西省集中优势干部资源,省市两级机关选派的第一书记占 60% 以上。

——陕西省 75% 的第一书记为省市县党政机关年轻干部,其中省直单位选派县处级优秀年轻干部 80 名。

……

尽锐出战,迎难而上。自 2015 年以来,全国累计选派第一书记 45.9 万人,现在岗 23 万人,其中有定点扶贫任务的中央单位选派第一书记 424 人,实现了建档立卡贫困村和党组织软弱涣散村全覆盖,为打赢脱贫攻坚战做出重要贡献。

加强指导 严格管理

2017 年 11 月,山清水秀的福建安溪县山都村迎来一群"特殊"的客人——中央和国家机关选派第一书记示范培训班学员。

100 余名来自中央和国家机关等单位选派到山西、内蒙古、陕西、甘肃、青海、宁夏、新疆等省区的第一书记来此参观学习,了解当地抓党建促脱贫攻坚、村级组织建设、美丽乡村建设等特色做法。

发挥好第一书记作用，加强培训指导必不可少。2016 年、2017 年，中央组织部会同国务院扶贫办举办 6 期中央和国家机关选派第一书记示范培训班，带动各地开展第一书记全覆盖培训。各省区市从省级层面组织开展第一书记示范培训班 150 余期，近 4 年来省市县三级共培训第一书记 40 万余人次，有效增强了第一书记扎根基层、服务群众的能力和本领。

"火车跑得快，全靠车头带"，第一书记的选派直接关系到所在村的脱贫致富。为加强对第一书记的管理，各省区市相继出台第一书记管理办法，许多地方专门成立第一书记工作办公室，明确专人具体抓，强化组织领导、考核评价，推动第一书记沉在村里扎实干。

与此同时，组织部门还推动派出单位与第一书记进行项目、资金、责任"三个捆绑"，使第一书记驻村成为部门结对、单位联村重要纽带，充分利用派出单位职能优势、资源优势助推脱贫攻坚。各地各单位普遍落实生活补助、保险办理、定期体检等措施，帮助解决实际困难，解除第一书记后顾之忧。

既要厚爱，也要严管。部分地区还结合暗访督导、日常考勤、年度考核等情况，对不胜任的第一书记实行"召回"调整，视情况追究派出单位责任，督促派出单位选派精兵强将。4 年多来，有 9200 名第一书记因不胜任被"召回"调整。

扎根基层　奉献沃土

2018 年 3 月，北京师范大学毕业的黄文秀响应组织号召，到广西乐业县偏远的百坭村担任第一书记。有人问："大家都说你是北京毕业的研究生，为什么到我们这么边远的农村工作？"

黄文秀说："这里是脱贫攻坚的主战场，我有什么理由不来呢？我们党是为人民谋幸福的党，我是一名共产党员，这就是我的使命。"

今年 6 月 17 日凌晨，电闪雷鸣、暴雨倾盆。黄文秀在驾车返回乐业的途中，不断与村干部联系，询问当地雨势和灾情，特别叮嘱要关注几个重点村屯受灾情况，没想到被突如其来的山洪淹没，不幸遇难……

走进大山，是为了让更多的人走出大山。几年来，广大第一书记牢记职责使命，在脱贫攻坚一线不懈奋斗、无私奉献，取得了不平凡的成绩。

"闺女来了啊，快到屋里坐！"74岁的安徽利辛县朱集村村民周学正大老远看到第一书记刘双燕来了，连忙招呼她进屋。

年纪大的村民都把刘双燕称为"闺女"，年龄相仿的则称她为"姐妹"。与大家朝夕相处，刘双燕与村民亲如一家人。

2012年起，她从利辛县税务局选派到陆小营村担任第一书记。2014年，她调任朱集村第一书记。去年任期结束，她主动申请留在朱集村，成了连任三届的第一书记。"我们是脱贫攻坚这场硬仗中扛旗冲锋的战士，眼看着就要拔下最后一个堡垒，我们不能退，也不可以退。"刘双燕说。

铮铮誓言，见证无悔初心。

选派第一书记制度作为全面深化改革的重要成果，取得了显著成效。全国涌现出一批扎根农村、情系农民的优秀第一书记，32名第一书记获得全国脱贫攻坚奖，4名第一书记被评为全国优秀共产党员，6名第一书记当选党的十九大代表。他们在建强基层组织、推动精准扶贫、为民办事服务、提升治理水平等方面发挥了重要作用，被群众誉为"党派来的好干部""脱贫致富的领路人"。（新华社北京2019年12月25日电　记者林晖）

"夜宿夜访"助脱贫

——海南陵水县创新基层党建调查

　　县级干部每月定期"夜宿夜访"贫困村，带头转变干部作风；全县116个村"第一书记"全覆盖，加强基层组织资金、人员、阵地保障；村"两委"班子新增"就业委员"和"产业委员"，打造"党支部＋合作社＋贫困户"脱贫模式。海南省陵水黎族自治县采取系列措施创新基层党建工作，有效破解干部作风不扎实、基层组织战斗堡垒作用不强等突出问题。

"好作风又回来了"

　　针对部分基层党组织存在的凝聚力弱、执行力差等问题，2016年初，陵水县委决定建立"夜宿夜访"制度，要求每个县级领导干部，每月至少有一天一夜与老百姓同吃同住，真正了解老百姓尤其是贫困户的困难。

　　谈到制度设立初衷，陵水县委书记麦正华说，"老百姓白天干农活，只有晚上有时间。"麦正华带头"夜宿夜访"。他在隆广镇石关村"夜宿夜访"时发现，该村自来水管老化、水质不能保证等问题长期存在。麦正华召开现场会决定采取挖抗旱深水井方案，目前全县类似的饮水问题正逐步解决。

　　一系列问题在"夜宿夜访"中被发现和解决。2016年，陵水县通过"夜宿夜访"制度帮助贫困户解决危房改造、就业、医疗等问题1300余个。

　　"基层党员干部都感受到了责任和压力，精神面貌焕然一新。"陵水县文罗镇党委书记黄小波深有感触地说，老百姓对党员干部从不太信任到产生了依赖感，感受到好作风又回来了。

资金、人员、阵地"三保障"

走进陵水县文罗镇五星村村委会的办公楼，一楼设立了便民服务站，驻村干部窗口、便民服务窗口、矛盾纠纷调解窗口等依次排开，几名村干部正在值班。

这是陵水县抓基层党建基础保障的一个缩影。近两年来，当地在资金、人员、阵地保障上加大投入，确保基层党建工作顺利运行。

在资金保障上，2016 年陵水县将乡镇党委的党建工作经费提升至每年30 万元，村级组织运转经费按人口数提升为每年 25 万至 35 万元不等，其中党建工作经费不少于 5 万元。五星村党总支书记黄丽萍说："一年 35 万元的运转经费，服务群众完全没有问题，可以干很多事情。"

在阵地保障上，陵水县新建了一批标准化村级活动场所，全面解决了村级组织场所"危、小、旧"问题。

在人员保障上，陵水县对村两委干部实行绩效补贴制，同时为他们购买养老保险，村党支部书记月收入最高能达 2500 元。另外，陵水在省委组织部选派 9 名"第一书记"的基础上，择优选派了 107 名能力强、热情高的干部到 116 个村（社区）任"第一书记"，实现"第一书记"全覆盖。

"一个村能否脱贫致富，发展得好不好，主要看村党支部和党员战斗力强不强。"麦正华说，"第一书记"全覆盖，对干得好的人重点提拔使用，基层党组织的战斗堡垒作用迅速提升。

"党支部 + 合作社 + 贫困户"模式助脱贫

在陵水，每户贫困户家门前都有一块"党建引领、精准扶贫"责任牌，上面详细写着该户的帮扶责任人、镇级联系人、村级联系人的姓名、联系方式和对其精准扶贫的措施。

据介绍，2016 年以来，陵水积极探索"党支部 + 合作社 + 贫困户"的党建引领脱贫新模式。通过党支部引领、合作社带头、贫困户参与，充分发挥基层党组织的核心作用和农村专业合作社的示范带头帮扶作用。

目前，全县所有行政村（社区）均已成立专业合作社，其中 6 个扶贫重点乡镇成立了 51 家扶贫专业合作社，带动 3734 户 15364 人脱贫。

此外，陵水县还从村里考察致富能力和服务意愿较强的党员，挂任村两委班子的"就业委员"和"产业委员"，优化两委班子结构。

隆广镇丹录村村民黄石武早年曾在广州打工，担任就业委员后组织100多户贫困户参加镇里的招聘会，帮扶140多名待业青年参加培训；卓清英是丹录村的养猪能手，担任产业委员后带着村里的贫困户一起养猪，扩大生产规模。

"农民脱贫关键还是要靠就业和产业。"陵水县隆广镇党委副书记容明杰介绍，今年5月，全镇9个行政村18名"就业委员"和"产业委员"上任后，带动效果明显，目前这种模式正在陵水县全面铺开。（《半月谈》2017年第21期　记者王晖余、付奕涵）

从软弱涣散到脱贫"领头雁"

一名驻村第一书记与一个后进村党组织之变

2015 年 8 月 17 日，从事了十几年党史党建教学的孟永华，被派到忻州市宁武县东庄村担任"第一书记"，开展"两学一做"，仅大半年时间就基本理顺了村支两委矛盾，让 66 户贫困户尝到了"甜头"。

孟永华是山西省委党校右玉精神研究中心副主任，1993 年中央党校党建专业研究生毕业后，一直从事相关教学和研究工作。

谈起驻村经历，他笑称自己是进村索"骥"，既要发现党员的好苗子，也要寻找脱贫的好路子，远比在课堂上照本宣科实在得多。因为"在课堂上是给干部讲课，听不听不由自己，效果怎么样也不清楚，可在村里啥都在自己身边，好坏一目了然。"孟永华提醒自己，千万别把课堂上的理论生搬硬套到村里，"不好使"。

东庄村距离宁武县城 20 公里，既是"建档立卡"贫困村，也是基层党组织软弱涣散村。全村 170 户农民，66 户是贫困人口，14 名党员主要是老人。多年来，村里事务主要是村主任一

2016 年 6 月 8 日，东庄村第一书记孟永华（右）看望村民党润后。一年前，党润后意外砸伤了颈椎，手术花了十几万元，但只报销了 3 万多元。孟永华发动自己的关系，为其筹集了 67500 元手术费用，大大减轻了负担。新华社记者 吕梦琦 摄

人说了算，村支书和村主任相互拆台，党支部几乎不开会，多数党员处于"放羊"状态，能不能脱贫村干部也不关心。

在孟永华看来，东庄村党员不像党员，和普通群众没什么区别，体现不出先进性，有的除了"党员"二字，啥也不清楚。因此，第一次召集全体党员会，他就给大家讲了党章党规，并恢复了"一课三会"制度，定下按期开展组织生活、每月开一次全体党员会等制度，强化思想教育。

"'两学一做'的相关内容，我们去年就已经学起来了，因为我就是搞这个出身的。"孟永华说，去年他代表全省第一书记在下派前的动员会上讲话时就下定决心，一定要把东庄村的党建工作抓成全省先进。

经过整顿，目前东庄村党组织软弱涣散局面有了明显好转，村支两委的矛盾基本理顺。孟永华还新发展了2名能干的年轻入党积极分子，坚决顶回了村支书私下报到乡里的人选。"我们为此还吵了一架，他这个发展对象在外地，对村里的发展起不到作用，我们决不能发展这样的党员。"

在孟永华的带领下，东庄村的党组织也开始真正发挥脱贫"领头雁"作用。去年，东庄村成立了第一个种植专业合作社，66户贫困户中有65户参加。村民们一共种植了460亩脱毒马铃薯，除去贷款、种子等成本，最终挣到了10万块钱。

71岁的白月林老人掰着手指头给记者算账，庄户人靠天吃饭，但东庄地贫，一亩纯收入顶多100多元，他家六七十亩地，去年总共产了700多斤莜麦、1000多斤胡麻、3000多斤土豆、400多斤小豌豆，因为价格不好，只卖了1000斤土豆，收入800元，可家里一头驴病了，花了1200元，"多亏加入合作社，才挣了3000多。"

目前，孟永华不仅为东庄村找到了脱贫的路子，目标今年整体脱贫，未来5年的发展方向也已经明确。利用东庄村地处水利风景区和作为省级旅游扶贫村的优势，积极吸引财政和社会资金发展旅游业，引导村民开办农家乐。

从课堂到农村，孟永华的角色发生了很大转变。这也使他深刻地认识到，作为一名党建工作者，必须要理论结合实践，在农村的舞台上边干边学。尤其是现在正开展"两学一做"，自己党建专业出身，啥理论都懂，还需要学吗？

孟永华的答案是，不但要学，还要用心学，"尤其是我们从事党建研究工作，天天给别人上课，更容易麻痹，放松自我要求，驻村担任第一书记是很好的二次学习过程。"

事实上，孟永华一直是这样做的，在待过的村子里也是出了名的好人缘。

在担任第一书记前，孟永华在临近的下余庄村担任驻村工作队队长，用 6 年时间帮助这个村实现脱贫。针对村里老人和妇女多、种地困难的现实，他带领村民们走'土地入股，全村合作'、共同脱贫的路子，带动 12 个村成立了合作联社，并最终在全县推广。

下余庄村有个盲人叫张和贵，今年 35 岁，是个光棍。在下余庄时，孟永华就和张和贵吃住在一起。去年，张和贵盖新房，孟永华资助了 2000 块钱，新房盖好了张和贵专门把他喊到家里吃了顿饭。"我问他咱俩啥关系，他说算兄弟吧，我说这就对了。"张和贵说，老百姓就盼着这样的干部能越来越多。

对此，孟永华归结为"有什么样的理想信念，就有什么样的群众感情，只要心里装着群众，群众就能把心掏给你。"（《新华每日电讯》2016 年 6 月 28 日第 8 版　记者吕梦琦）

一个贫困村"第一书记"驻村后的变化

去年第一次开会，24 名党员只喊来了 3 个，其他人不是拒绝参加，就是手机打不通。吕梁市方山县大西沟村第一书记李颖没想到在村里开个会竟有这么难。

"没有党员，第一书记就是个'光杆司令'，怎么带领大家脱贫？"在李颖看来，第一书记再有能耐，也只能管得了一时，大西沟要想实现长远发展，最终还得靠村里有强大的党组织。

大西沟位于方山县北部，共有村民 264 户、729 人，近三分之一是贫困人口，人均收入仅 2700 多元。

由于与邻近石湾村有土地纠纷，经常引发冲突，村里一直没人愿意当村干部。村民们说，这些年大西沟只有 1 名村支书，连村主任都没有，几乎从来不开会，村里很多事情没人管。时间一久，人心就散了，村干部则被调侃为"两手一把泥，脚踩西瓜皮，能抹就抹，能蹓就蹓"。

"要把人心重新聚起来，必须先把班子建起来。"在李颖的带领下，去年 8 月，大西沟终于配齐了村支两委班子，选出了空缺多年的村主任，严格执行"三会一课"、"四议两公开"、每周例会等制度，设立第一书记意见箱，畅通群众反映问题的渠道，改善党群关系。

为了赢得信任，李颖挨家挨户了解情况，并找到所有党员，和他们交流对村情村务的看法；同时向民政部门申请被褥、白面、轮椅等物品，慰问困难党员群众，并争取财政资金，给村民们建起了红白理事厅、村幼儿园、党员活动室等场所。

4 个多月下来，大西沟村软弱涣散的局面有了初步改善，党员和村干部开始坐到一个桌上商讨问题，还吸纳了 1 名新党员。今年，大西沟不仅成功申请到 1 个 1.5 兆瓦的光伏发电项目，每年能增加集体收入 12 万余元；

还在李颖的帮助下，引进了一个万头养猪场，建成后可带动两个村整体脱贫。

这让世代贫困的大西沟村民重新看到了希望。5月17日，大西沟村召开"两学一做"动员会。这一次，留在村里的党员悉数到场，不仅认真听、认真记，还踊跃参与讨论。

"只要不耍花架子，做出实实在在的成绩，群众就买你的账。"李颖说，"现在开会用大喇叭喊一下就行，不用再挨个打电话，在外打工回不来的也知道请假了，我们就在电话里向他们传达会议精神，保证覆盖到所有党员。"她说。

人心齐了，带动效果就强，村民们就愿意跟着走。去年，大西沟村一共有150人实现脱贫，今年有望全部摘掉"穷帽子"。说起这些变化，老党员侯春林感受深刻："以前就村支书1个人，有初一没十五，能做成个甚，现在有事大伙一块商量，集体讨论决定，就能心往一处想、劲往一处使，还怕脱不了贫？"

大西沟村是目前山西农村变化的缩影。去年，中央专门部署往党组织软弱涣散村和建档立卡贫困村选派第一书记，山西省一共选派了9395名。如今，像李颖一样，这些"飞入寻常百姓家"的"领头雁"通过自己的才干推动所在村庄的发展。（新华社太原2016年5月23日电 记者吕梦琦）

"京城"来了夏书记

2017年7月底，地处太行山的山西省壶关县水池村迎来了一个拎着蛇皮袋子的"京官"：全国总工会派来扶贫的第一书记夏成方。他一下车，白毛巾往手上一缠，拎起一个大蛇皮袋子，大步朝村里走。"现在出去打工用蛇皮袋子的都稀罕，何况从京城来的干部。"有人跟在背后小声说。

"蛇皮袋子能装东西，除了冬夏两季衣服、鞋子和被子，还有不少书籍资料。"进村伊始，夏成方就暗下决心，"驻村就要有个驻村的样子"。

一盏明灯：照亮基层党组织

冬日的太行山，天黑得很早。四野俱寂中，水池村的一个院子里射出一缕亮眼的灯光。发光的，是村两委大院的高杆灯；照亮的，是这个曾经的"烂村"焕然一新的党组织。竖起这杆灯的，就是新来的第一书记夏成方。

水池村是远近闻名的涣散村、问题村，几帮人斗来斗去，上级领导头疼，村里百姓抱怨。为了亮出支部，打通民心，夏成方把村两委大院的墙和大门拆了，改建成村民健身小广场，又在广场上建起高18米的太阳能路灯。

支部有了光亮，两委有了人气。

随后，夏成方把工作重点放到村两委班子上，推出了"96·1+1"工作法，即每天9时召开主干晨会，下午6时反馈当日工作，每周召开一次两委干部会，每月召开一次全体党员会。村干部实行任务清单制，出台《村干部"八不准"》规范干部行为，压实责任。

"村里人哪里受过这罪，一开始真不适应。"村主任程书平说，"但坚持几个月下来，效果的确挺好，事办起来快多了。"

一年多的工作推动，村里的矛盾缓和了。程书平原来是老支书一派的，跟老村主任有意见。现在两人关系处得不错，"老主任在北京打工，上次去北京还在一块儿喝酒"。

十几双鞋：跑出农村脱贫路

走进夏成方的宿舍，十几双各式各样的旧鞋子摆在角落里。正是穿着这些鞋子，夏成方跑出了水池村的脱贫路。

鞋子，一双双跑烂；村子，一天天变好。

刚进村时，进村的路支离破碎、尘土飞扬。从夏天到冬天，皮鞋帮子跑坏了，运动鞋底磨透了，夏成方终于争取到了180万元资金。到2017年底，先后修建进村主路1500米，户户通硬化路1万平方米，铺设了3000米排污管道集中处理生活污水。现在，进村转一圈，无论穿什么鞋，都沾不到泥土。

在接连跑坏两双鞋后，夏成方的妻子给他寄来了一双登山鞋，仅一个冬天，这双登山鞋又跑坏了。

那段时间，夏成方在忙大棚种植的事儿。他张罗着在水池村建了占地300亩的特色农业产业园，不仅种上了蔬菜，还有当地人没见过的康乃馨。

到2018年夏天，水池村与北京国际种业科技园合作建设了航天果蔬示范基地，种了8亩航天树莓、9亩航天番茄和辣椒。同时，还建成了

300kw 光伏电站，仅这一项就可以增加村集体收入 30 万元。

夏成方从北京穿来的皮鞋已经被水泡得变形，鞋底也断了。妻子王新霞去年暑假来村里，笑他"皮鞋当成了雨鞋穿"。

常年在路上跑，鞋子穿着舒服就好。于是，夏成方去壶关县城超市买了一双布鞋，花了 14.9 元，笑言"这鞋穿烂了也不心疼"。

2016 年，水池村村集体收入还是零，2017 年村集体收入达到 5 万元。2017 年底，水池村脱贫摘了帽，2018 年，全村人均收入超过了 8200 元。

去年夏天，夏成方的老父亲从山东老家来看儿子。在村里悄悄转了一圈后，对夏成方说了一句："还行，没调皮捣蛋！"夏成方听了很开心。

一张合影：拍出为民真情怀

2018 年重阳节，全村 60 岁以上老人拍了一张大合影。镜头前，几十位老人穿上崭新的衣裳，脸上笑成了一朵花；镜头后，组织者夏成方一个人，默默地守在角落里。

一个人，并不意味着孤单。实际上，水池百姓早已把这个京城来的干部当成了自家人。

"不是说好了别再送了吗？让我何以回报啊，我的父老乡亲。"2017 年 11 月 3 日，夏成方的朋友圈里发了这段文字，配图是一碗汤饺、几个糖包和粽子。

当天下午，夏成方到壶关县参加会议，回到村里天已经黑了。在宿舍门口，他发现窗台上放着一碗热腾腾的汤饺，旁边的塑料袋里放着几个糖包和粽子。"村民做好饭一直在等我，看我进村急忙给端过来。"夏成方说，这样的感动还有很多很多。

2017 年腊月二十六，夏成方回到北京的第二天，妻子见他心不在焉的样子，就说"一起去村里过年吧"。腊月二十八，夏成方就带着妻子、女儿回到了水池村。看到夏成方屋里的灯又亮了，村民们很诧异。大年三十晚上，村民们一个接一个来拜年，"年夜饭吃成了流水席"。

2018 年夏天，当老师的妻子王新霞利用暑假时间来到村里，办起了美术辅导班，免费教村里的孩子画画。于是，村图书馆的墙壁上头一回挂满了孩子们的作品。70岁的李小英家里最显眼的位置挂着一幅王新霞送的画，画中有蜂有花，一派生机勃勃。

村民程孝则身患尿毒症，常年挂着尿袋，身上异味很重。夏成方走进了他家，用自己买的推子给老人理了发。"生病快20年了，亲儿子都没给我洗过头，夏书记比亲人还亲！"程孝则说。

73岁的原有成是村里合唱团的指挥。多才多艺的他为夏成方写了一首歌。歌中唱道："水池现在变好了，书记现在变老了，夫妻携手出主意，呕心沥血帮水池，舍了小家为大家，再苦再累都不怕……"

夏成方的一举一动，唤醒了村里的真情，激发了儿女们的孝道。66岁的程秋根，老伴去世后独自一人生活，儿子儿媳和孙子在县城。"以前到儿子家住，时间一长儿媳给脸色看哩。住在村里儿子一个月也不回来一次。"老太太说，现在孩子们孝顺多了，三天两头回家看她。

重阳节这天，拍大合影前程秋根小心翼翼地提醒回家的儿子："带钱了没有？今天可都给老人钱。"儿子爽快地说，"带了1000元，不会给您丢人！"

去年的一天，夏成方去江西开会。刚准备出发，就被村里的大妈给拦下了。"夏书记，村里越变越好了，你咋还穿这么旧的衣服，不怕给咱村丢人哩？"

大妈的这番"奚落"，让夏成方很是感慨，心里却美滋滋的："大家伙儿把我当成了自家人！"（《半月谈》2019年第9期　记者陈忠华、王井怀、孙亮全）

"警察书记"的第三个任期

仲夏时节，气温逐渐攀高，来自吉安市公安局交警支队的第一书记方敏军身穿警服，在驻村帮扶点江西省吉安市遂川县雩田镇村口村田地里忙碌着。从 2016 年驻村起，方敏军已经经历过两轮第一书记任期届满，每次都因"放不下"的理由而选择继续留任，去年起他开始了第三个任期。因常年警服不离身，村民都亲切地称他"警察书记"。

作为江西省"十三五"贫困村，村口村山地多田地少，村民三成以上是建档立卡贫困户，村庄环境被当地人戏称"晴天一身灰，雨天两脚泥"。

"村口村曾经产业基础薄弱，贫困户也没有发展信心，有的宁可躺在家里等补助也不愿想法子把日子过得好些。"方敏军说，偌大的村子光靠几个帮扶队员转不起来的，要给村子"换换气"，让大伙看到村庄变化，产生往前奔的念头。

百姓的期望就是帮扶干部的工作方向，变化如期而至：泥泞小路变成 4 米多宽的硬化道路，盏盏路灯从村头亮到家门口，搭建饮水工程后不再需要挑水储水……随着村庄基础设施一起改变的还有村民的产业发展意愿。村口村开始发展脐橙、油茶、小龙虾等扶贫产业。原来一直担心种不好亏本而不敢参与的残疾贫困户胡贻淙，在帮扶干部技术指导帮助下种了近 10 亩油茶，年收入达到 7 万多元。

2017 年，第一书记第一个任期届满，方敏军主动递交了留任申请，他说："村子还没脱贫，我不放心。"2019 年，方敏军第二个任期届满，村口村已经脱贫出列，卸任还是留任让他再次面临选择。

方敏军说，当时村口村的桶装山泉水厂建设正到关键期，这个扶贫项目凝聚了帮扶队伍大量的心血，也是确保村口村长效脱贫、稳定增收的重要举措，产生收益前他不放心离开。

"我决定留下来站好最后一班岗。"方敏军说。

一年来，在"警察书记"和帮扶队员的协助下，村口村的发展迈入快车道。"全市村庄整治先进村""全县优秀基层党组织""'党建＋脱贫攻坚'先进村"……曾经的软弱涣散村，现在村委会墙壁上挂满了各种荣誉。

如今,山泉水厂已经封顶建成开始试产,村庄预计每年能分红20多万元。

方敏军说，他专门为水厂面试招聘了生产厂长和销售经理，下一步还准备给村干部筹备培训课程，学习村集体企业的运营管理，在村庄留下一支不走的"扶贫队"。（新华社南昌2020年6月30日电　记者熊家林）

"诊所书记"高士平：听民意除"顽疾"开良方治"穷病"

固原市西吉县马建乡庞湾村有一间特殊的"廉情诊所"，村干部轮流"坐诊"、定期"巡诊"、多方"会诊"，解决村民在脱贫路上遇到的各种"疑难杂症"。近两年，这间"廉情诊所"让以往人人听见名字直摇头的庞湾村变了样。

作为宁夏最后一个未摘帽的贫困县，西吉县去年从全县筛选出15个脱贫攻坚薄弱村和58个软弱涣散村党组织进行整顿、整改，庞湾村"两榜皆中"。

"去年3月我刚上任，就赶上全乡2018年度工作总结表彰大会，我们村拿了三个'第一'。"驻村第一书记高士平苦笑着说，庞湾村群众上访率全乡第一，报警出警量全乡第一，人居环境全乡倒数第一。

在随后的走访中，高士平发现，庞湾村"病"了：村里没产业、缺动力，村民忙告状、不发展。经过深入了解，他找到了"病根"所在——原村干部没担当不服务，既不宣传政策，也不争取项目，而且办事不公，优亲厚友，群众对此意见很大。

针对庞湾村的实际情况，高士平决定从抓党建入手，先建班子带队伍，再转民风促发展。在广泛征求群众意见的基础上，庞湾村选出新的村两委班子，村干部都是年富力强、办事公道、热心集体事业的党员和群众。

为了破解村里矛盾纠纷多发、上访告状成风的"顽疾"，高士平又开起了"廉情诊所"。"'廉'的用意是约束干部，鼓励群众反映干部的作风问题，'情'是为了听民意解难题，增进干部和群众的感情。"

"诊所"开张第一个月，"接诊"138起。邻里之间地界不清，金融扶贫贷款难落实，田间生产道路崎岖难走，院子地势高难通自来水……村民的各种诉求写满了厚厚一本"坐诊"工作日志。随后，"廉情诊所"又增加了"巡诊"服务，由村干部到群众家里走访，征集问题和诉求。

在 9 月份的"坐诊"工作日志上，最新一条"接诊记录"是村民马志贤反映的问题：别人的种植补贴都补了，我的咋没有补。"昨天刚去咨询的问题，今天就给我答复了，是我的银行账号错了。"重新登记银行账号后，马志贤感慨地说，没想到问题这么快就解决了。

桌面上一摞摞"坐诊""巡诊"日志，见证着庞湾村的变化："顽疾"破解，民风向好，往日忙告状的村民开始盼发展。高士平说，过去乡亲们到村上多是要低保、要救助，现在更多的是问有啥好项目、好技术。

最先从"好项目"中尝到"甜头"的是村民马志红。2019 年，庞湾村争取到全县养殖示范村项目，马志红在高士平的动员下第一个盖起牛棚。"养一头品种牛补贴 3000 元，最多补 2 万元；种一亩青贮玉米补 200 元，建一个青贮池补 2000 元，腌一吨草补 60 元……"马志红边算边说，这两年牛价高，趁着好政策，他还要再多养几头牛。

"我们为建档立卡户和非建档立卡户'量身定制'发展规划，确保家家有增收项目、户户有致富产业。"高士平说，短短一年时间，庞湾村的牛存栏量从 214 头发展到 1230 头，户均养牛 5 头以上。2019 年，庞湾村人均可支配收入提高至 9850 元，贫困发生率下降至 0.69%。

过去在县里出了名的"问题村"现在焕然一新，不仅是全县养殖示范村，还变成了脱贫攻坚先进村、人居环境综合整治先进村。"今年，庞湾村拿到了有史以来第一个奖状。"指着挂在墙上金灿灿的"农村人居环境综合整治先进村"牌匾，高士平说，他相信庞湾村以后还会有更多真正的"第一"。

（新华社银川 2020 年 9 月 21 日电　新华社记者任玮）

跨省区苗寨的联合党支部

　　乌英苗寨位于黔桂交界的大苗山深处，共有 140 户 600 多人。其中 100 户属广西柳州市融水苗族自治县杆洞乡党鸠村，40 户属贵州省从江县翠里瑶族壮族乡南岑村。由于地处偏远，山多地少，脱贫攻坚任务艰巨，目前整个苗寨还有 59 户贫困户。

　　面对经济发展落后、贫困面广且程度深的现状，为加强基层党组织的领导核心作用，2017 年 6 月，广西融水苗族自治县杆洞乡党委和贵州省从江县翠里瑶族壮族乡党委针对乌英"一寨跨两省区"的特点，积极探索党建新模式，组建成立"中国共产党桂黔两省（区）乌英屯联合支部委员会"。

在乌英苗寨，驻村第一书记韦桂华（右四）、党员梁成兵（右三）、梁志新（左二）带领村民维修河堤（2019 年 6 月 30 日摄）。新华社记者 黄孝邦 摄

目前，联合党支部共有党员 13 名，其中广西籍 9 名，贵州籍 4 名。

乌英苗寨联合党支部的建立，使基层党组织的作用突破了行政区域的局限。改善基础设施和环境卫生、成立水果种植合作社、探索发展旅游产业、调解邻里纠纷、组织文体活动……两年来，联合党支部在乌英苗寨的各项工作中积极发挥引领作用，带领群众稳步走在脱贫致富的道路上。

在黔桂交界的乌英苗寨，驻村第一书记韦桂华（前右二）和群众一起修河堤（2019年 7 月 3 日摄）。新华社记者 黄孝邦 摄

乌蒙彝乡"索玛花"袁博：
守初心担使命　带领群众脱贫致富

9月开学季，亲自把16个孩子送到贵州护理职业技术学院后，袁博才觉得踏实了些。这群来自贵州省18个极贫乡镇之一的毕节市威宁县板底乡的孩子，即将在职业院校开启新的生活。

为这一切，作为驻村第一书记的袁博付出不少，但看着孩子们可爱的笑脸，她觉得很值。"组织选派自己来扶贫，就是对自己信任，要实实在在沉下去。"袁博说，帮助老百姓脱贫是一个系统性工作。

袁博所帮扶的板底乡雄鹰村地处贵州乌蒙山腹地，平均海拔2000多米，少数民族人口占86.3%，加之土地贫瘠、交通闭塞且气候高寒，过去一直处于经济发展的"洼地"。

"2014年，全村贫困发生率高达48.86%，7个村民小组中大多数不通路，而且产业结构单一。"袁博说，这样的贫困状况直到大力实施精准扶贫后，通过综合施策才得以有效改变。

2017年，正是在多部门大力帮扶下，雄鹰村摆脱贫困并成功出列，道路、医疗、教育等基础设施不断完善，以往贫穷凋敝的面貌逐渐改变。

这样的改变离不开像袁博一样倾心帮扶的驻村扶贫干部们的努力。"我是2018年3月来的，在此之前，单位已连续派了多届干部来驻村，自己在他们的基础上继续努力。"袁博说，扶贫不是一蹴而就，需要接力进行。

一直以来，贵州省人民医院对口帮扶板底乡，不断派遣干部驻村。一年多以前，当扶贫的接力棒交到了担任省医机要科科长袁博的手上时，明知下乡扶贫道路注定艰辛，她毅然"挑起担子"。

"自己是党员干部，脱贫攻坚是党的重要工作，组织需要我，我就要担起这份责任。"谈到驻村，袁博坚定地说。

思想认识转化为具体行动。袁博远离了家人和熟悉的工作环境，从省城贵阳来到偏远的村寨，努力克服各种困难，从村民眼中的"外人"转变为"主心骨"。

工作中，原本人们眼中"四体不勤五谷不分"的干部与村民一起耕种。"刚到村时，老百姓正在种花椒，我自己不会，就跟着他们一起，边看边听。"袁博说，要做群众工作，必须先走进群众，向他们学习。

经过两三个月的"学习"，袁博逐渐与村民们打成一片。"这个省里来的干部不是来混日子的，是真心诚意来帮扶我们的。"谈到袁博，有村民这样说。尤其是袁博帮助村民解决了吃水难问题后，她实干的作风更得到了大家的认可。

板底乡普遍缺水，雄鹰村七组的村民饮水主要来自邻镇村子。一次，由于双方发生矛盾，这唯一的水源被切断了。了解到村民吃水难，袁博立刻向乡领导汇报，并带着村干部到邻镇去协调，原本村民间一直没解决的难题被她短时间协调好了，大家纷纷向她竖起大拇指。

边干工作边学习，袁博也看到了村里的一些问题，如干部队伍较弱，村卫生、教育等工作比较滞后。袁博充分发挥自己处理机关党务工作的优势，逐个与村支两委干部谈心，把大家团结起来，并牵头制定实施《村干部考核管理办法》，引导干部共同担责。

袁博在走访村小学时，眼前破旧的学校让她揪心。她又协调多方资源，向学校捐赠了40多万元物资，包括平整操场、新增教育教学设施等，让校容校貌焕然一新。

"我来自医院，但扶贫工作却要全面推进，尤其是教育，这是切断贫困代际传递最有效的方式。"袁博说，只有让更多孩子接受教育，才能彻底改变落后面貌。一年多时间，袁博先后送了44名孩子到省城职校学习，还牵线搭桥找爱心人士和亲朋好友对贫困学生给予帮扶。

此外，村卫生室也新增了医疗设备，并选派村医到县医院跟岗学习。她还多次协调村民到省里就医，开展健康帮扶。这一切让不少村民感动。"多亏了袁书记，我才确诊病情，通过治疗后身体好转。"村民文忠说，几十年来自己一直都没法自主生活，现在生活可以自理了。

在帮扶期间，袁博一心扑在村里，却顾不上省城的家。作为独生女儿，母亲生病住院，她中途只回去探望过一次。而她自己也在去年底被查出甲状腺癌，在接受手术后的一周内，躺在家休息的她还挂念着遭受火灾的村民，即使那时不能说话，她仍通过微信打字协调村里的工作。

聊到这些，袁博感慨地说："尽自己最大的努力去帮助更多村民，这是我的责任，也是我的使命。"

高寒山区，有花绽放，那一朵朵娇艳的索玛花顽强生长，正如扎根乌蒙彝乡的扶贫干部，坚毅而美丽。（新华社贵阳 2019 年 9 月 23 日电 记者骆飞）

喇叭响了，人心亮了——黎掌村"变身"记

黎掌之变，从村口的大喇叭开始。

山西省蒲县黎掌村党支部的大喇叭被扔到仓库好多年。喇叭"哑"了，村里麻将声、吵架声、闹事声起来了，黎掌成了远近闻名的"烂村"。

3年前，村里来了第一书记，支部的喇叭又响了起来。党员们站出来了，"黎掌好人"评选出来了，脱贫致富的门路找到了……在党组织的带动下，"烂村"翻身成了"红旗村"，整村脱贫后，正走在乡村振兴的大路上。（新华社太原2018年8月8日电　记者陈忠华、王井怀）

黎掌村党员在村党支部会议室举行夜学活动（2018年5月14日摄）。新华社发

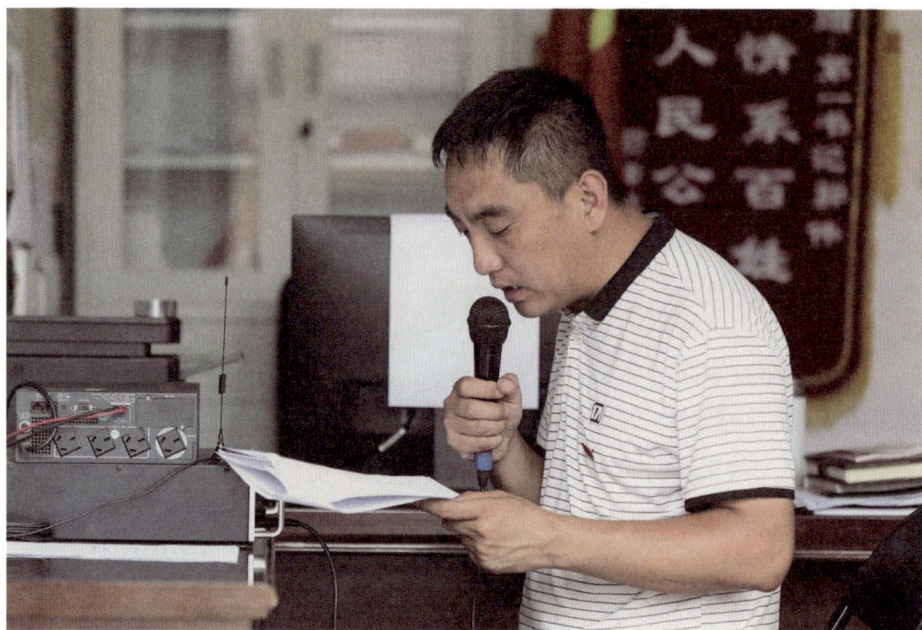

黎掌村第一书记郭伟在村委会通过广播向村民宣传农业政策（2018年7月17日摄，视频截图）。

黎掌村第一书记郭伟（左）在村委会为村民服务（2018年5月2日摄）。

福建驻村第一书记：
既做抗疫"防护者" 又当脱贫"领路人"

疫情还未退、春耕已到时、脱贫不能等，面对农村基层复杂艰巨的战"疫"形势，福建省 2900 多名驻村第一书记坚守驻点一线，既做疫情防控的"守护者"，又当群众脱贫的"领路人"，在大战中践行初心使命。

正月初一晚上 11 时，宁德市霞浦县盐田畲族乡姚澳村驻村第一书记朱铁铮就出现在了村党群活动服务中心。

"听疫情紧急，年夜饭也吃不香了，待在家里总是心神不定。"当天一大早，朱铁铮就从江西九江老家驱车 900 公里返回挂包的霞浦县盐田畲族乡姚澳村。

朱铁铮到村后的第一件事，就是召集村"两委"干部商定、布置疫情防控工作。为了解所辖党员工作、生活情况，他运用农村党建远程视频会议系统，与党员开展一对一谈心谈话，"有没有人接触疫情重点地区返乡人员""是不是每个群众都懂得防疫的要求"……连日来，朱铁铮每天都在姚澳村所辖的 8 个自然村之间奔走。

"立春一年端，种地早盘算。"面对疫情与农情，福建各地的驻村第一书记们一手严抓防抗疫情，一手抢抓重要时令，全省春耕备耕正有序推进。

随着挖掘机撞击地面的声响，莆田市绿山源农林开发公司在新县镇白云村的蜜橘项目土地平整作业终于动工了。

年初，因为疫情来袭，蜜橘项目迟迟无法动工。"春种不等人，误一春就是误一年啊。"看着时间一天一天过去，白云村的驻村第一书记施秀栋心急如焚，他一边组织村"两委"抓好疫情防控工作，一边主动与开发公司联系对接，商议优化施工方案，预定设备人手，并每天带领村干部到现场跟踪协调，第一时间帮助解决问题。目前，开路、劈杂、翻地、种植……

蜜橘种植基地各项工作都在有序推进。

到了脱贫攻坚收官之年，脱贫工作等不了、靠不得。尤其是防止因疫返贫、因疫致贫成为脱贫攻坚工作的一大重点。

在泉州市安溪县云溪村河田鸡养殖基地，养殖户杨加添有些着急上火。突如其来的疫情让基地里存栏的800只河田鸡成了滞销品。而这批河田鸡原本是他们4户贫困户今年顺利实现脱贫致富的希望。

"不能让贫困户的希望落了空，得赶紧想想法子……"作为项目牵头人，云溪村驻村第一书记李文灿在疫情防控之余，发动群众收集客户信息，联系安溪县委组织部搭建了"安溪县职工购买土特产服务微信群"，短短几个小时，就吸引近百人入群购买。通过"线上""线下"两头跑，几天下来，养殖基地便成功销售200多只河田鸡和1800多枚鸡蛋，销售额近3万元。

"无论是疫情防控，还是脱贫攻坚，既是一次大战，也是一次大考。"福建省委组织部负责人表示，面对疫情防控、春耕备耕、脱贫攻坚三大任务，福建省驻村第一书记们紧紧围绕群众所急、所需、所求主动担当，展示了党员先锋的风采。（新华社福州2020年3月6日电　记者邰晓安）

选准一个人，撬动一个村

再次见到河南省光山县东岳村村民杨长太，我们彼此都感到格外亲切。去年8月记者第一次来到东岳村时，老杨的农场虽已初具规模，但还处于"单打独斗"阶段，农场收入来源主要靠对口帮扶单位采购。不到一年时间，老杨不仅成立了东岳村产业联盟，还打通了线上销售渠道，产品的口碑也在线上线下实现"双赢"。

老杨能够实现人生的"三级跳"，除去自身的努力，也离不开三任驻村第一书记的接力帮扶。从扶志到扶智，从成立农场到规范化经营，杨长太的每一次人生跳跃，背后几乎都有驻村干部的助力。老杨说："没有党的扶贫好政策，没有驻村第一书记为我出谋划策，我可能现在还是一个普通的农民工。"

"我们帮扶的不仅仅是杨长太，而是将他作为一个支点，撬起东岳村产业的发展和农民的增收。"现任东岳村第一书记贾巍说。在贾巍等人的帮助下，杨长太的农场注册了"四方景"品牌，与其他没有商标的小型企业合作，全程质量把控，积极收购村民们的野生蜂蜜、麻鸭蛋、黑猪腊肉等产品，冠名商标统一包装。在保障合作社产品多样化的同时，也有效拉动了村民家庭收入的增长。

选准一个人，撬动一个村——杨长太的经历和东岳村的发展印证了这句话。杨长太的"头羊效应"是明显的，目前，东岳村成立了5家合作社、3个家庭农场、7处"多彩田园"示范基地，32户贫困户获得"多彩田园"产业奖补资金。2018年，东岳村全村贫困发生率下降到1.35%，人均年纯收入达到11500元，成功实现整村脱贫。

打赢脱贫攻坚战、推动乡村振兴，需要更多像老杨一样有志有智的返乡能人。记者采访中发现，农村"千里马"常有，但这些"潜力股"还需拥有"伯乐"慧眼的各级党员干部来精准挖掘和帮扶。此外，目前各地虽已出台了不少返乡创业优惠政策，但在一定程度上还存在"落地难"问题。尽快打通这些政策堵点，充分调动返乡人员的创业潜能，加快新型农民的培育速度，乡村振兴的美丽图景一定能早日到来。（新华社郑州 2020 年 6 月 30 日电　记者翟濯）

苗山脱贫影像志

木耳种植助苗寨脱贫

广西柳州市融水苗族自治县杆洞乡党鸠村是一个位于黔桂两省区交界大苗山腹地的深度贫困村，共有 400 多户，其中 380 多户属广西。由于地理位置及地形地势原因，经济发展缓慢，目前还有 117 户是贫困户。

面对艰巨的扶贫任务，当地党委政府在后援单位驻柳空军部队和柳州市鱼峰区政府的援助下，因地制宜带动群众发展特色产业，建设一个占地

在党鸠村木耳种植基地，驻村第一书记韦桂华（中）和扶贫工作队员黄鼎业（左）、陈令贤在展示刚刚采摘的木耳（2019 年 7 月 6 日摄）。新华社记者 黄孝邦 摄

在党鸠村木耳种植基地，村民展示采收的木耳（2019 年 6 月 20 日摄）。新华社记者 黄孝邦 摄

30 亩、种植规模达 15 万棒的木耳产业基地。目前，先期种植的第一批 1 万棒木耳已经迎来了采收期。2019 年下半年，产业基地全部建成投入生产后，可带动 100 多户还未脱贫的贫困户参与产业发展，增加收入，尽早拔除穷根。

深山苗寨的"七朵金花"

在广西柳州市融水苗族自治县香粉乡的驻村干部队伍里，有 7 名女同志活跃在工作一线，被当地群众称为"七朵金花"。她们以摩托车、电动车、自行车等为代步工具，常年骑行奔走在乡间，以女性特有的温柔和细腻，在脱贫攻坚工作中发挥重要作用。

在融水苗族自治县香粉乡雨卜村，驻村第一书记罗晓琳（左二）、扶贫工作队队员陆莹莹（左三）、唐丹丹（右一）准备骑车前往贫困户家里开展工作（2019年10月31日摄）。新华社记者 黄孝邦 摄

我们的队伍

广西融水苗族自治县是国家扶贫工作重点县，全县"九山半水半分田"，交通不便，生存环境较为恶劣，脱贫攻坚任务艰巨，目前还有4万多贫困人口。

面对经济发展落后、贫困面广且程度深的现状，当地积极探索推行党建新模式，组建屯级党支部委员会、公共事务理事会、公共事务监事会、纠纷调解委员会、产业发展协会等，以充分发挥基层党组织的战斗堡垒作用。

在大苗山脱贫攻坚第一线的各个苗寨里，大批扶贫干部、驻村第一书记，和村干部、党员、致富带头人、贫困群众一道，组成一支支脱贫攻坚队伍，团结一心，共同奋斗，加快实现脱贫致富。

拼版照片：右图为在广西融水苗族自治县永乐镇四莫村，冷水屯党支部书记蒙梦萍（左三）和种植橘子的群众在一起（2019年3月1日摄）；左上中下图为村民在采收橘子（2019年3月1日摄）。近年来，冷水屯大力发展果蔬种植和山羊养殖业，带动群众脱贫致富。新华社记者 黄孝邦 摄

拼版照片：右图为广西融水苗族自治县杆洞乡杆洞村杆洞屯的党员们（2019年3月15日摄）；左上图为在杆洞屯举办的杆洞乡百鸟衣节（2019年2月16日摄）；左中图为杆洞屯的党员群众在火塘旁学习（2018年10月10日摄）；左下图为在杆洞屯举办的杆洞乡百鸟衣节（2019年2月16日摄）。百鸟衣节是杆洞乡大型传统坡会，杆洞屯党员群众每年都为此积极组织承办。新华社记者 黄孝邦 摄

拼版照片：右图为在广西融水苗族自治县香粉乡中坪村三友瀑布景区，旅游合作社社员们在一起（2019年3月1日摄）；左上图为中坪村驻村第一书记龙黎黎（右）和旅游合作社负责人在一起工作（2019年3月1日摄）；左中图为在中坪村传统坡会上，苗家姑娘向游客展示苗族舞蹈（2019年2月23日摄）；左下图为村民和游客在观看中坪村传统坡会表演（2019年2月23日摄）。近年来，中坪村积极开发民族生态旅游资源，带动群众脱贫致富。新华社记者 黄孝邦 摄

拼版照片：右图为在广西融水苗族自治县大浪镇上里村木耳种植基地，驻村第一书记杨崛（前左二）和社员们在一起（2019年2月28日摄）；左上中下图为驻村第一书记杨崛在村里工作（2019年2月28日摄）。近年来，上里村依靠发展红薯、木耳种植，已于2016年实现脱贫。新华社记者 黄孝邦 摄

拼版照片：右图为在广西融水苗族自治县杆洞乡党鸠村乌英屯，党员和群众准备一起去植树（2019年3月15日摄）；左上图为黔桂两省区乌英屯联合党支部组织村民召开脱贫攻坚专题会（2019年3月14日摄）；左中图为乌英屯村民在吹芦笙，欢度春节（2019年2月5日摄）；左下图为乌英屯村民在观看篮球比赛（2019年2月6日摄）。乌英屯同属广西、贵州两省区，建立黔桂两省区乌英屯联合党支部，共同处理屯里的各项事宜。新华社记者 黄孝邦 摄

驻村第一书记和他的战友们

广西柳州市融水苗族自治县是广西深度贫困县和国家扶贫开发工作重点县，全县"九山半水半分田"，交通不便，生存环境较为恶劣，是广西脱贫攻坚工作中一块难啃的"硬骨头"。

目前，柳州市和融水苗族自治县组织部门向大苗山脱贫攻坚第一线精心选派的116名驻村第一书记和400多名工作队员，扎根在全县116个贫困村，带领1500多个村屯基层党组织、1万多名村干部和农村党员，组成一支支脱贫攻坚队伍，通过加强基础设施建设、开展产业扶贫、持续改善民生等一系列措施，拔穷根摘穷帽，全力推进脱贫攻坚工作。2016年至2018年，全县累计实现45个贫困村出列、7万多农村贫困人口脱贫。贫困发生率由2015年的28.53%下降到2018年的10.7%。

在黔桂交界的乌英苗寨，驻村扶贫干部和村民在修河堤（2019年7月3日无人机拍摄）。新华社记者 黄孝邦 摄

在融水苗族自治县杆洞乡党鸠村，村干部和群众抬着变压器走在田间，准备维修更新供电设备（2019年4月25日无人机拍摄）。新华社记者 黄孝邦 摄

在融水苗族自治县杆洞乡中讲村，驻村第一书记龚祥友（左二）在温室查看菌种情况（2018年6月5日摄）。新华社记者 黄孝邦 摄

在融水苗族自治县杆洞乡高培村的螺苗投放仪式上，驻村第一书记庞恺（左三）和群众向稻田投放田螺（2019年4月29日摄）。今年，庞恺和扶贫工作队员带领群众探索"稻螺混作"立体种养模式，在稻田里发展田螺产业，增加收入。新华社记者 黄孝邦 摄

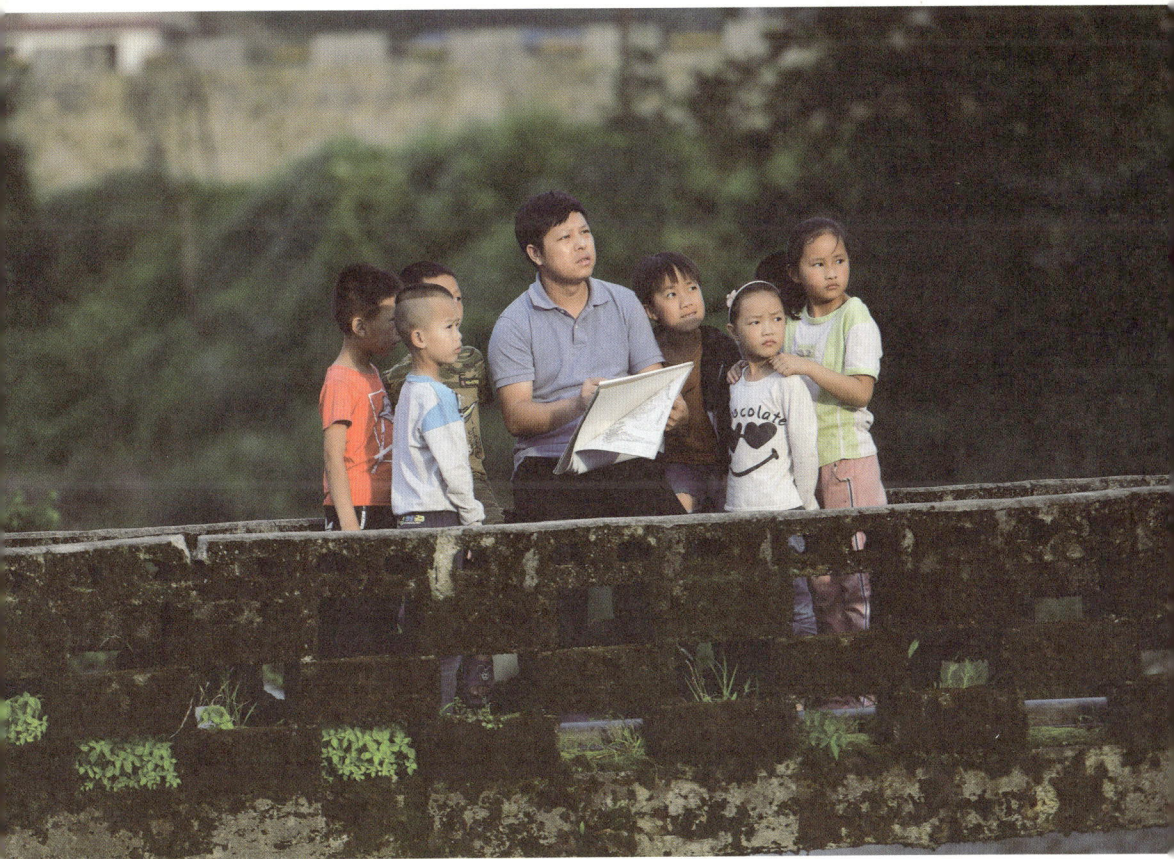

在融水苗族自治县杆洞乡高强村，驻村扶贫工作队队员韦三财带着孩子们画画（2019 年 7 月 3 日摄）。韦三财利用自己的专业知识，在高强小学开设美术课，定期给孩子们传授美术知识。新华社记者 黄孝邦 摄

这支队伍为什么不能撤？

习近平总书记近日在湖南省郴州市农村考察时提出，"在接续推进乡村振兴中，要继续选派驻村第一书记，加强基层党组织建设，提高基层党组织的政治素质和战斗力。"

选派机关优秀干部到村任第一书记，是加强农村基层组织建设、做好"三农"工作特别是打赢脱贫攻坚战的重要组织举措，也是全面深化农村改革的重要要求。

2015年4月，习近平总书记主持召开中央全面深化改革领导小组第十一次会议，审议了《深化农村改革综合性实施方案》，明确提出向软弱涣散村党组织和贫困村党组织选派第一书记。

今年3月，决战决胜脱贫攻坚座谈会上，习近平总书记说："全国共派出25.5万个驻村工作队、累计选派290多万名县级以上党政机关和国有企事业单位干部到贫困村和软弱涣散村担任第一书记或驻村干部，目前在岗91.8万。"

今年，我们即将全面建成小康社会，历史性解决绝对贫困问题。在完成这一目标后，第一书记这一组织制度还需要延续下去吗？

此次，总书记给出了明确的回答。

为什么这支队伍不能撤？

总书记说，"脱贫摘帽不是终点，而是新生活、新奋斗的起点。"脱贫后，我们要开启全面建设社会主义现代化国家新征程，农村要接续推进乡村振兴，实现"产业兴旺、生态宜居、乡风文明、治理有效、生活富裕"的目标，仍然需要第一书记这样的优秀人才。

与此同时，打赢脱贫攻坚战只是解决了绝对贫困问题，还要做好巩固这篇文章，防止因病、因灾返贫。所以，中央一再强调："摘帽不摘责任、摘帽不摘政策、摘帽不摘帮扶、摘帽不摘监管。"

此次在湖南考察，总书记作了重申："要落实'四个不摘'，建立健全防止返贫长效机制，深入研究接续推进全面脱贫与乡村振兴有效衔接。"

落实这"四个不摘"，队伍稳定性十分关键。不能人走茶凉，更需扶上马、送一程，激活乡村振兴内生动力。

当然，第一书记是全面加强党的基层组织建设的重要撬动点。

从城市到农村、从机关到田野，通过不断选派第一书记到基层一线，可以不断夯实党的基层组织，提高基层党组织的战斗力，同时让更多干部在为民服务中践行初心使命，学会做群众工作，在实践锻炼中快速成长。

（2020 年 9 月 19 日　霍小光、朱基钗）

第六篇

扶贫相册：
将青春倾注在祖国广袤的大地上

我时常牵挂着奋战在脱贫一线的同志们，280多万驻村干部、第一书记，工作很投入、很给力，一定要保重身体。

——国家主席习近平发表二〇一九年新年贺词

青春之花绽放脱贫攻坚战场

　　广西是全国脱贫攻坚"主战场"之一。在新一轮脱贫攻坚行动中，一大批党员干部奔赴第一线，和贫困群众想在一起、干在一起，拧成一根绳、攒足一股劲，带领群众一步步实现脱贫梦想，在脱贫攻坚的战场上诠释着共产党人的初心与使命。

　　32岁的广西凌云县伶站瑶族乡浩坤村驻村第一书记刘栋明（左）与村民讨论产业发展计划（2020年4月16日摄）。新华社记者 周华 摄

　　31 岁的广西南丹县八圩瑶族乡文家村驻村第一书记黎祖役（左）与村民交流养牛产业发展问题（2020 年 4 月 29 日摄）。新华社记者 周华 摄

　　31 岁的广西兴业县小平山镇金华村驻村第一书记董积有（左二）与村民一起清理河道淤泥和垃圾（2020 年 5 月 2 日摄）。新华社记者 曹祎铭 摄

32 岁的广西天等县天等镇朗明村驻村第一书记陆荣斐（左）与村里的老人交流（2020 年 4 月 22 日摄）。新华社记者 周华 摄

31 岁的广西南丹县八圩瑶族乡文家村驻村第一书记黎祖役（右）帮助村民搭建百香果种植铁丝网（2020 年 4 月 29 日摄）。新华社记者 崔博文 摄

2020 年 2 月 26 日，广西百色市乐业县百坭村驻村第一书记杨杰兴在查看村里养殖的蜜蜂。新华社记者 何伟 摄

决战贫困——脱贫路上诠释初心与使命

广西是全国脱贫攻坚"主战场"之一。在新一轮脱贫攻坚行动中，一大批党员干部奔赴第一线，和贫困群众想在一起、干在一起，拧成一根绳、攒足一股劲，带领群众一步步实现脱贫梦想，在脱贫攻坚的战场上诠释着共产党人的初心与使命。

广西武宣县金鸡乡仁元村驻村第一书记杨俊兴（左）和返乡创业者覃永灵一起检查鸡饲料的质量（2020年6月18日摄）。新华社记者 曹祎铭 摄

广西兴业县山心镇蓬塘村驻村第一书记郭瑞（右一）与茶农林海燕（右二）在村里的电商服务站讨论新产品的销售方案（2020年5月3日摄）。新华社记者 曹祎铭 摄

爬最高的山，啃最硬的骨头

——四川凉山坚决攻克脱贫攻坚最后堡垒

这是 2019 年 12 月 10 日拍摄的四川凉山彝族自治州昭觉县解放乡火普村（无人机照片）。新华社记者 薛玉斌 摄

开始运营的第一辆摆渡车即将抵达阿布洛哈村，吸引众多村民围观（2019年12月31日摄）。当日，四川凉山彝族自治州布拖县乌依乡阿布洛哈村的悬崖摆渡车正式运行，四川最后一个"无公路村"打通了对外通道，改变了闭塞的交通状况。新华社记者 江宏景 摄

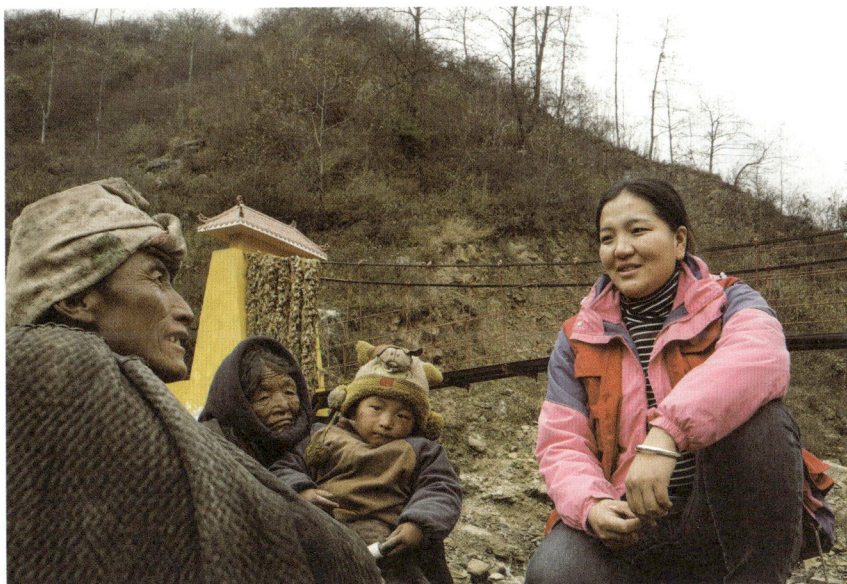

"90后"藏族姑娘杨卓玛在美姑县瓦古乡瓦以村任第一书记，她用流利的彝语和老乡们交流（2019年12月11日摄）。新华社记者 杨进 摄

在最艰苦的地方，有最温暖的你

——安徽省"第一书记"的新春坚守

2020 年 1 月 15 日，安徽省岳西县毛畈村第一书记郭平（右二）与养殖大户在村中放蟹苗。新华社记者 陈诺 摄

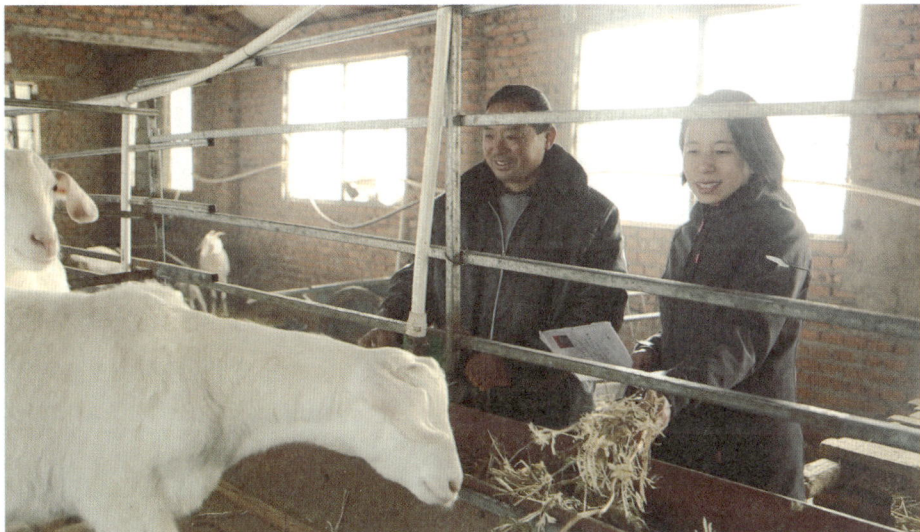

　　2020 年 1 月 15 日，安徽省利辛县汝集镇朱集村第一书记刘双燕（右）在贫困户周亚军家的羊舍里了解饲养情况。新华社记者 陈诺 摄

　　2020 年 10 月 13 日，在夺火乡高谷堆村，第一书记侯俊国（左）在帮助村民收玉米。新华社记者 陈诺 摄

脱贫战场上的"娘子军"

　　她们曾是让人羡慕的城市白领、机关女干部，如今却只身走向广袤农村；她们是家人倚重的"主心骨"，如今又将耐心、温柔和坚毅付与陌生的贫困乡亲，成为带领贫困群众脱贫增收的"主心骨"……

　　在全国脱贫攻坚重点省份山西，截至2017年3月，有1270多名女性"第一书记"和130名女性省直驻村工作队员奋战在脱贫战场上。"三八妇女节"前夕，记者进太行、越吕梁，走近其中的三位女性，感受她们的别样幸福。

　　（新华社太原2017年3月7日电　记者马晓媛、晏国政）

　　五台县东雷村"第一书记"江英弟（左）在了解村民白银銮家的收入情况（2017年2月28日摄）。2015年8月，38岁的江英弟被山西省人社厅派到东雷村任"第一书记"，从此与这个太行山腹地的贫困村结下不解之缘。新华社记者 曹阳 摄

来自山西日报报业集团的静乐县梁家村"第一书记"姚玲燕（左）在听村民梁俊文介绍新买的农机（2017年3月2日摄）。新华社记者 曹阳 摄

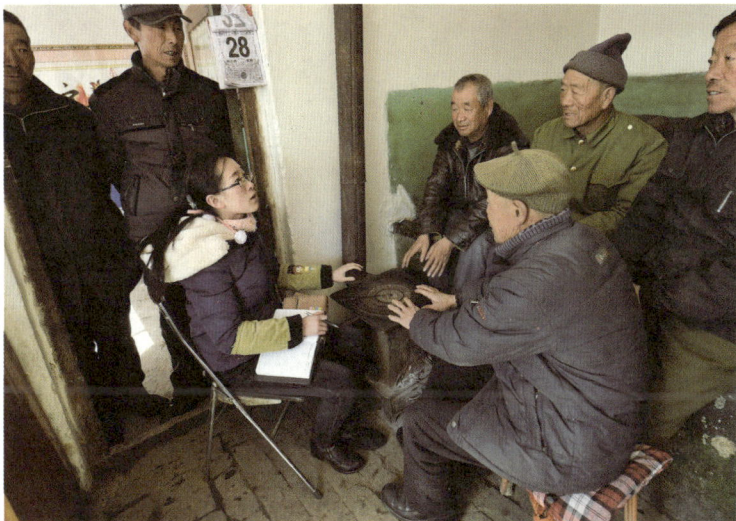

岢岚县黑峪村"第一书记"葛爱萍（左三）在和村干部商议电商团购活动的具体安排（2017年3月1日摄）。28岁的葛爱萍两年前从县委宣传部来到黑峪村，成为这个小山村的脱贫带头人。新华社记者 曹阳 摄

"第一书记"驻村记

"到贫困村去，到最需要的地方去！"自 2015 年 8 月以来，山西省共选派 9395 名省、市、县优秀干部到贫困村任"第一书记"。根据组织安排，56 岁的山西省工商局干部韩永红担任隰县城南乡曹城村"第一书记"。

曹城村共有 476 多户村民，韩永红一有空，就喜欢去村民家中坐坐。村民收入靠什么、家里有什么困难、对村里有什么期待，他都记在了本上，装在了心里。

担任"第一书记"以来，韩永红跑遍了村里的沟沟岔岔，也跑遍了省市

在隰县城南乡曹城村，韩永红（右）向技术员郝记芳请教玉露香梨的嫁接技术（2016年 4 月 18 日摄）。新华社记者 燕雁 摄

县的 30 多个涉农部门，他最放心不下的是两件事。

一是村庄的规划。村庄建设比较混乱，村容村貌比较落后，甚至连修路、排污等基本需求都难以令人满意，这些都成为制约曹城村发展的瓶颈。韩永红已经对村庄情况进行摸底，拿出了一份初步方案。下一步，他将去与省级有关部门对接，争取项目，筹集资金。

二是村民增收困难。曹城村距隰县县城较近，但观念落后、靠天吃饭的落后困境至今没有改变。隰县自古有种梨传统，但曹城村的梨树种植面积很小，而且大多数是品种老化的酥梨。韩永红通过多次实地考察，向扶贫局果业局等部门的专家请教，和村"两委"班子找病因、想对策，最终确定了把玉露香梨作为村里的主导产业。党员干部群众重新燃起了工作热情，迅速进入"角色"。

按照规划，曹城村将流转一部分土地，建一个高标准的玉露香梨"样板田"，鼓励扶持能人大户报名参与玉露香梨种植，并引进资金，提供产供

在隰县城南乡曹城村，韩永红（右）到养殖户薛建平家中走访（2016年4月19日摄）。
新华社记者 燕雁 摄

销一条龙全程服务。同时把握"互联网＋"的机遇，放大玉露香梨的示范引领效应，带领更多村民致富。

半年过去，韩永红已经把自己当成了曹城村的一员。韩永红感慨颇深：只有真心沉下去，融入村里，真正为民排忧解难，才能实现"第一书记"的价值。

在隰县城南乡曹城村，韩永红（左一）在梨园里与村民聊天（2016年4月19日摄）。新华社记者 燕雁 摄

广西贫困村里的"第一书记"

今春伊始，广西选拔了3000名机关干部，下派到3000个贫困村担任"第一书记"，对村党组织工作负总责，并在资金、物资、技术、信息等方面对贫困村进行全面帮扶。

几个月以来，"第一书记"们去官气、接地气，克服山高路远、交通不便、经济落后、生活环境恶劣等困难，与农户同吃同住同劳动，切切实实为群众办了不少实事。群众的生产生活条件得到了改善，培育的特色产业帮村民增加了收入。（新华社广西2012年8月5日电 记者黄孝邦）

广西融水苗族自治县洞头乡一心村"第一书记"杨明世（前）带领群众修整水毁公路（2012年8月4日摄）。杨明世是县政府办公室的公务员，到一心村任职4个多月来，他已经争取到10万元的扶贫资金，并带领群众完成两条屯级公路的建设。新华社记者黄孝邦 摄

广西融水苗族自治县洞头乡一心村"第一书记"杨明世（右二）等行走在一座独木桥上（2012年8月4日摄）。新华社记者 黄孝邦 摄

广西融水苗族自治县香粉乡中坪村"第一书记"王文勇（右）与村民在养鸡场里喂鸡（2012年8月3日摄）。王文勇到任后，带领村民以入股的形式大力发展土鸡养殖。新华社记者 黄孝邦 摄

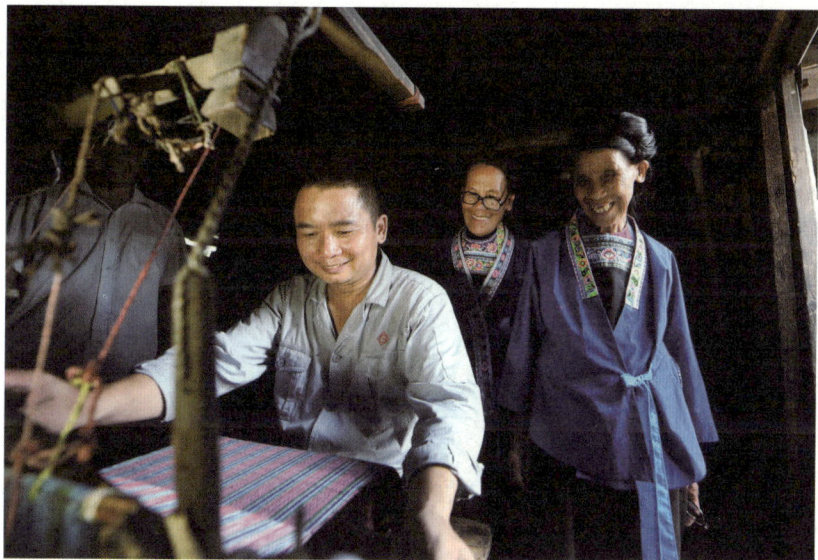

广西融水苗族自治县香粉乡中坪村"第一书记"王文勇（左）在村民家中学习织布（2012 年 8 月 3 日摄）。王文勇长期住在村里，已经成为村民的知心朋友。新华社记者 黄孝邦 摄

广西融水苗族自治县大浪乡上里村"第一书记"龚治（右一）将鸡苗赠送给老党员（2012 年 5 月 31 日摄）。从融水县委组织部下派到大浪乡上里村任职后，龚治争取到了通乡水泥公路建设项目。新华社记者 黄孝邦 摄

　　在广西柳州市融水苗族自治县同练瑶族乡朋平瑶寨，"第一书记"陈雪林（右一）与瑶胞扛石头砌路基（2012 年 7 月 27 日摄）。从柳州市下派到同练瑶族乡朋平瑶寨后，陈雪林通过自己的努力，在朋平瑶寨建设冯家桥、滚水坝，解决了行车难问题。新华社记者 黄孝邦 摄

"第一书记"：脚板沾泥土 心里装百姓

从2012年4月开始，山东省从171个省直单位选派出582名"第一书记"奔赴老区、山区、黄河滩区、盐碱涝洼区、库区的582个贫困村抓党建促脱贫，同时采取多种形式联系帮包其他贫困村。希望力争经过3年的工作，使这些村的村党支部战斗力明显增强，脱贫致富步伐明显加快，村里有致富项目，90%以上的扶贫对象人均纯收入翻一番，村集体有一定的经营性收入，村民生产生活条件明显改善，文明程度明显提升，基础保障能力明显提高等。

被选派到曹县安蔡楼镇安蔡楼村和程楼村任"第一书记"的闫遂峰和杨洪琪深入田间地头，拉家常呱、吃农家饭、干农家活、睡农家炕……沾上泥土味儿的"空降"干部，逐渐得到了群众的认可，称谓也从原来的"领导"

山东省曹县程楼村驻村"第一书记"杨洪琪（左一）和村民一起剥玉米，并听取他们对村经济发展的意见（2013年9月24日摄）。新华社记者 郭绪雷 摄

变成了现在的"老闫"和"老杨"。"老闫"和"老杨"带领村民修路架桥、通自来水，并发动村民建立起肉牛养殖场和青山羊养殖场两个脱贫致富项目，贫困村的落后面貌正逐步得到改善。

2013年9月25日，山东省曹县安蔡楼村驻村"第一书记"闫遂峰在肉牛养殖场了解青储饲料储备情况。新华社记者 郭绪雷 摄

在山东省蒙阴县码泉村担任"第一书记"的青岛科技大学人事处干部郭永（右）在村生产路施工现场检查工程质量（2013年9月13日摄）。新华社记者 徐速绘 摄

青春在大别山脱贫攻坚一线绽放

　　安徽省岳西县和金寨县是位于大别山集中连片特困地区的贫困县。日前，记者来到岳西县和金寨县脱贫攻坚一线，用镜头记录几名驻村扶贫干部、创业致富带头人、脱贫户在大别山里的脱贫故事。

　　2015年7月，张全贺从中共金寨县委宣传部被选派到斑竹园镇漆店村担任第一书记、驻村扶贫工作队队长，开始为期3年的驻村扶贫工作。因交通不便，支柱产业薄弱，张全贺所在的漆店村贫困人口较多。这两年，张全贺吃住在山村，带领村民发展黑毛猪养殖、中药材种植等特色产业。

张全贺在展示漆店村的特色农产品茶油（2017年3月23日摄）。新华社记者 刘军喜 摄

张全贺（右）在贫困户家中走访（2017年3月23日摄）。新华社记者 刘军喜 摄

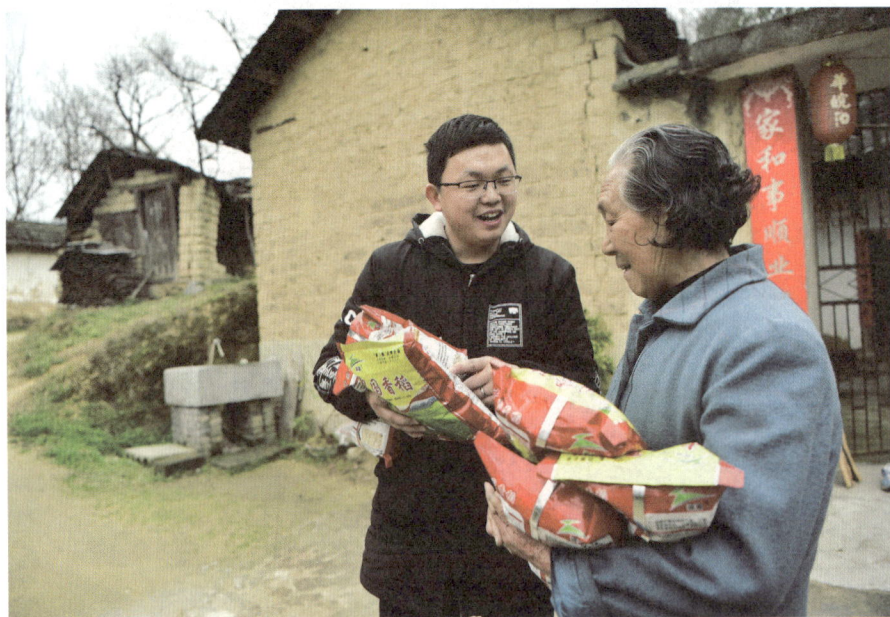

张全贺（左）给贫困户送上免费发放的稻种（2017年3月23日摄）。新华社记者 刘军喜 摄

　　2016 年 9 月，吴爱华从岳西县卫计委被选派到王畈村任第一书记、驻村扶贫工作队长，开展扶贫工作。她带领村民发展七月菊种植等适合当地的特色产业。

　　吴爱华（右）在王畈村查看种植的七月菊（2017 年 4 月 27 日摄）。新华社记者刘军喜 摄

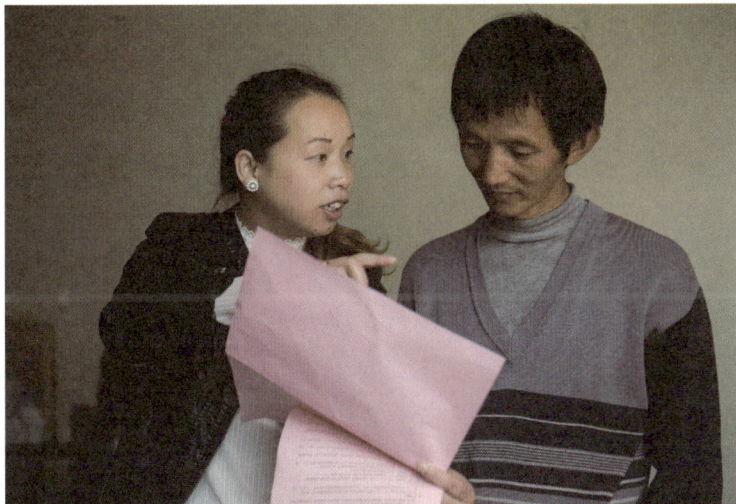

　　吴爱华（左）在王畈村向贫困户介绍扶贫政策（2017 年 4 月 27 日摄）。新华社记者 刘军喜 摄

"80后"北大毕业生苏勇力: 第一书记的6年"扶贫路"

简单的随身用品、写满驻村经历和感受的驻村日记、印着自己名字的小马甲……

两年前，苏勇力收拾行囊踏上他的"连任"之旅，目的地是广西百色市凌云县加尤镇一个叫案相的山村。

记者日前来到案相村时，苏勇力正在一个养鸡场旁和村民商量新引进一批鸡苗。皮肤晒得黝黑的他，已没了曾经"白面书生"的样子。

苏勇力（中）在加西村驻村时与村民商量开建通往三台屯的硬化路（资料照片）。
新华社发

2011 年，北京大学硕士研究生毕业的苏勇力放弃北京的工作机会，毅然回到家乡百色工作。2014 年，他主动申请到凌云县下甲镇加西村担任驻村扶贫工作队员，并在 2015 年 9 月任期届满后，申请继续留在加西村担任驻村第一书记。

初到加西村，苏勇力看到，不少村民还居住在破旧的木瓦房里，有的高山屯甚至连砂石路都没通。"加西村人均只有几分地，过去村民主要依靠种玉米维生。2015 年精准识别时，全村贫困发生率达 38%。"苏勇力回忆说。

如何脱贫？苏勇力在大山里寻找答案。他带领村"两委"干部白天走村入户、晚上开会讨论。加西村小学校舍破旧，他筹资 80 多万元新建宿舍楼，解决师生住宿问题；村里高山瑶寨缺水，他在附近山头徒步寻找水源，并申请项目建设水柜。

经过广泛走访，苏勇力对村里产业发展有了思路：一方面，加强党建促脱贫，结合石山实际探索种桑养蚕；另一方面，攻坚交通基础设施，不断改善村民生产生活条件。

"2017 年，加西村顺利脱贫，全村当年仅桑蚕产业收入就有 500 多万元。"加西村党支部书记劳庭铁说，在产业取得突破的同时，加西村基础设施和村容村貌也大为改观，加西村党支部在 2016 年和 2017 年自治区基层党组织星级评定中，被评为"五星级党支部"。

2018 年春季，苏勇力在加西村的驻村工作进入尾声。让人想不到的是，他选择到距离加西村几十公里远的案相村"连任"驻村第一书记。

"我要结合此前的经验，去更艰苦的地方，啃更硬的骨头。"苏勇力说。地处大山深处的案相村，山多地少，村屯分散，苏勇力结合村里实际，巩固提升传统的茶叶、山茶油等产业，并探索发展种桑养蚕、林下养鸡等产业。

"很多项目都是苏书记带头跑出来的，他特别实干。"案相村村委会主任王云忠谈及村里的变化很是感慨。2019 年，曾在全县考核排名靠后的案相村打了一个漂亮"翻身仗"：全村村集体经济收入超过 16 万元，排名全县前列，并在全县"乡村振兴·争创五旗"活动中获得"产业兴旺""生态宜居""生活富裕"三面红旗。

案相村驻村第一书记苏勇力走访村里规模养殖场（2020 年 4 月 28 日摄）。新华社记者 吴思思 摄

　　如今的案相村，屯屯通了水泥路，全村贫困发生率已由 2018 年初的 14.9% 降到 2020 年初的 1.7%。"村里新建了两个规模养鸡场，扩建了几处蚕房，今年我还打算组织村民养鱼，继续带动村民增收，壮大村集体经济。"苏勇力说。

　　苏勇力脚步不停。6 年前驻村时购置的私家车，里程已超过了 10 万公里。在桂西大山里，苏勇力已扎根 6 年多。他带给山村变化，山村也"回馈"他以温暖。

　　群山连绵，山路蜿蜒。苏勇力和村民们期待着山村更加美好的未来。（新华社南宁 2020 年 5 月 5 日电　记者徐海涛、吴思思）

余书记的新"蓝图"

　　为巩固脱贫成效，余静带领全村大力发展茶产业和旅游业，不断增加村民收入。2018 年出列时，该村集体收入 28 万元，2019 年超过 80 万元。

　　今年，受新冠肺炎疫情影响，大湾村的茶叶种植推迟了近一个月，旅游项目工程也一度停工。随着疫情逐渐缓解，余静带领村民们抢抓农时，开垦荒田，种植茶树，还整日奔走于全村各个在建的客栈民宿、农耕博物馆等旅游项目工地，和施工人员对接复工复产事项。她说："下一步是让大家过上更好的生活，做大做强做优我们的产业才是长效之路。"

　　2020 年 3 月 20 日，在金寨县大湾村，余静（前左）在指导村民种植茶树。新华社发 周牧 摄

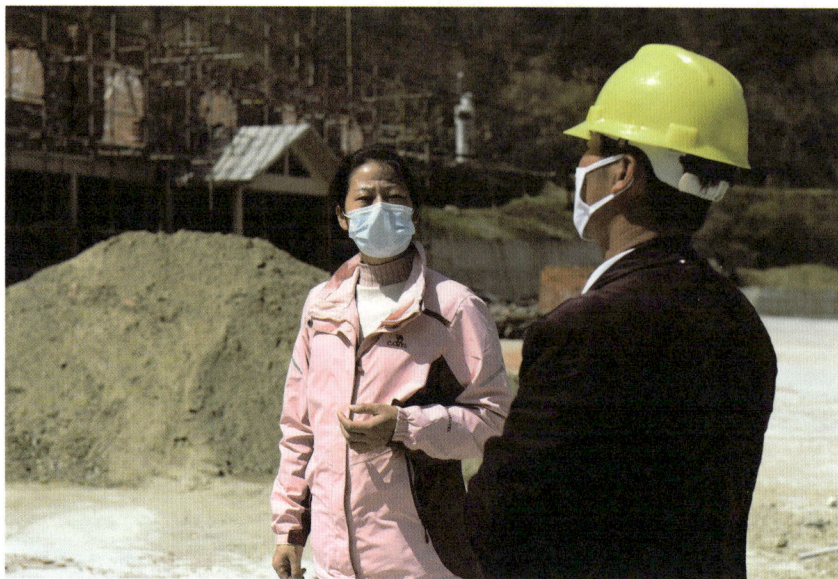

2020 年 3 月 20 日，在金寨县大湾村在建的漂流中转站，余静（左）与施工人员沟通复工复产有关事项。新华社发 周牧 摄

2020 年 3 月 19 日，在金寨县大湾村在建的农耕博物馆，余静（左）和施工人员交流。新华社发 周牧 摄

"驻守云端"的第一书记

34 岁的安徽人张飞是四川省阿坝藏族羌族自治州小金县美兴镇甘家沟村的扶贫第一书记。甘家沟村位于大山深处，平均海拔 3300 米，交通不畅，究竟如何脱贫，让张飞一度苦苦思索。

2017 年初，受人启发，张飞决定尝试用网络视频宣传甘家沟村及邻近的几个村庄。在 2019 年 7 月拍摄的一条短视频中，张飞和家人在美兴镇下马厂村围桌吃饭，他们身后竟是漂浮的云海。这壮观的奇景吸引了超千万网友观看，也让这个"云上的村庄"迅速走红。现在，张飞在网上拥有82.5万"粉丝"，下马厂村的农家餐厅"忘忧云庭"也让众多游客心生向往。

张飞（右）在四川省阿坝藏族羌族自治州小金县美兴镇甘家沟村通过直播平台帮村民卖苹果（2020 年 1 月 8 日摄）。新华社记者 李梦馨 摄

张飞的系列短视频不但展示了壮丽的自然风光，还推广了当地的特产美食。通过网络直播销售的方式，甘家沟村及附近几个村里的腊肉、香肠、苹果、蜂蜜、牦牛肉干等土特产被销往全国各地，当地村民生活不断改善。

对于未来，张飞充满信心。他下一步计划建设星空民宿、云端瑜伽馆等，希望提高接待能力，吸引更多游客前来欣赏美景。张飞告诉记者，他希望可以长期在这里工作下去，驻守云端，帮助村民过上好日子。

一名乡村女硕士的丰收愿景

放弃高薪工作和上海户口，她到江西当起了驻村第一书记；农村生活波澜不惊，她和乡亲们却在江西省奉新县干垦场干得风生水起……

今年 37 岁的方月萍，2008 年从华东理工大学硕士毕业后，在上海一家企业做研发工作。2011 年，方月萍成功考取江西省奉新县赤田镇赤田村党支部书记助理一职。为了帮助当地贫困户脱贫，方月萍 2017 年被派驻上堡分场担任扶贫第一书记。

如今，方月萍不仅带领当地百姓种上了市场热销的优质水稻、养起了土鸡，还计划带领当地村民发展生态休闲观光农业。她说，能够帮助农民实现丰收愿景，自己付出多少也是值得的。

2018 年 9 月 27 日，方月萍向记者展示她和村民一起培育的土鸡蛋。新华社记者胡晨欢 摄

2018 年 9 月 27 日，方月萍（右二）和当地村民一起收割水稻。新华社记者 胡晨欢 摄

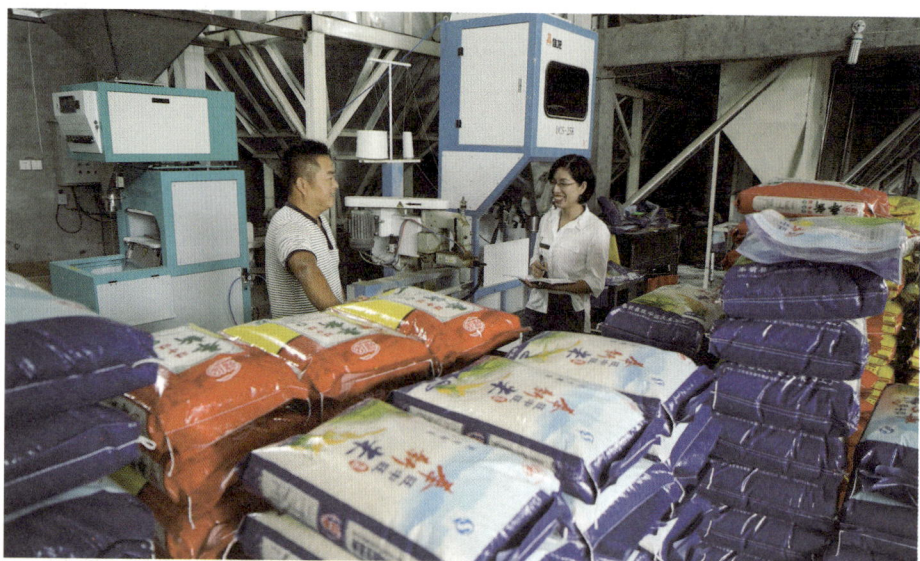

2018 年 9 月 27 日，方月萍（右）和当地村民一起将种植的大米打包，准备通过电商销售。新华社记者 胡晨欢 摄

驻村女博士的"盐碱地之恋"

今年 41 岁的张巍婷是法学博士，2018 年从国家信访局来到河北省海兴县苏基镇张常丰村任驻村第一书记。

张常丰村并不"常丰"，村里土地主要为盐碱地，粮食靠天收、产量低，没有规模产业。当张巍婷来到村里时，全村建档立卡的贫困户有 125 户，村民的日子过得紧紧巴巴。

为改善村里的面貌，张巍婷认真研究工作思路，带领村民开辟致富路子。她从北京请来专家培训种养殖技术，还自掏腰包，带着村民参观西柏坡纪念

2020 年 6 月 2 日，张巍婷（右）在张常丰村村民代淑凤开办的生产车间了解辣椒酱的销售情况。新华社记者 牟宇 摄

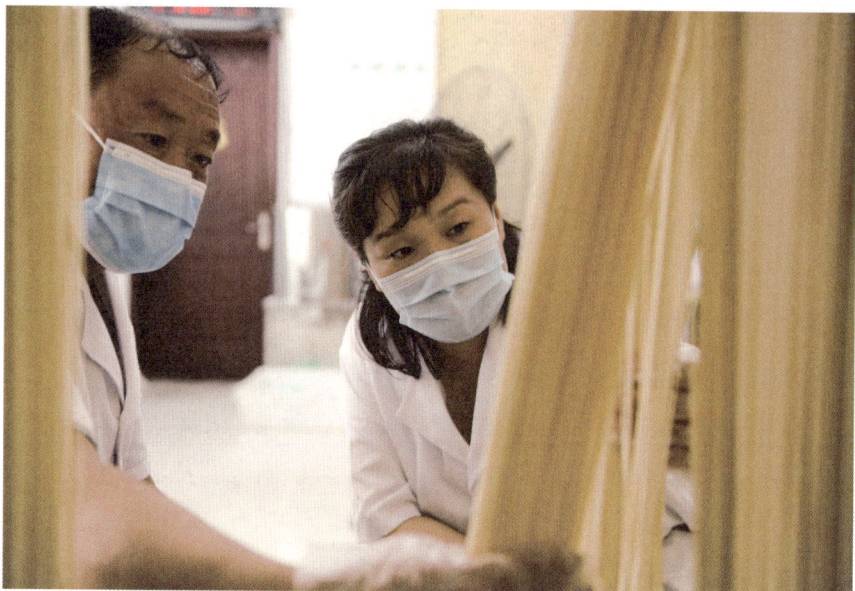

2020 年 6 月 2 日，张巍婷（右）与张常丰村村民齐福田交流，了解挂面生产及销售情况。新华社记者 牟宇 摄

2020 年 6 月 2 日，张巍婷（中）在张常丰村村民家中了解面花制作和销售情况。新华社记者 牟宇 摄

馆，到河北正定等地考察全国文明村、现代农业示范基地等，通过"请进来"和"走出去"，让村民脱贫的心气提了起来。

培养致富带头人、树立特色品牌、推广绿色农产品……在一家家走访，一户户谈心的过程中，张巍婷和扶贫工作组找到了增收的好方法。在扶贫工作组的帮助下，张常丰村成立农业种植专业合作社，让125户贫困户全部入股；推出系列盐碱旱地特色农产品，注册了"张常丰"牌商标，搭上互联网营销快车。盐碱地还是盐碱地，但通过转变加工方式和经营方式，村民的收入有了成倍增长。

如今，张常丰村摘下了"贫困"的帽子，村民的日子越过越红火。"这片盐碱地是我的第二个家。"张巍婷说，"有一家日子过不好，我也不踏实。"

2020年6月2日，在张常丰村电商中心，张巍婷（右）和村里的年轻人利用直播平台推介张常丰村农特产品。新华社记者 牟宇 摄

扶贫村第一书记"卖菜"记

近日，河北省威县佃尚营村驻村第一书记孙业峰帮助村民销售滞销蔬菜的事刷爆了当地人的朋友圈，网友们纷纷为这位扶贫书记"点赞"。

佃尚营村是威县重点贫困村，村民今年种植的 500 多亩蔬菜虽然已经成熟，但市场行情不好，不仅价格低，而且还没有销路，村里的种植户一筹莫展。佃尚营村驻村第一书记孙业峰看在眼中，急在心上，在安稳村民情绪的同时积极研究对策，决定通过手机微信发布信息进行人脉销售。

为此，孙业峰先后组建了三个农副产品直销微信群。孙业峰每天在微信群里发布村民要出售的蔬菜价格、数量等信息，下午组织村民送菜。卖

2018 年 11 月 25 日，河北省威县佃尚营村驻村第一书记孙业峰在田地搬运菜花。新华社记者 朱旭东 摄

菜信息在手机微信上不断蔓延，爱心不断扩散……短短不到半个月的时间，已经帮助村民卖出白菜、大葱、菜花等一万五千多斤。

孙业峰说："下一步，打算筹建一个农副产品网上超市，提高群众收入。"

2018年11月25日，孙业峰打电话联系蔬菜订户。新华社记者朱旭东 摄

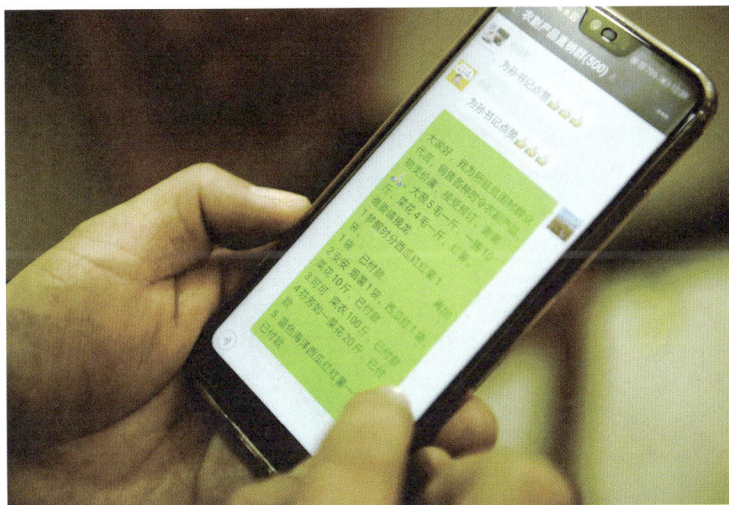

这是河北省威县佃尚营村驻村第一书记孙业峰组建的一个农副产品直销群（2018年11月25日摄）。新华社记者 朱旭东 摄

"君子兰书记"养花记

吉林省延边朝鲜族自治州图们市下嘎村已经脱贫，但"君子兰书记"范文超并不满足于现状。

君子兰象征君子坚韧不拔的品格，深得消费者喜爱。得知邻村建了君子兰基地且收入不菲后，针对村里老人多的实际情况，2018年下半年，下嘎村驻村扶贫干部决定带领村民试养君子兰。

村里没人养过君子兰，如何培育种子，如何让君子兰开花，开花之后如何卖出去，这些问题摆在大家面前。于是，下嘎村驻村第一书记范文超决定自己先学习相关种植知识，再去找人请教。他买了很多关于君子兰的书籍，抽空就"恶补"。

同时，范文超三天两头往邻村君子兰基地跑，打打下手之余，虚心向技术人员讨教。"自己掌握了基本养花知识后，人家也愿意跟我深入聊养花之道，后面的合作也好开展了。"他说。

为了让君子兰真正在村里落地生根，下嘎村还争取到一个温室大棚项目。大棚建完后，范文超就住在了温室大棚里，努力研究君子兰的习性和生长过程。

如今，只要提到君子兰，范文超便能滔滔不绝地介绍从培育到开花的全过程，人们称他"君子兰书记"。

范文超在展示君子兰（2020年6月1日摄）。
新华社发 张维刚 摄

第一批养君子兰的

脱贫户徐建美说，一开始养花时也不知道能不能养好，没想到第一次就赚了500多元。"多亏了范书记的建议，很多不懂的问题他都能及时解答。"徐建美说。

养君子兰赚钱的消息很快在全村传开了，第二批有35户报名，其中还有不少是非贫困户。尝到"甜头"的徐建美继续报名，养了更多的君子兰，又挣了1700多元。

如今，下嘎村很多村民为邻村君子兰基地代养君子兰，养到一定阶段再卖给基地，村集体每年收入1.5万元，30多户村民也多了增收渠道，每户每年可增收500元到2000元不等。

不仅学养花，范文超还学习如何卖花。他开通了社交媒体账号进行直播，在温室大棚搭建了"第一书记在线"的展板，试着通过互联网打开更多销售渠道。

"脱贫不是终点，养花也能增收，关键是认准了目标就要去奋斗，带着百姓一起闯市场。"范文超说。（新华社长春2020年6月1日电 记者张建）

范文超在展示君子兰（2020年6月1日摄）。新华社发 张维刚 摄

陈书记的"脱贫经"

陈红军是海南省白沙黎族自治县牙叉镇对俄村第一书记、驻村工作队队长，2020 年是他在对俄村工作的第三个年头。

大山里的对俄村曾是白沙黎族自治县的 14 个深度贫困村之一，在陈红军和村民们的共同努力下，该村在 2018 年脱贫。

一手抓党建，一手抓产业，将脱贫攻坚和乡村振兴工作结合起来，是对俄村能够脱贫并且发展得越来越好的关键。成立党员脱贫攻坚突击队，带动村民参与脱贫致富，大力发展朝天椒、百香果等产业……在陈红军的带领下，2019 年，对俄村人均纯收入达 12900 元。

陈红军（右）和对俄村两委委员符召林查看朝天椒生长情况（2020 年 4 月 21 日摄）。新华社记者 杨冠宇 摄

除了巩固传统的产业外，陈红军还准备利用对俄村原始生态林的优势，打造乡村旅游项目，深入践行"绿水青山就是金山银山"的发展理念。

陈红军在查看五指毛桃生长情况（2020 年 4 月 21 日摄）。

陈红军（中）同村党支部书记符越平（左）及企业负责人查看对俄村百香果种植基地（2020 年 3 月 11 日摄）。

扶贫"夫妻档"

　　刘志军和李翠叶分别供职于吕梁市农机局和政务服务中心，两人既是党员又是业务骨干。2015年7月，刘志军、李翠叶主动请缨，分别前往吕梁市岚县井峪堡村和兴县南通村担任第一书记，虽然两个村子相距车程不到2个小时，但扶贫工作任务重，夫妻俩长期驻村，聚少离多。

　　井峪堡村与南通村都是吕梁山集中连片特困地区的深度贫困村，村里土地贫瘠、资源匮乏，生产生活条件恶劣，外出务工的村民越来越多，村子日渐冷清。

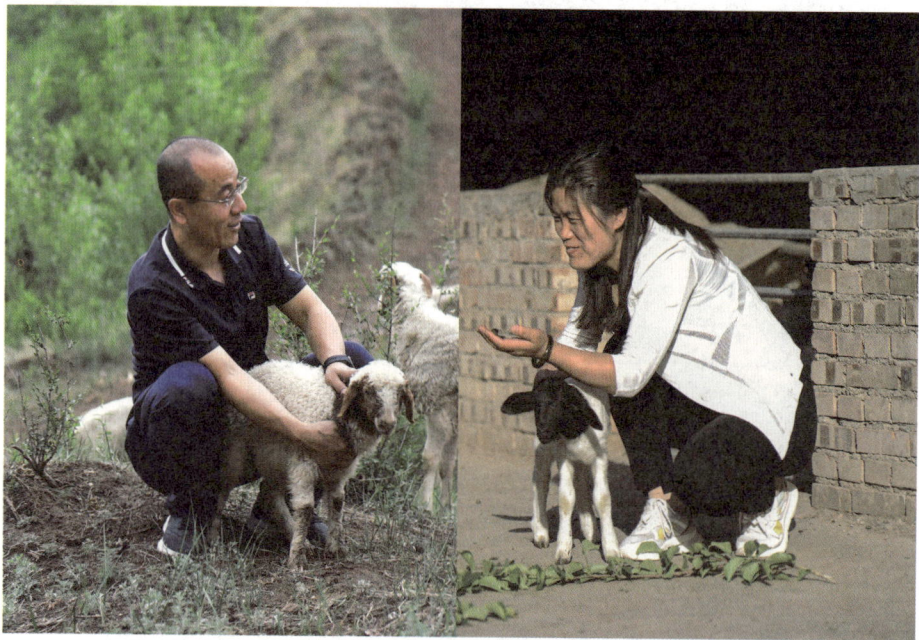

　　拼版照片：左图为2020年6月11日拍摄的山西省岚县井峪堡村第一书记刘志军在走访村里的养殖户（新华社记者 曹阳 摄）；右图为2020年6月2日拍摄的山西省兴县南通村第一书记李翠叶在走访村里的养殖户（新华社发 刘亮亮 摄）。

井峪堡村是典型的农业村，刘志军和村干部们在完善基础设施的同时因地制宜，引导村民种植经济价值较高的小杂粮、食用菌，并引进多台农机提升生产效率，增收渠道的拓宽让村民们逐渐富裕了起来。

李翠叶号召南通村党员发挥带头作用，采取转移就业、易地扶贫搬迁、生态扶贫等多种举措，帮助贫困人口脱贫。

目前，井峪堡村与南通村分别于 2016 年、2017 年脱贫摘帽。

提及女儿朵朵，夫妻俩既愧疚又欣慰。"节假日都不一定能回家，对孩子真的亏欠太多了……带她去村里住了一段时间，她就慢慢开始理解我们的工作，现在还经常给我俩鼓劲。"

分居两地，难免会有抱怨和争吵，但是夫妻之间最常说的却是"谢谢你"。"都是第一书记，太了解对方的不容易，互相包容是我们特有的默契。"他们最大的愿望就是帮助更多村民走上致富之路。

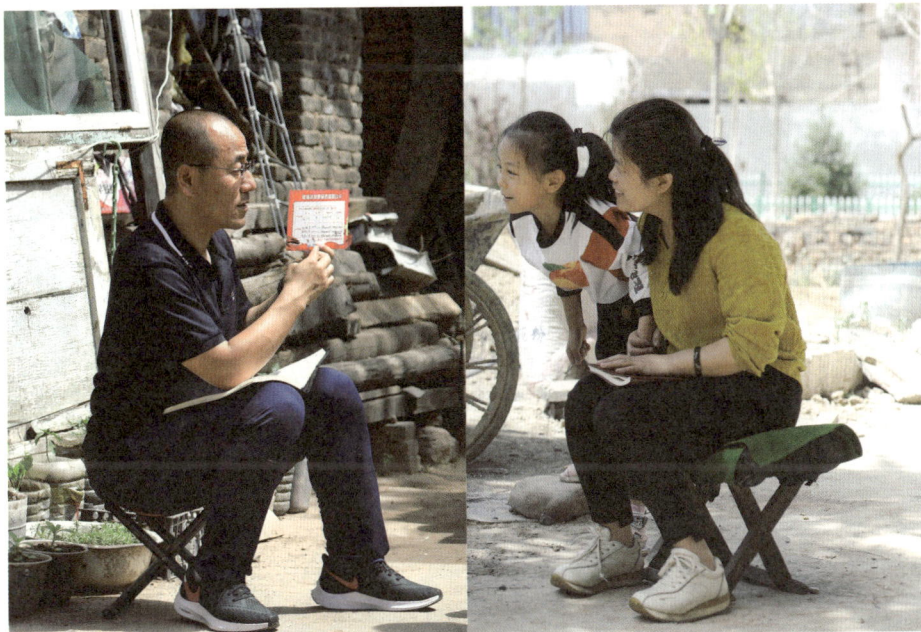

拼版照片：左图为 2020 年 6 月 10 日拍摄的山西省岚县井峪堡村第一书记刘志军在走访村里的脱贫户（新华社记者 曹阳 摄）；右图为 2020 年 5 月 22 日拍摄的山西省兴县南通村第一书记李翠叶带着女儿走访村里的脱贫户（新华社发 刘亮亮 摄）。

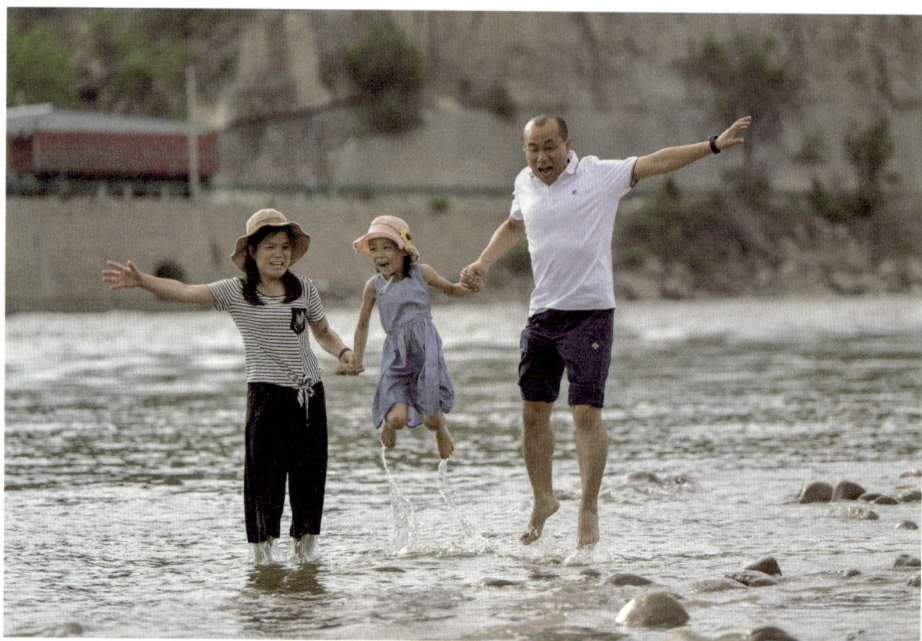

2020 年 6 月 20 日，刘志军、李翠叶带着女儿在兴县的黄河边玩耍。新华社记者曹阳 摄

黑龙江兰西：驻村工作队发展产业"兴村旺民"

黑龙江省兰西县兰西镇林盛村地处大兴安岭南麓集中连片特困地区，2017 年省财政厅驻村工作队入驻该村以来，招商引资扶贫企业，大力发展扶贫产业，多措并举帮助村民脱贫增收。近年来，村民收入稳定增加，村集体经济不断壮大，2019 年底全村 31 户贫困户全部实现脱贫。

2020 年 7 月 7 日，林盛村驻村工作队队长、第一书记那文国（右）向林盛村脱贫户王海峰（中）了解森林鸡养殖情况。新华社记者 程子龙 摄

2020年7月7日，林盛村驻村工作队队长、第一书记那文国（左一）在呼兰河右岸谷物种植加工合作社了解情况。新华社记者 程子龙 摄

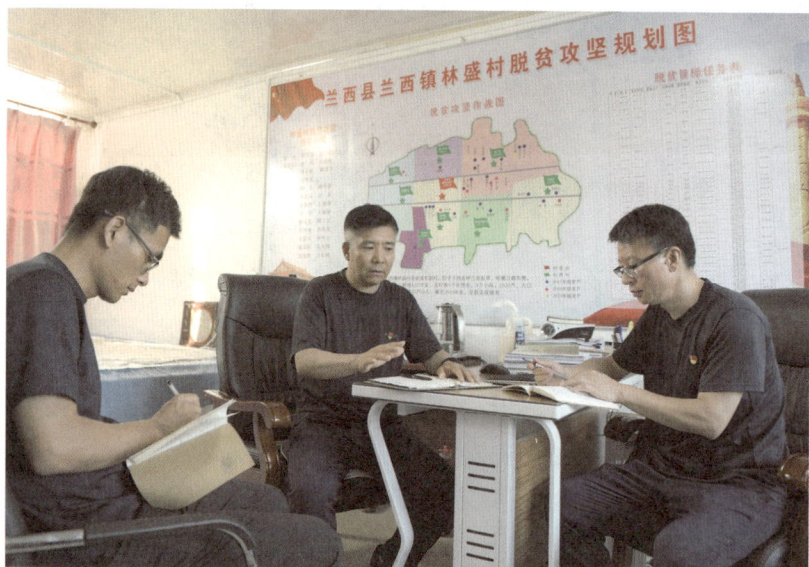

2020年7月7日，林盛村驻村工作队队长、第一书记那文国（中）在驻村工作队驻点与队员研究工作。新华社记者 程子龙 摄

黑龙江望奎：种植中草药　脱贫奔小康

黑龙江省望奎县海丰镇恭头一村地处大兴安岭南麓集中连片特困地区。2018 年，在恭头一村驻村第一书记朱文武的推动下，村里建成恭头一村中药材科研和种苗繁育基地，村民种植中草药的收入是以前种植其他作物的数倍，全村80余户贫困户从中受益。2019年底，恭头一村贫困户全部实现脱贫。

在黑龙江省望奎县海丰镇恭头一村的中药材科研和种苗繁育基地，恭头一村驻村第一书记朱文武在展示几株龙胆草（2020 年 7 月 4 日摄）。新华社记者 程子龙 摄

"跑腿干部"的大山扶贫之路

　　今年 58 岁的杨精泽是贵州省黔东南州剑河县一名深入基层开展扶贫工作的老党员。2015 年 3 月，当时在贵州省剑河县烟草局工作的杨精泽被选派前往剑河县南明镇台沙村任"第一书记"。五年多来，向上级部门跑资金、拿项目、为留守儿童申请助学金补助，完善村里基础设施建设，化解村民矛盾纠纷……他每天忙得不亦乐乎，村民们都亲切地叫他"跑腿干部"。

　　大山深处的台沙村曾是深度贫困村。杨精泽驻村后，主动到上级部门协调，带领村民修通串寨路、硬化篮球场、修建鼓楼，进行危房改造和人居环境整治，创办种植和养殖脱贫专业合作社。2019 年底，台沙村贫困发生率由 2015 年的 45.4% 降低至 1.64%，人均纯收入由 2015 年的 2990 元增加到 8120 元。

2017 年 6 月 21 日，杨精泽在合作社的稻田里移栽秧苗。新华社记者 杨文斌 摄

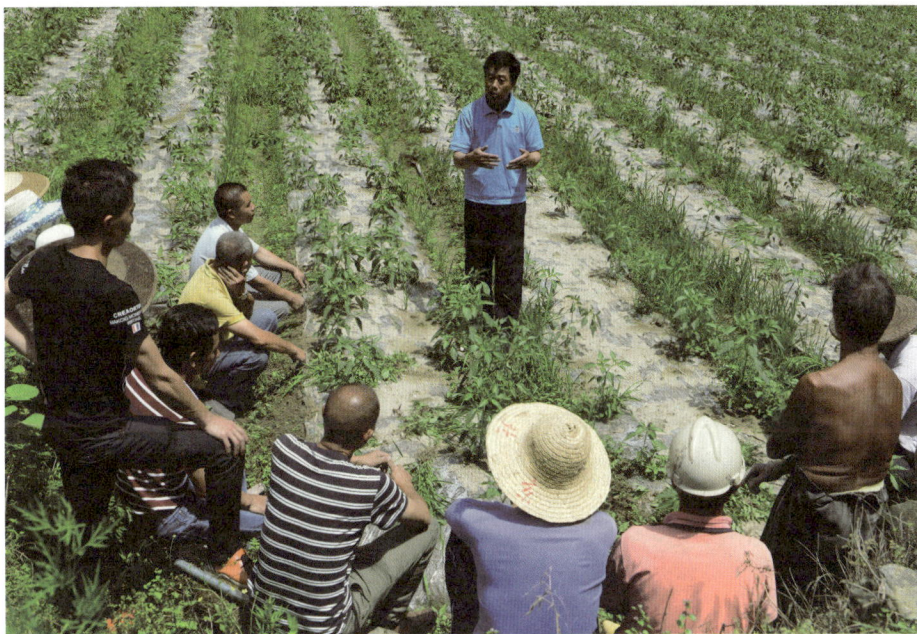

2017 年 6 月 7 日，杨精泽（中）在合作社的辣椒地里给村民们讲解辣椒管护技巧。新华社记者 杨文斌 摄

2017 年 6 月 7 日，杨精泽（左二）与村民们下地劳动归来。新华社记者 杨文斌 摄

2017 年 6 月 7 日，杨精泽（左）与村民在合作社里喂鸡。新华社记者 杨文斌 摄

2017 年 6 月 29 日，杨精泽（中）与村干部在台沙村讨论稻田养鱼注意事项。新华社记者 杨文斌 摄

　　如今，整村脱贫的台沙村，从没有产业扶持的"空壳村"变成产业村，村里"人人有活干、家家有收入"。杨精泽带领村民们探索出了一条"生态脱贫，绿色发展"的精准脱贫之路。他个人先后获得了"全州优秀共产党员"、"贵州省五一劳动奖章"和"全国民族团结进步模范个人"等多项荣誉。杨精泽说，虽然乡亲们都脱了贫，"但脱贫不脱帮扶、不脱政策、不脱产业"，他将继续留在村里与村民们一起巩固脱贫成果。

2017 年 6 月 29 日，杨精泽（右）与村民在合作社查看钩藤林下养鸡情况。新华社记者 杨文斌 摄

带上妻儿去扶贫

2017 年初，陕西省安康市公安局汉滨分局民警宋双双被抽调参与扶贫任务，成为安康市汉滨区中原镇麻庙村的一名驻村工作队员，并于 2018 年 3 月担任驻村第一书记。

两年多来，他带领村干部和群众一起奋斗，使这个基础设施滞后、缺乏脱贫致富产业的穷山村一点点地变了模样。宋双双的妻子周莹也是安康市公安局汉滨分局的民警，随着她今年初产假结束回单位上班，家中半岁的二宝儿子无人照看，夫妻俩为此犯了难。

2019 年 6 月 25 日，宋双双（左）在麻庙村村道上与妻儿告别，准备去农户家走访。
新华社记者 邵瑞 摄

　　"找人换我回城里，来的人不熟悉情况，会有很大影响，"宋双双说，"现在是冲刺阶段，也需要增派人手，我就申请把妻子也调过来驻村，这样既能干好脱贫工作，也能照顾好家庭。"

　　宋双双和妻子给儿子宋安楠起了个小名叫"攻坚"。"我们会在这里一直并肩作战，直到整村彻底脱贫摘帽。"宋双双说。

　　2019年6月25日，宋双双（左三）在麻庙村了解道路改造工程进度。新华社记者 邵瑞 摄

2019 年 6 月 25 日，宋双双（右）与麻庙村村民熊宗兵打开刚接通到户的自来水。
新华社记者 邵瑞 摄

2019 年 6 月 25 日，宋双双（右）在麻庙村贫困户袁志亮屋前的菜园里帮忙除草。
新华社记者 邵瑞 摄

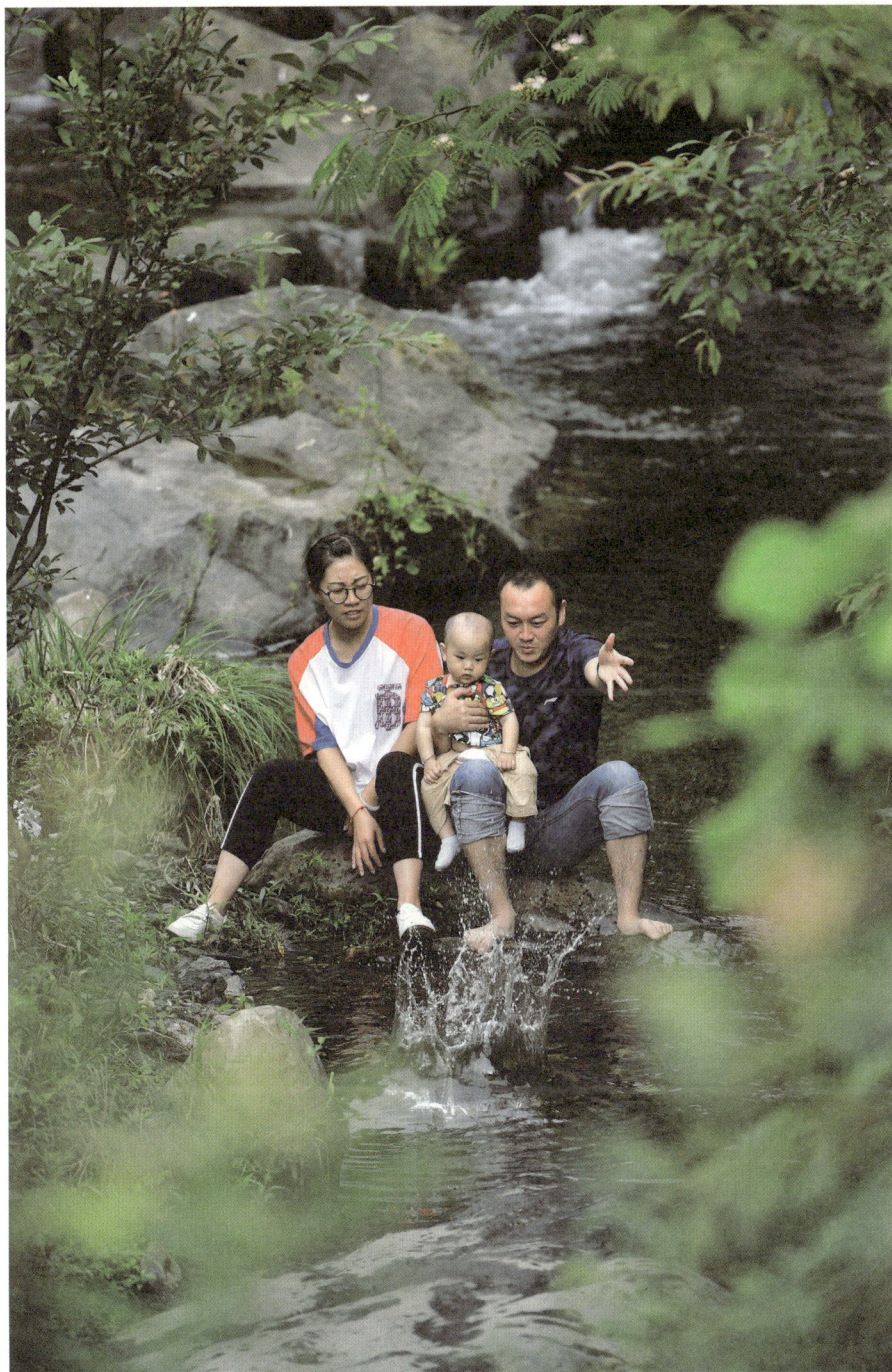

2019 年 6 月 26 日，宋双双（右）一家在麻庙村的小河边休息。新华社记者 邵瑞 摄

带着女儿去驻村

今年 35 岁的董岳在 2019 年 7 月从山东省淄博市水利局被选派到沂源县张家坡镇河东村担任驻村第一书记。同年 9 月，董岳刚驻村没多久，岳父突然身患重病住院，岳母需要照顾病人而无暇照看外孙女。于是，董岳和身为教师的妻子商定，一人一周轮流带着女儿董载壹。

为不耽误驻村工作，轮到董岳照看女儿时，他便把女儿接到村里，白天带着女儿挨家挨户走访，晚上既当爹又当妈地照顾女儿吃饭睡觉。驻村一年多来，在所在单位的帮扶下，董岳带着女儿为村里铺开了进村路改造提升工程、实施了道路美化亮化、扩建了文化广场、筹建起了村卫生室等……渐渐地，女儿小壹壹适应了和爸爸一起的驻村生活。

2020 年 9 月 18 日，在山东省淄博市沂源县张家坡镇河东村，董岳（右三）和女儿董载壹（左二）为村里的老人唱歌。新华社发 赵东山 摄

2020 年 9 月 9 日，在山东省淄博市沂源县张家坡镇河东村，董岳（右）带着女儿董载壹（左）在果园里了解苹果生产情况。新华社发 赵东山 摄

2020 年 9 月 10 日，在山东省淄博市沂源县张家坡镇河东村，董岳完成一天的驻村工作后和女儿在村边的树林里玩耍。新华社发 赵东山 摄

2020 年 9 月 10 日，在山东省淄博市沂源县张家坡镇河东村，董岳（左）领着女儿董载壹（右）和村民一起整理村文化广场。新华社发 赵东山 摄

如今的小壹壹变得懂事了许多，来到村里像个跟屁虫似的跟着爸爸下村入户、进果园、去施工工地，还经常给村里的爷爷奶奶们唱唱儿歌，逗老人们开心。董岳说，带女儿来村里的一年多来，尽管很辛苦，但让他和女儿都感到充实而有意义，这将是父女俩一生中最为难忘的记忆。

"泥腿子专家"钻研大棚十三载　科研助力黎乡脱贫

　　杨小锋是海南三亚市南繁科学技术研究院副院长，13 年来，他一直坚守在田间地头，带领团队设计出热带可降温抗台风大棚，培育出"水培蔬菜"，显著降低蔬菜栽种成本。2018 年 5 月开始，他多了一个新的身份——三亚市育才生态区那受村委会驻村第一书记。

　　那受村是少数民族聚居村，黎族人口占七成左右。杨小锋根据村民种植需求，发挥南繁科技的优势，在当地打造起畜禽养殖、食用菌种植、黎苗药种植等一系列扶贫产业。一年多来，杨小锋利用自己和团队的科研优势，为那受村送来了近一千亩的全生物可降解地膜和降解绳，引进幼苗定植挖穴装置、绑蔓夹，为当地村民种植瓜菜解决了许多问题，使那受村产业振兴的道路越走越宽。

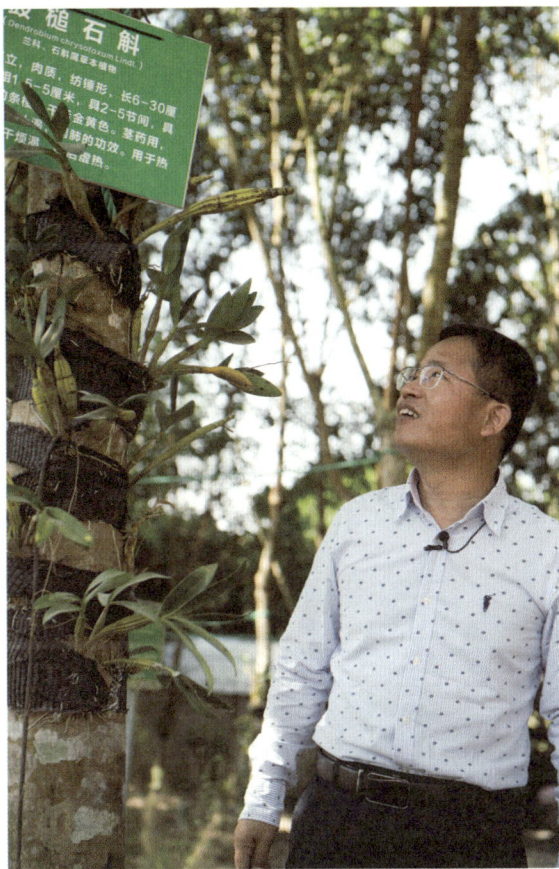

2019 年 12 月 4 日，杨小锋在那受村的黎苗药种植产业基地。新华社发 张丽芸 摄

345

2019 年 12 月 4 日，杨小锋在那受村驻村扶贫一年多来，已用完了 6 本笔记本。新华社发 张丽芸 摄

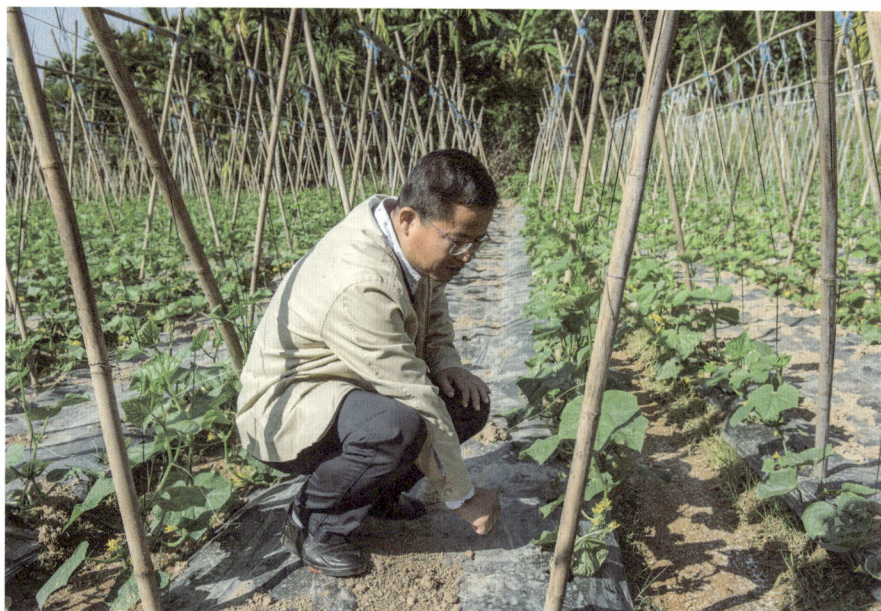

2019 年 12 月 4 日，杨小锋在检查那受村对口扶贫户的青瓜种植情况。新华社发 张丽芸 摄

复苏的"空巢村"

——活跃在一线的"90后"脱贫攻坚队伍

广西融安县地处滇桂黔石漠化片区，自然环境恶劣、贫困人口多、贫困程度深，部分农村出现老龄化和空心化现象，脱贫攻坚任务艰巨。近年来，

图为广西融安县板榄镇泗安村27岁的驻村第一书记张清。他来到泗安村驻村已有1年多，和同事们带领群众发展金橘、杉木等产业。2018年，泗安村共有100户贫困户实现脱贫。新华社记者　黄孝邦　摄

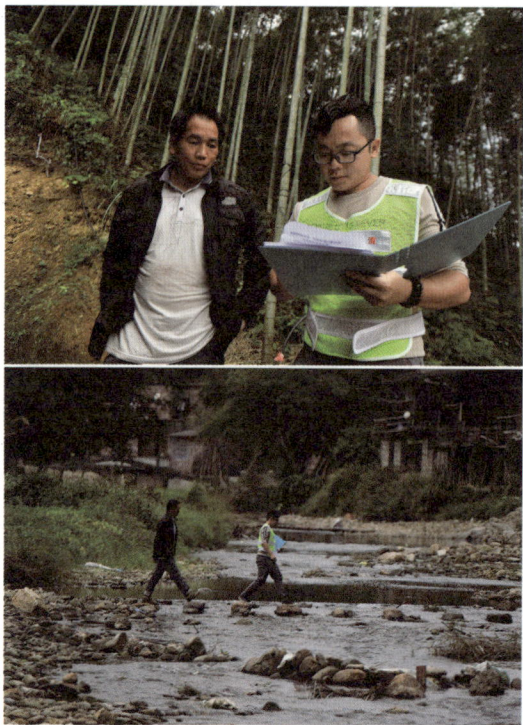

图为 2019 年 10 月 20 日张清在泗安村工作的场景。新华社记者 黄孝邦 摄

随着脱贫攻坚工作的推进，在融安县脱贫攻坚一线，朝气蓬勃的"90 后"年轻人用青春和汗水，为贫困山区注入了新的活力。他们来自各行各业，活跃在产业、教育、卫生、电商等领域，成为脱贫攻坚的突击队和生力军。

据了解，2016—2018 年，融安县共脱贫 4.75 万人，37 个贫困村实现脱贫摘帽，贫困发生率由 23.68% 降至 3.03%。目前，全县还有贫困人口 2307 户 6761 人，25 个贫困村未脱贫摘帽。

"带电"第一书记"点亮"贫困之家

2015 年 7 月，时任国家电网河南省新密市米村供电所副所长的郭振伟来到米村镇拐峪村任驻村第一书记。作为电力人，郭振伟和扶贫工作队一道，为村里架设电线、安装路灯、修建水井，为村民解决上学、看病、金融扶贫贷款等问题，使小村庄逐渐焕发生机。拐峪村村民李长安和妻子年事已高，体弱多病，家中子女或肢体残疾，或身患疾病，缺乏收入来源，日子过得很紧巴。2017 年，李长安一家被精准识别为重点帮扶对象。摸清情况后，郭振伟一方面发挥专业优势，为位置偏僻的李长安家更换电力线路，改善居住环境；另一方面，郭振伟为李长安一家申请低保，手把手教他们养殖黄牛，申请扶贫蜂箱养殖蜜蜂。此外，在郭振伟的协调下，国网新密市供

在米村镇拐峪村，郭振伟为贫困户李长安家改造电力线路（2020 年 1 月 14 日摄）。

电公司的员工还定期为李长安一家捐助生活物品，各项帮扶措施逐渐"点亮"这个曾经处境艰难的贫困之家。

郭振伟（右）为贫困户李长安的孙女辅导作业（2020 年 1 月 14 日摄）。新华社记者 冯大鹏 摄

郭振伟（右三）和贫困户李长安一家合影（2020 年 1 月 14 日摄）。新华社记者 冯大鹏 摄

驻村第一书记杨凯：防控脱贫两手抓

　　杨凯是广西桂林市龙胜各族自治县龙脊镇江柳村驻村第一书记，在组织村干部、党员和广大群众积极开展疫情防控工作的同时，不忘对新一年的产业、危旧房改造等脱贫攻坚工作进行部署落实。

　　江柳村是一个以红瑶为主的少数民族村寨，全村 204 户中有 106 户是建档立卡贫困户。2016 年，杨凯从桂林医学院来到江柳村担任驻村第一书记，几年来，他带领群众发展农业种植和旅游产业。2018 年，江柳村实现整体脱贫摘帽。

2020 年 2 月 12 日，在龙胜各族自治县龙脊镇江柳村，驻村第一书记杨凯（左）指导准备外出的村民戴口罩。新华社记者 黄孝邦 摄

2020年2月12日，在龙胜各族自治县龙脊镇江柳村，驻村第一书记杨凯在广播疫情防控知识。新华社记者 黄孝邦 摄

2020年2月12日，在龙胜各族自治县龙脊镇江柳村，驻村第一书记杨凯（右）和脱贫户潘凤成在规划今年的种植计划。新华社记者 黄孝邦 摄

中药材铺就致富路

吉林省白山市靖宇县三道湖镇继红村地处长白山区，人均耕地面积少，农民多以种植玉米、大豆等传统作物为生。2018 年开始，脱贫攻坚驻村工作队进驻继红村，驻村第一书记王金波和工作队队员依托当地特有的山地气候，引进中药材种植项目。2020 年，继红村种有五味子、贝母、紫苏、菊花、人参等中药材 2000 亩，包括种植示范户、农民专业合作社在内，共有一百余人加入到中药材种植产业中，人均增收超千元。

2020 年 9 月 24 日，吉林省白山市靖宇县三道湖镇继红村驻村第一书记王金波查看菊花长势。

2020 年 9 月 24 日，在吉林省白山市"第一书记代言产品旗舰店"，继红村驻村第一书记王金波展示菊花产品。

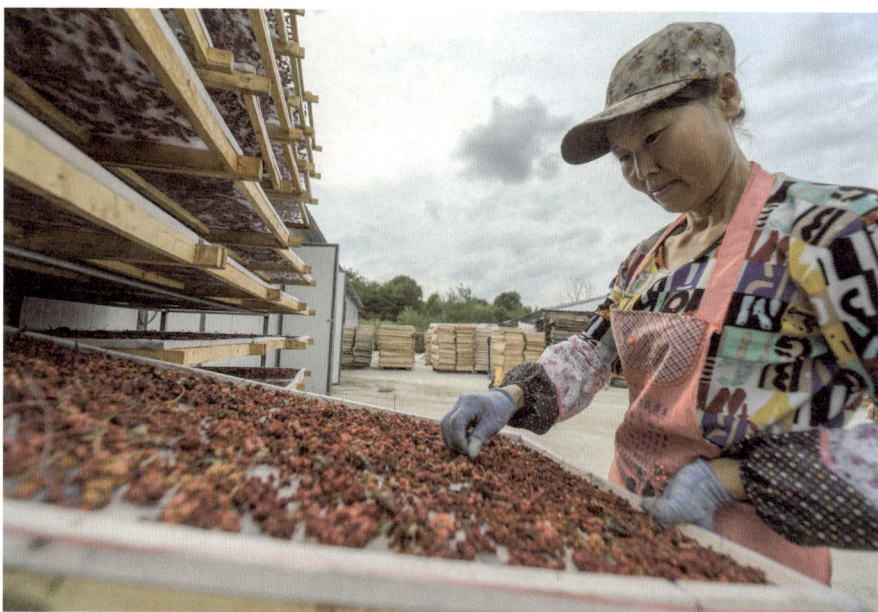

2020 年 9 月 24 日，在吉林省白山市靖宇县三道湖镇继红村，昌信中药材种植专业合作社农民魏延梅挑拣五味子中的杂质。

奋斗绘就"新天府"

在世人眼中，千年都江堰造就了"水旱从人、不知饥馑"的"天府之国"。其实，在都江堰滋养着的成都平原之外，四川还有广袤的高原地区、凉山彝区、秦巴山区、乌蒙山区四大连片贫困地区，千百年来与贫困抗争。

初心："战贫"之役 尽锐出战

清晨，大凉山，通往"悬崖村"阿土列尔村的钢梯闪着银光。

驻村第一书记帕查有格又开始了一天的忙碌。

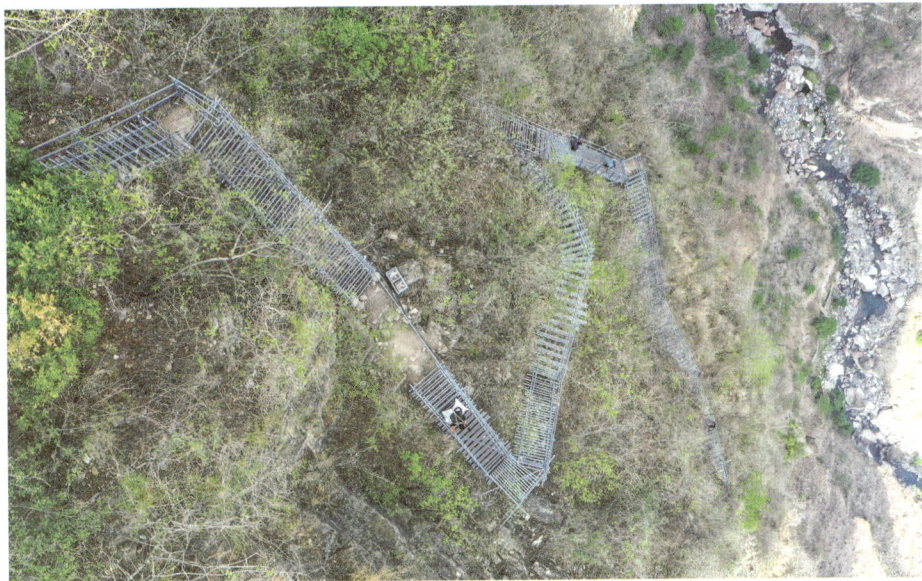

在四川凉山彝族自治州昭觉县阿土列尔村的悬崖钢梯上，"悬崖村"村民沿着钢梯下山（2020 年 5 月 13 日摄，无人机照片）。新华社记者 王曦 摄

"5月，村里的84户贫困户搬下山，住进了县城边的安置小区，但山上还有一些村民，还有农田、果园、牛羊，产业发展、旅游开发……还有很多事要做。"

2015年，在四川凉山彝族自治州昭觉县政府工作的帕查有格，被选派到阿土列尔村任第一书记。那一年，他29岁，女儿才两岁，而妻子正怀着二胎。

"那时到村上还没有钢梯，只有17段简易藤梯，最陡的地方接近90度，背后就是万丈深渊……"第一次到"悬崖村"，帕查有格爬了3个多小时。

艰险之余，更令帕查有格心酸的是村庄的困窘。"村民住在低矮的土坯房中，没手机网络、没自来水，光伏电仅能供照明，地里就种些玉米、土豆，广种薄收。"

"组织信任我、派我来，我就要干出个样子。"驻村第一书记任期一般为两年，帕查有格和其他帮扶队员在阿土列尔村至今已工作4年多。

左图为通往四川凉山彝族自治州昭觉县阿土列尔村的简易藤梯（2016年5月14日摄）；右图为改建后的钢梯（2017年12月5日摄）。新华社发 阿克鸠射 摄

组织村民成立合作社种脐橙、花椒、核桃，养羊；改建藤梯为钢梯，发展旅游；开办幼教点；搬迁贫困户……驻村干部和村民在各方的支持下，事情一件接着一件干，阿土列尔村一年一变样。

"现在'悬崖村'村民的生活越来越好。"帕查有格说，"但是，脱贫攻坚这场仗还没打完，我还得继续坚守。"

帕查有格是四川 5.9 万名驻村帮扶干部中的一员。作为全国扶贫任务最重的省份之一，四川省始终把脱贫攻坚作为最大的政治任务、最大的民生工程、最大的发展机遇，集结各方力量，调动各方资源，下足"绣花"功夫，向全面消除绝对贫困发起最强总攻。

打硬仗，要配备最能打仗的人。为集中力量攻克位列"三区三州"的凉山州贫困"堡垒"，2018 年，四川对凉山州 11 个深度贫困县组建 11 支专门工作队，在全省选派 5700 余名干部常驻开展综合帮扶，力度之大前所未有。

扶贫一线的党员干部付出的，除了心血、汗水，甚至还有生命。"你

在凉山彝族自治州昭觉县阿土列尔村，阿土列尔村驻村第一书记帕查有格攀爬藤梯查看修建钢梯的进村路线（2016 年 6 月 16 日摄）。

走出穷山沟，又来到穷山沟，百姓的冷暖忧愁，总放在心头。你把村民当亲人，付出了所有……"一名网友的留言，道出对党员干部马伍萨的深情怀念。

出生在大凉山的马伍萨，生前是四川甘孜藏族自治州农机推广服务中心的一名彝族干部。在甘孜州甘孜县夏拉卡村担任驻村第一书记期间，他因过度劳累突发疾病，医治无效，于2019年5月13日不幸去世，年仅38岁。

据四川省扶贫开发局统计，截至目前，全省在脱贫攻坚中因公献出生命的人员已达77名。在和平年代，这些英雄们以生命赴使命，在没有硝烟的"战贫战场"将为民初心淬炼成钢。

生前担任甘孜州甘孜县夏拉卡村驻村第一书记的马伍萨（右）在巡防路上和村民交流（资料照片）。新华社发

俊闺女　好书记

"这闺女啊不仅人长得俊，心眼也好！来俺村以后不管啥活都抢着干，带着俺们脱贫致富搞产业，大伙儿都服她"，提起山东省威海市文登区孙家西山村第一书记吕明玉，村民们交口称赞。

在山东省威海市文登区，吕明玉是个名人。她曾捐献造血干细胞和淋巴细胞，获得过"第四届山东省道德模范""山东省优秀共产党员"多个荣誉称号。2018年，身为国家电网文登供电公司文登营供电所党支部书记的她，主动向组织申请来到孙家西山村担任第一书记。

曾经的孙家西山村，村里杂草丛生、脏乱不堪，村民之间纠纷不断。驻村期间，吕明玉组织支部共建，强化党员的理想信念，带领全体村民将村南头470米的河道彻底整修，村里的主要道路也全部硬化。渐渐地孙家西山村发生了巨大变化，还被评为威海市"美丽乡村"。

电工出身的吕明玉一直对村里的电网改造十分上心，她和村两委成员商量后，向当地供电部门详细介绍了村里线路老化、电压不稳等情况，在吕明玉的奔走协调下，村中原有的配电室改迁为架空台，村民近2万米的屋檐线也得到了更换，村民们的生产生活更有保障。

2020年10月8日，吕明玉在村里的图书室向孩子们推荐课外读物。

　　环境变了，村民的心气也顺了，村两委的凝聚力也提高了。2019年吕明玉在调研走访的基础上，拉动爱心企业免费提供场地、设备和技术，在村子里建起面食加工厂，仅2020年春节期间，她们生产的"腾鑫"牌花饽饽就销售了近5000箱，村集体年增收20多万元，全部用于集体建设和村民福利。

2020年10月8日，吕明玉（右）在村中流转土地建起的花卉大棚内和村民一起为玫瑰花修枝。

2020年10月8日，吕明玉（左二）和面食工厂的职工一起制作"寿桃"。

藏族村寨的脱贫"贴心人"

"今天要去村民屠鲁列家看看，听说最近她的身体好了不少，我心里也高兴。"今年56岁的甘肃省甘南藏族自治州舟曲县果耶镇勒阿村驻村第一书记张金利说。

勒阿村地处偏远山区，平均海拔2000米以上，是一个纯藏族村，曾是当地的深度贫困村。2018年，在甘肃省水务投资有限责任公司工作的张金利受甘肃省水利厅委派，来到勒阿村开始他的驻村帮扶工作。

刚到任时，勒阿村94户村民中建档立卡贫困户有47户，不少村民还住在破旧的土坯房里，吃水要靠肩挑背扛，人均耕地面积1.3亩，村里缺乏产业支撑，脱贫任务十分艰巨。

两年来，张金利跑遍了勒阿村的沟沟岔岔，拉家常、问虚寒、上山头、下地头，每一户村民家的情况都了然于心。为了因地制宜帮助村民摆脱贫困面貌，张金利和村两委一起，在帮扶单位的支持下，争取项目资金，将自来水通到每家每户，改造危旧房屋、修建标准化幼儿园，在改善基础设施和提升村容村貌的同时，还成立了农民种植专业合作社，大力发展山野菜等特色产业，帮助村民增收致富。

2018年底，勒阿村提前实现整村脱贫出列，昔日的深度贫困村正在成为美丽的藏族村寨。

如今，勒阿村群众早已把张金利当成自己的"贴心人"，村民家中有事时都想着和张书记商量。张金利感慨道："只有真心为群众，真正把自己融入，才能设身处地为乡亲们排忧解难，当好勒阿村群众的'贴心人'，就是我最大的心愿。"

这是甘肃省甘南藏族自治州舟曲县果耶镇勒阿村村貌（2020 年 4 月 21 日摄，无人机照片）。新华社记者 陈斌 摄

勒阿村驻村第一书记张金利（右）在舟曲县扶贫车间内考察适合本村的产业（2020年 4 月 22 日摄）。新华社记者 陈斌 摄

　　勒阿村驻村第一书记张金利（左）在村民屠鲁列家检查自来水管（2020 年 4 月 21 日摄）。新华社记者 陈斌 摄

　　勒阿村驻村第一书记张金利（左）和村民一起在地里种植山野菜（2020 年 4 月 22 日摄）。新华社记者 陈斌 摄

防疫不忘帮扶

当日，在江西省南昌县广福镇宋洲村，驻村第一书记杨岳峰和同事们为当地刚刚脱贫的农户黄水泉送去化肥和地膜等农资。

黄水泉一家在2013年被列为村里的精准扶贫户，经过帮扶和个人努力，他开始养鹅和种植大棚西瓜，2019年，黄水泉正式脱贫。今年年初，受新冠肺炎疫情的影响，黄水泉养殖的鹅销售出现困难，此外，购买化肥、薄膜等农资也一直困扰着他。在得知黄水泉的情况后，驻村第一书记杨岳峰第一时间想方设法联系农资，并邀请农技专家一起上门为黄水泉提供农技帮助。

2020年3月4日，在南昌县广福镇宋洲村，杨岳峰（左二）和同事为黄水泉送来化肥、地膜等农资。新华社记者 彭昭之 摄

同时，杨岳峰通过朋友圈转发消息，采取"线上预订、线下送货上门"的方式，帮助黄水泉在微信上卖鹅，目前已经销售 20 余只。

2020 年 3 月 4 日，在南昌县广福镇宋洲村，杨岳峰（右一）和同事帮助黄水泉（右二）铺设地膜。新华社记者 彭昭之 摄

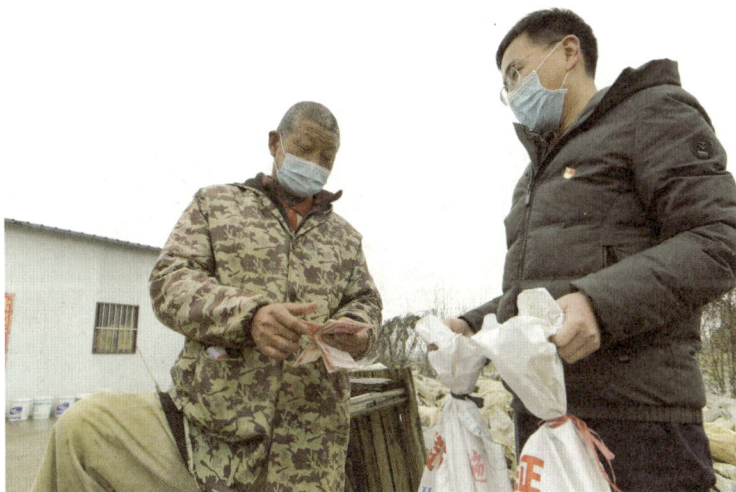

2020 年 3 月 4 日，在南昌县广福镇宋洲村，黄水泉（左）接过杨岳峰给他送来的卖鹅销售款。受到疫情影响，黄水泉养的鹅销售出现困难，杨岳峰现在每天帮助他在朋友圈里卖鹅。新华社记者 彭昭之 摄

扶贫"第一书记"的牵挂

刘双燕是安徽利辛县汝集镇朱集村"第一书记"。2012年，刘双燕作为安徽省第五批选派干部，从利辛县税务局选派担任利辛县刘家集镇陆小营村"第一书记"。2014年，她调任朱集村"第一书记"，去年任期结束，她主动申请留在朱集村，成了连任三届的"第一书记"。

目前，朱集村建成200多亩特色种养殖基地；全村种植经济林木379亩，惠及贫困户190户378人；除35户户用光伏电站外，还建成187千瓦的村级光伏电站。2018年底村集体经济收入达到了70万元，贫困发生率已由2014年的13%下降至现在的0.9%。

驻村期间，刘双燕先后经历了母亲和丈夫的离世，女儿也从小学一直读到了大学，最应该陪伴家人的时候她一直坚守在扶贫一线。2019年9月，刘双燕获2019年全国脱贫攻坚奖贡献奖。

"村里的路灯还没点亮，村集体经济规模还不大，还有20多户没脱贫，我还要再干一届。"刘双燕的心始终牵挂着朱集村。

2019年10月30日无人机拍摄的朱集村光伏电站。新华社发 黄博涵 摄

2019 年 10 月 30 日，刘双燕搭乘村民的三轮车去村民家中走访。新华社发　黄博涵 摄

2019 年 10 月 30 日，刘双燕（左）向光伏站的维护人员了解光伏站的运行情况。新华社发 黄博涵 摄

2019 年 10 月 29 日，刘双燕（左）和养殖户周亚军交流羊的生长情况。周亚军从养殖一只"扶贫羊"开始，经过多次繁殖，发了"羊财"，最终成功脱贫。新华社发 黄博涵 摄

2019 年 10 月 29 日，刘双燕在利辛县汝集镇朱集村的村部办公室内整理工作日志。她的办公室同时也是她的宿舍，中间用一道窗帘隔开。新华社发 黄博涵 摄

大山里的"背包书记"

"上次来看你家没有热水壶，今天给你带了一个，有什么困难就找我。"每走访一户贫困户，张忠富总要叮咛一番才肯离开，他对村里每一户的情况都了如指掌。

金河村地处湘鄂边界山区，共有 5 个自然村，分布在 5 座大山上，平均海拔 1200 多米。2016 年，石门县文旅广体局驻南北镇金河村帮扶工作队长、第一书记张忠富初来时，这里没有公路、没有卫生室、没有有线电视、没有网络，基础条件差、历史遗留问题多。靠着国家拨款和多方筹措的资金，张忠富和他的帮扶工作队队员帮金河村白竹山片从平均海拔 1600 米的悬崖

2019 年 10 月 15 日，张忠富（左）在金河村走访，村民邓先鹤闻声出门迎接。
新华社记者 薛宇舸 摄

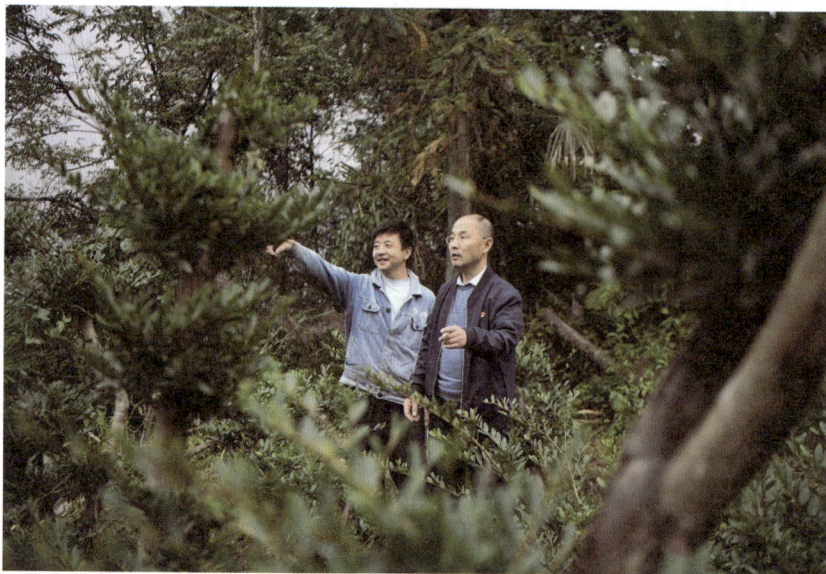

2019 年 10 月 15 日，张忠富（右）在金河村走访时查看产业致富带头人邓先鹤种植的景观植物。新华社记者 薛宇舸 摄

2019 年 10 月 15 日，张忠富在金河村走访时查看产业致富带头人邓先鹤种植的中药材重楼。新华社记者 薛宇舸 摄

边修起了 19 公里的"天路"，结束了白竹山片不通公路的历史。另外，张忠富还和他的队员一起带领村民发展野茶、野蜂蜜、中药种植等特色产业。除了基础设施建设和产业发展，张忠富平日里做得最多的就是背上装了衣服、小零食、雨伞的背包，挨家挨户走访，他也因此得名"背包书记"。山高路远，张忠富有时不得不在村民家留宿，第二天再返回。

2018 年，石门县脱贫摘帽。当年金河村村民的人均年纯收入达 8000 元。打造文化广场、丰富村民文化生活是张忠富的下一个目标。"文化生活丰富了，精神境界提高了，老百姓劳动积极性才能更高。"张忠富说。

2019 年 10 月 15 日，张忠富在金河村走访时查看产业致富带头人邓先鹤家的蜂桶。
新华社记者 薛宇舸 摄

澜沧江源区的"阿布"第一书记

青海省玉树藏族自治州囊谦县觉拉乡尕少村第一书记麻成学（右）在农牧民家中走访（2019 年 8 月 30 日摄）。新华社记者 李亚光 摄

青海省玉树藏族自治州囊谦县觉拉乡尕少村第一书记麻成学在查看村里新修的硬化路面的厚度（2019 年 8 月 30 日摄）。新华社记者 李亚光 摄

手变糙了 村变富了
——黄土高原上的驻村"第一书记"

　　山西是全国扶贫开发重点省份，超过 80% 的贫困人口集中在自然条件恶劣、生态环境脆弱的吕梁山黄土高原残垣沟壑区和太行山干石山区，这里的困难群众致贫原因复杂、自我发展能力不足，成为山西省脱贫攻坚最难啃的"硬骨头"。在驻村"第一书记"们的带领下，黄土高原上的一个个贫困村正发生着深刻变化。"第一书记"们正用他们的双手，带领一个个乡村富起来。

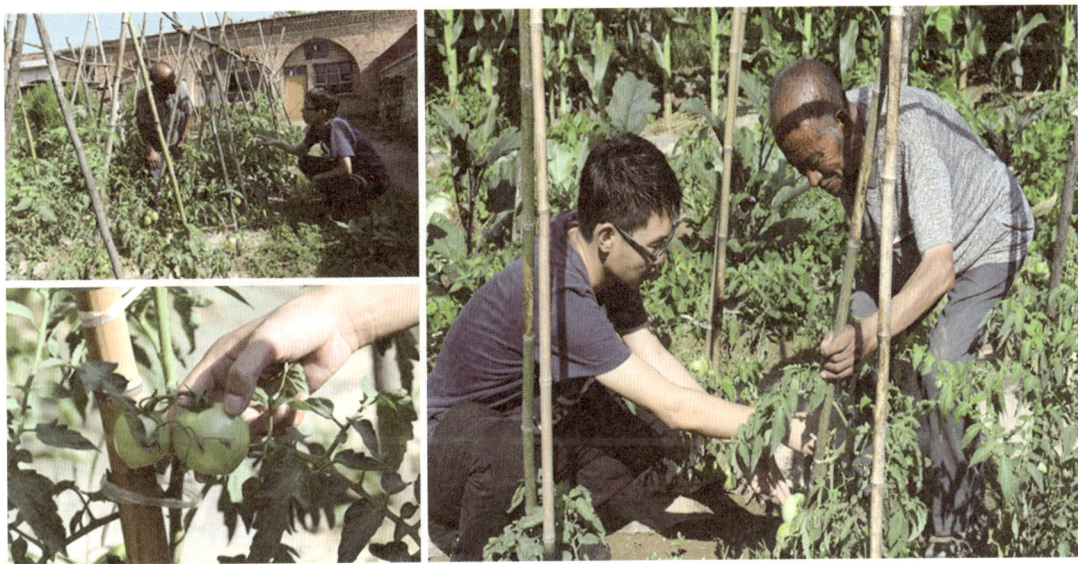

左上图：山西省临汾市隰县无愚村"第一书记"贾易周（右）向村民张计生询问菜地情况；左下图：贾易周在查看西红柿的生长情况；右图：贾易周（左）在村民张计生的菜地里帮忙（2018 年 7 月 18 日摄）。新华社记者 杨晨光 摄

上左图：山西省孝义市临县寨则坪村"第一书记"杜亮姝（右二）了解村民们排练皮影戏的情况；上右图：杜亮姝在设计鞋垫；下图：寨则坪村的村民们在展示她们生产的工艺品（拼版照片，2018 年 7 月 18 日摄）。新华社记者 杨晨光 摄

上图：山西省长治市武乡县岭头村"第一书记"史小兵（右）和村民郭晋平在交流微店销售情况；下左图：郭晋平将准备发货的农产品装袋；下右图：史小兵帮郭晋平修改微店文案（拼版照片，2018 年 7 月 3 日摄）。新华社记者 杨晨光 摄

"你们不脱贫，我就不回城"

——大黑山村"第一书记"阚阅的"军令状"

吉林省磐石市烟筒山镇大黑山村地处吉林省中南部山区，位置闭塞、资源贫瘠，属省级贫困村。2016年，就职于吉林市委办公厅的党员阚阅被派驻到大黑山村任"第一书记"，担负起带领全村脱贫的重任。

可当阚阅带着从市里要来的致富项目来到村里，迎接他的却是百姓的担心：城里来的干部会不会只是走过场？项目能不能实实在在地长久发展？

在接下来的一个月里，阚阅挨家走访，向贫困户立下军令状："你们不脱贫，我就不回城"。他还说服了几位经常外出打工的年轻村民回村，重点帮扶，帮助他们成为项目带头人，发展棚膜蔬菜、光伏发电、木耳种植、肉牛饲养等产业。眼看这几位"榜样"的日子越来越红火，其他村民也纷纷找到阚阅领项目，创业积极性大大提高。

为坚定村民的创业信心，阚阅还牵头完成了大黑山村果蔬无公害产地认证和绿色食品专项认证，邀请农业专家对种植项目进行全程技术支持，并与收购企业签订了有保护价的长期收购合同。2016年，大黑山村仅通过棚膜种植蔬菜、花卉就创收56万元。2017年底，原有34户贫困户脱贫了29户。

项目成熟，农民富了，阚阅却并没有走。他说："脱贫不能一蹴而就，要让农民真正拥有'造血致富'的能力。哪怕有一天我带来的这些项目落伍了，他们也不会为找不到致富门路发愁。"

　　2018 年 6 月 29 日，在大黑山村，阚阅（中）、驻村工作组成员康铠（左）与种植户张金和一起商量木耳种植事宜。新华社记者 张楠 摄

2018 年 6 月 30 日，阚阅在大黑山村的大棚里查看芦笋生长情况。新华社记者 张楠 摄

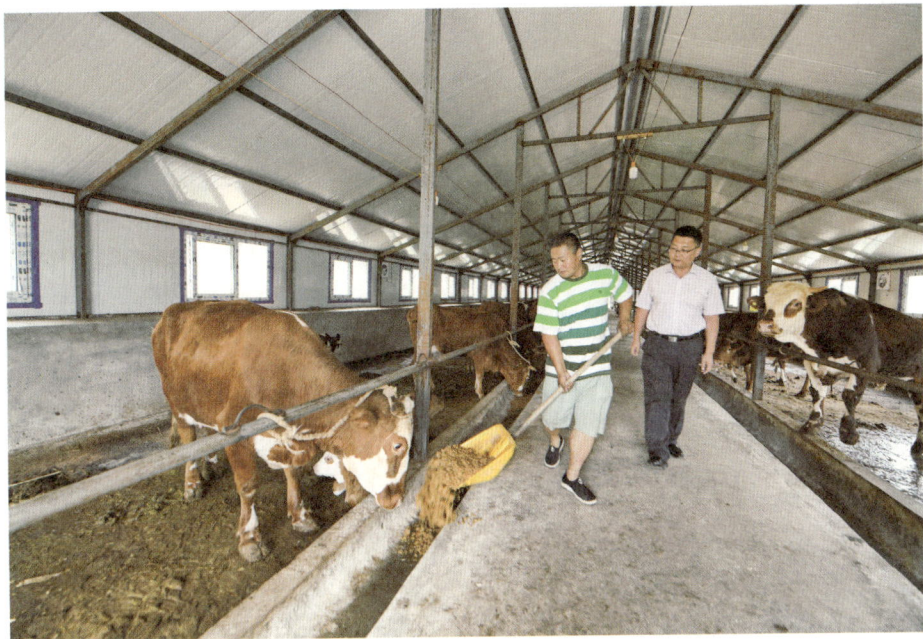

2018 年 6 月 29 日，阚阅（右）了解大黑山村肉牛饲养情况。新华社记者 张楠 摄

"群众不脱贫，我就不离村"

——藏族女干部索朗央吉的扶贫路

高原初春，缓缓的拉萨河水从"四季吉祥村"边流过，阳光洒在绿、红、白、蓝四色藏式民居上，鲜红的国旗和五彩经幡飘扬在屋顶上，田野里杨柳吐翠、桃李待放，宛如一幅色彩斑斓的画卷。

53岁的藏族大姐阿妮吃过早饭，坐在织机前，伴随双脚踩踏的"咔嗒"声，木梭在细软的羊毛线间划过。村党支部第一书记索朗央吉站在旁边，看着阿妮手中的氆氇越织越长，带领全村人脱贫的信心更强了。

索朗央吉在乡村工作已经16年了，基层工作尽管充满酸甜苦辣，但她始终不忘初心："群众不脱贫，我就不离村！"

2018年3月6日，索朗央吉（左）与村干部测量房前屋后的地，准备种植玫瑰、牧草等。新华社记者 觉果 摄

2018 年 3 月 6 日，索朗央吉站在"四季吉祥村"前。新华社记者 觉果 摄

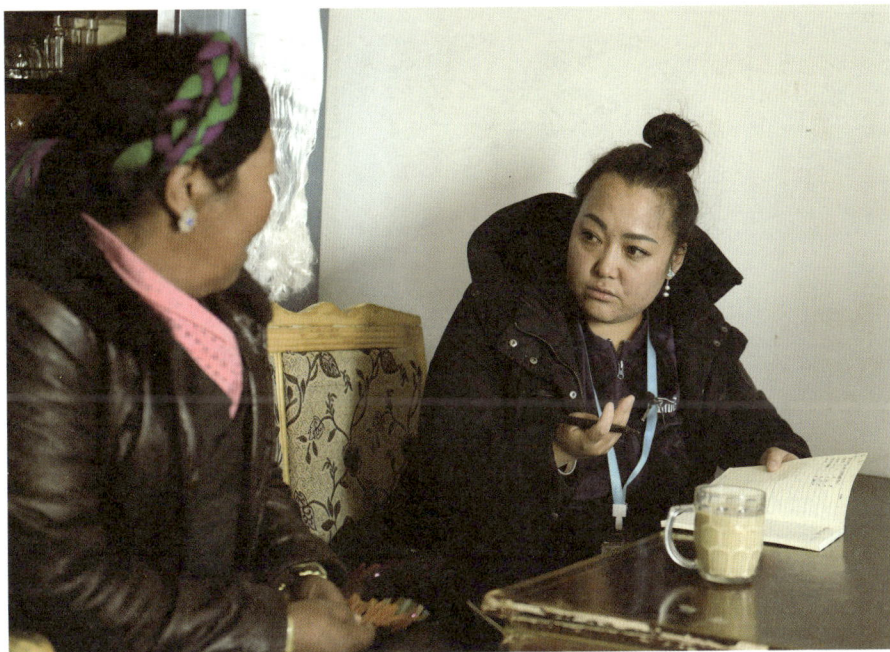

2018 年 3 月 6 日，索朗央吉（右）与村民商量编制规划。新华社记者 觉果 摄

第一书记方海波的驻村帮扶工作记

今年 52 周岁的方海波是天津市公安局特警总队驻武清区豆张庄镇周立营村和来家庄村的第一书记。自 2017 年 8 月驻村以来，他和工作组成员走村入户，一手抓党建，一手抓产业，带领村民增收致富。

方海波和工作组成员组织帮扶村种植能手到全国新型职业农民培育示范基地参观学习，带领村民在农作物种植种类及规模上进行优化升级，打破了过去只种植小麦、玉米的单一种植模式，形成了种植菜花、烟薯、食用玫瑰以及成立农业种植合作社的新模式。工作组还利用帮扶村烟薯种植资源，积极打造"小薯甜甜"特色品牌，激发了农户种植的热情，使帮扶村烟薯

2020 年 7 月 30 日，在天津市武清区豆张庄镇，方海波在田地里了解玉米长势。新华社发 孙凡越 摄

种植总面积由 2017 年的 30 亩增至 2020 年的 200 亩，村民的收入有了大幅增长。

　　三年的驻村帮扶工作还有不到两个月就要结束，方海波和他的工作组成员也即将回到自己的工作岗位。方海波说："金杯银杯不如老百姓的口碑，这是我三年来驻村帮扶最满意的褒奖。驻村帮扶结束后，我要把村民们的纯朴带走，把驻村帮扶的热情留下，随时为帮扶村的村民增收谋富下功夫。"

　　2020 年 7 月 30 日，在天津市武清区豆张庄镇，方海波（左）与村民在田地里交谈。新华社发 孙凡越 摄

一位"第一书记"的责任担当

　　韩宇南是河南省周口市国税局进出口税收管理科干部，2015年被派驻到太康县马厂镇前何行政村担任第一书记。

　　前何村下辖5个自然村，共有595户，全村耕地面积2362亩。驻村以来，韩宇南扑下身子，沉下心来为村民办实事：将村里坑洼泥泞的土路修通，改造成连通5个自然村的硬化路；向农户推行多元种植模式，种植辣椒、蒜苗、花生等经济作物；向村小学学生免费赠送书包，鼓励他们好好学习。在他的影响下，妻子潘丽英也跟他一起驻村，在教授村民跳广场舞丰富文化生活的同时，创设"巧媳妇"工程，带动村里的妇女学习渔网和服装加工。

2018年1月18日，韩宇南在翻阅贫困户档案。新华社记者 李安 摄

　　两年任期满后，因为村民的联名挽留，韩宇南继续留任前何村第一书记，"如果说第一次来做第一书记是出于对农民的感情，第二次留任就是出于责任，很多事情我还没做完，我想留下来看到老百姓生活富起来，村子好起来"。

2018 年 1 月 18 日，韩宇南（右一）在查看了解村里光伏发电项目的建设情况。新华社记者 李安 摄

2018 年 1 月 18 日，韩宇南（右）与农户一起查看蒜苗的长势。新华社记者 李安 摄

山沟沟"第一书记" 让贫困山村蜕变

2017年6月，陕西文化投资集团榆林文旅公司选派朱兆飞担任米脂县杨家沟镇杨家沟（寺沟）村第一书记，组建驻村工作队，开展精准扶贫工作。

杨家沟（寺沟）村地处黄土高原腹地，有98户共327人，主要产业为农业种植，是国家扶贫开发重点村。村里的年轻人大多外出打工，在村里留守的以老人为主，缺乏活力。

朱兆飞带领工作队驻村后，因地制宜，按照"资产变股权、资金变股金、农民变股民"的"三变"思路，多方筹措资金，成立了村集体管控的"集体＋贫困户＋非贫困户"的新型"股份制"养殖合作社。目前，合作社已有股东95户，不仅24户贫困户全部入股，还带动全村群众增收致富。同时，扶贫工作队通过多方融资，完成了各类投资320多万元，修建养殖场和通村道路，架设桥梁，改善当地基础设施条件。

2017年12月17日航拍的杨家沟村全貌。新华社记者 陶明 摄

朱兆飞（左一）在夏季洪水发生期间检查村内灾情（2017 年 7 月 27 日摄）。新华社记者 陶明 摄

拼版照片：通往杨家沟（寺沟）村的泥泞道路（左图 2017 年 7 月 27 日崔微摄）如今焕然一新（2017 年 12 月 17 日 新华社记者 陶明 摄）。

2017年12月17日，朱兆飞（左二）与工作队成员一起查看全村老人档案资料。新华社记者 陶明 摄

2017年8月23日，杨家沟（寺沟）村的村民拿到合作社股金证。新华社发 崔微 摄

张新建：让村民恋恋不舍的第一书记

今年 52 岁的张新建，是浙江省台州市委组织部选派到金竹岭脚村的驻村干部，担任村里的工作指导员和第一书记。

金竹岭脚村位于台州市仙居县溪港乡，地处偏僻山区。2011 年 8 月，在台州市机关事务管理局工作的张新建，来到距城区 150 公里外的金竹岭

这是 2017 年 9 月 13 日航拍的金竹岭脚村。新华社记者 黄宗治 摄

脚村开始他的驻村工作。刚到任时，村里垃圾遍地，大多数村民住在破落不堪的黄泥房里，村里已20多年没建过新房，与各村如火如荼的新农村建设相比，差距巨大。

在金竹岭脚村工作的几年里，张新建上山头、下田头、到灶头，及时掌握村情，了解群众的思想状态和生活、生产情况。6年间，张新建总计向省市县主管部门争取到项目配套资金1600余万元，用来建村会堂、老年活动中心，修百年祠堂，造公路桥，整治污水……

如今，金竹岭脚村建成了196间灰墙黛瓦的新房，并获得"浙江省宜居示范村"称号，2016年村民人均纯收入达到9708元。张新建每次任期将至的时候，金竹岭脚村的村民都会联名写信向上级请求让他继续留任。他派驻村的6年来，村民总共3次深情挽留他。

张新建说："金竹岭脚村的新农村建设刚刚起步，还有很多事情要做。我作为一名农村工作指导员和村第一书记，就要当好农民的带头人，带领大家把村庄建设得更快、更富、更美！"

2017年9月12日，张新建（右）与投资人洽谈旧房改造成民宿的合作事项。新华社记者 黄宗治 摄

　　上图：金竹岭脚村老旧的民房（资料照片）；下图：2017年9月12日航拍的金竹岭脚村新建民房（新华社记者 张铖 摄）。

四川达州：退役军人任"第一书记"扶贫村大显身手

革命老区达州市针对当地属国家秦巴山区连片扶贫开发重点区域和脱贫人口居四川省首位的实际情况，2015 年至今精心挑选了 171 名政治素质过硬、工作能力强的年轻党员退役军人，到脱贫任务最重、基础最差、难度最大的建档立卡贫困村担任"第一书记"，决战脱贫攻坚。他们扎根贫困村，秉承并延续军人的"红色基因"，成为当地扶贫主战场的中坚力量。

2017 年 7 月 27 日，四川省达州市大竹县石河镇前锋村"第一书记"、退役军人罗涛（左）和村民在稻虾养殖基地收获小龙虾。新华社发

　　2017 年 7 月 27 日，在四川省达州市开江县新街乡竹儿坪村扶贫特色种植基地，"第一书记"、退役军人贺久琴（右）在了解蓝莓种销及扩大基地情况。新华社发

　　2017 年 7 月 27 日，四川省达州市渠县双土乡双土村"第一书记"、退役军人李旗龙在村扶贫特色养殖基地管理鸭嘴鲟。新华社发

"这个女娃不简单"

——"90后"第一书记张文妮驻村记

1990年出生的张文妮大学毕业后因工作出色，于2015年6月被选派至陕西延安富县张村驿镇榆树村任"第一书记"兼驻村扶贫工作队队长。刚上任时，村里人对她爱答不理，还有人说风凉话："一个城里来的女娃娃能干啥？"

为此张文妮躲起来哭了几回，但没有放弃——村民对她不熟悉，她就挨家挨户拉家常；村干部对工作认识不够，她就陪他们边做农活边谈思想。

功夫不负有心人，经过不懈努力，张文妮逐渐融入村里。张文妮开始把加强党建工作作为首要工作来抓，走访老党员听取意见，与他们一起商量

2017年6月22日，张文妮（右二）在榆树村和乘凉的村民聊天。新华社记者 邵瑞 摄

办法，为村子发展谋出路。张文妮还引导村民发展特色种养殖业，并争取项目和资金，带领大家埋头实干。

"张书记"来了两年，村里变了样：路灯装了，村容美了，道路通了，水池建了，村干部的干劲也更足了。村民纷纷竖起大拇指："这个女娃不简单！"而张文妮觉得自己也有了变化："这两年我对基层的认识更全面了，现在做事不再急躁，少了浮夸和自我，多了一点定力。"

2017 年 6 月 22 日，张文妮（右一）在榆树村村民卢红卫（中）的承包地里查看苹果树长势。新华社记者 邵瑞 摄

深山贫困村的"胶鞋书记"

　　重庆城口县沿河乡北坡村地处秦巴山区腹地，交通闭塞、处处是悬崖峭壁、土地碎片化严重。2015年8月，庞启渊从城口县委办公室被选派到北坡村任"第一书记"。在近两年的时间里，他穿着胶鞋跋山涉水走访贫困户，走遍了散居在方圆31平方公里的82户贫困户，为贫困户量身订制产业脱贫计划，深入调研帮助村民修建"救命路"，解决受灾村民的生活难题。

2017年12月27日，庞启渊在进村走访的路上经过一条小溪。新华社记者 唐奕 摄

2017 年 6 月 14 日，庞启渊冒雨行走在泥泞不堪的村道上。新华社记者 唐奕 摄

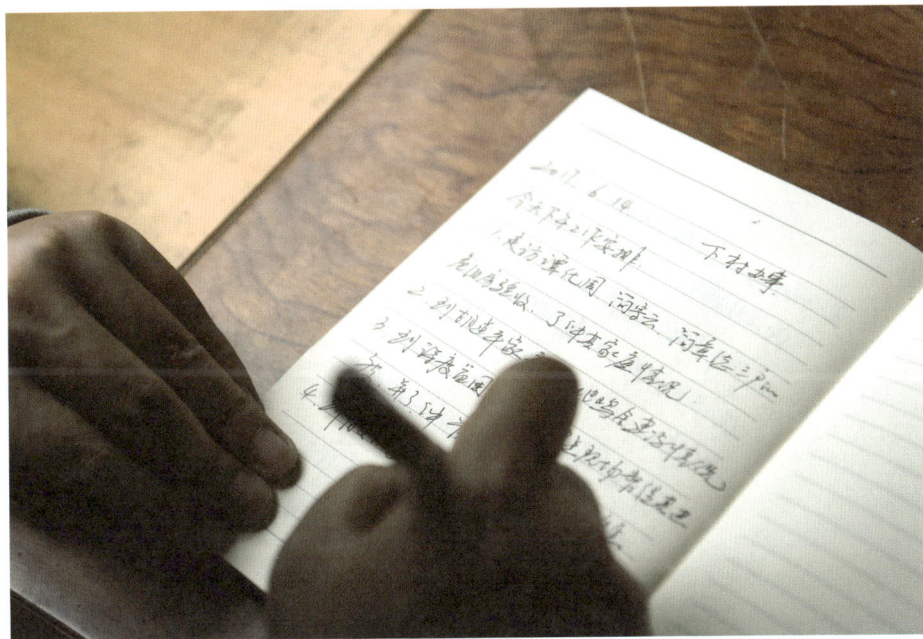

2017 年 6 月 14 日，庞启渊在乡政府办公室草拟近期扶贫工作计划。新华社记者 唐奕 摄

2017 年 6 月 14 日，庞启渊（右）与一名村民在沟通山地鸡养殖的实施条件。新华社记者 唐奕 摄

贵州屋脊"第一书记"　七年坚守攻坚脱贫

　　在贵州省六盘水市钟山区大湾镇海拔 2900 多米的"贵州屋脊"，有一个名叫海嘎的贫困村。外来驻村干部杨波，连续近七年决战贫苦高山，带领全村 300 户贫困户脱贫 254 户。"第一书记"杨波成了海嘎脱贫路上的"守望者"。

杨波（右）到村里养殖户李广奎家走访（2017 年 1 月 5 日摄）。新华社记者 陶亮 摄

2016 年 4 月 16 日，杨波在查看村里新蜂箱的安置情况。新华社记者 陶亮 摄

2017 年 1 月 5 日，杨波（左）到村里农户曹文飞家走访。新华社记者 陶亮 摄

"再苦再难也得让乡亲真正脱贫"：
宁夏同心县贺家塬村第一书记丁海燕

　　宁夏吴忠市同心县贺家塬村，是脱贫攻坚的"硬骨头"。全村过去有213户869人，因干旱少雨，大部分村民或自发转移，或加入生态移民，目前常住户仅剩47户。

　　2015年3月，时任吴忠市水务局工会主席的丁海燕被选派到贺家塬村任第一书记。曾经与扶贫打了多年交道的她，50岁时再赴扶贫一线。

　　"我遇到过不少困难，有时也会流泪，但一想到村民那期盼的眼神，我就觉得再苦再难也得让乡亲真正脱贫，不能对不住他们的信任，不能辜负第一书记的职责。"丁海燕说。

2016年10月27日，由于降雪，通往贺家塬村的路面泥泞湿滑，丁海燕帮助司机铲平道路。新华社记者 王鹏 摄

2016 年 10 月 27 日，丁海燕（右）走村入户，在贫困户家中了解近况。新华社记者 王鹏 摄

2016 年 10 月 27 日，丁海燕（前右）走村入户，在贫困户家中了解养殖情况。新华社记者 王鹏 摄

西海固扶贫书记的一天

　　宁夏西海固地区素有"苦瘠甲天下"之称。近年来，为全力推进精准扶贫工作，加快当地群众脱贫步伐，宁夏从各级机关和企事业单位选派大批年轻干部赴西海固地区的贫困乡村挂职党支部第一书记，协助组织当地干部群众开展扶贫工作。今年 37 岁的剡斌权就是这批"第一书记"中的一员。2014 年，他被派驻到西海固地区泾源县兴盛乡兴盛村，近两年的时间里，他和这里的村民同吃同住同劳动、申请项目、发展产业。今年年底，剡斌权的挂职即将结束，而兴盛村也将在年底实现全面脱贫，他在这里工作的日与夜也是西海固地区群众脱贫攻坚战的日与夜。

　　2016 年 8 月 16 日，在宁夏西海固地区泾源县兴盛乡兴盛村，剡斌权（左二）和村里的干部们一起走访村里的贫困户。新华社记者 彭昭之 摄

　　兴盛村地处泾源县腹地，2014年年初，全村372户村民中，贫困户有171户，剡斌权驻村后的第一个月就走访了全村所有村民。了解当地的民情、习俗后，为了进一步强化村民们的脱贫凝聚力，剡斌权组织村委班子和党员代表展开"亲带亲""富带穷""党员带群众"活动，选拔出村里的致富带头人，为扶贫工作奠定了良好基础。

　　为了将以往的"输血式"扶贫转变为"造血式"扶贫，剡斌权根据当地的优势资源，协助鼓励当地村民发展苗木种植和肉牛养殖，同时帮助村民外出跑销售，发展合作社，扩大种养殖规模，向上级扶贫部门先后申请了"苗木补贴""基础母牛补贴""妇女创业贷款""危窑危房改造"等项目。"脱贫不仅要让农民的钱袋子鼓起来，也要让他们的精神生活、文化生活配套改善，这样才能真正实现脱贫。"剡斌权告诉记者。2015年，他在兴盛村开展了乡村文化墙建设和院落美化改造建设项目，文化墙上不仅宣传相关政策，还有道德观、价值观小漫画，创造良好的学习氛围。

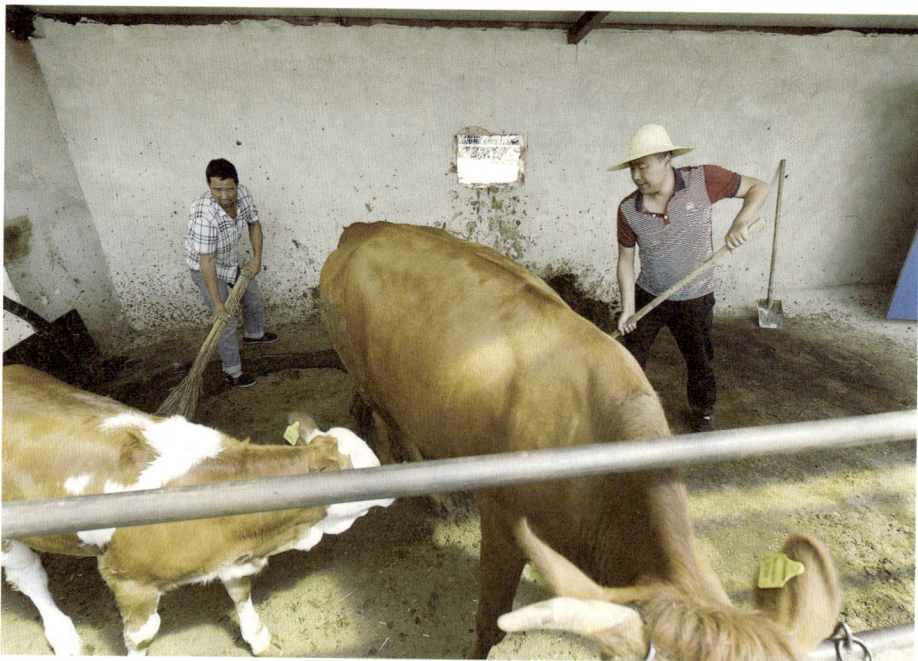

2016年8月16日，在宁夏西海固地区泾源县兴盛乡兴盛村，剡斌权（右）在农户家中一边打扫牛棚，一边了解他家肉牛育肥销售的情况。新华社记者 彭昭之 摄

　　经过全村干部群众的共同努力，如今的兴盛村有 134 户村民先后脱贫，"我们计划到今年年底，所有的贫困户都要摘帽，兴盛村将实现全面脱贫，"剡斌权说。他现在每天的工作更加繁重，村里的合作社、贫困户和刚刚脱贫的村民家中都是他必去的地方。"我希望在我离开前，兴盛村的老百姓都能过上真正舒心幸福的日子。"

　　2016 年 8 月 16 日，在宁夏西海固地区泾源县兴盛乡兴盛村，剡斌权（左）在苗木基地和农户讨论近期苗木销售的问题。新华社记者 彭昭之 摄

"土豆书记"扶贫记

　　46岁的杨林栋是山西省农科院研究土豆的专家。2015年8月以来，山西省共选派9395名省、市、县优秀干部到贫困村任"第一书记"，其中就包括被派到娄烦县米峪镇乡柴厂村工作的杨林栋。

　　柴厂村全村346户931位村民，建档立卡贫困户有179户，主要以务农为生，脱贫形势十分严峻。如何带领村民致富？有丰富工作经验的杨林栋认为科技是关键：要普及推广实用技术，使贫困人口转变观念。

　　柴厂村地处山区，气候寒凉，主要种植土豆和玉米等作物。杨林栋通过集中授课和田间手把手指导，向当地村民传授最新的土豆种植技术。通过杨林栋到来后几个月的精心管护，2015年，柴厂村729亩土豆田平均亩产2250公斤，较往年翻了一番，大幅增加了农民的收入。杨林栋因此也被村民们亲切地称为"土豆书记"。

2016年5月5日，柴厂村村民阎盆海（左）向杨林栋请教土豆种植技术。新华社记者 燕雁 摄

2016 年 5 月 5 日，杨林栋（左）在指导柴厂村村民罗铁娥切土豆种子。新华社记者 燕雁 摄

2016 年 5 月 5 日，杨林栋（左）在地里和农民一起劳作。新华社记者 燕雁 摄

目前，杨林栋正在村里建设新品种农作物的实验田，希望通过"样板田"给村民示范，帮助柴厂村培育新项目，尽快带领乡亲们脱贫致富。

秦巴深山来了扶贫"第一书记"

秦巴山深处的陕西省留坝县青桥驿镇狮子坝是全县最偏远的贫困村，今年从镇上选派到该村任"第一书记"的杨甲发现，全村虽然只有45户131人，面积却有210平方公里。这里山林植被繁茂，家家户户都有最传统的养蜂技术，蜂蜜质量好、口味佳，但存在着严重的滞销问题。

为此杨甲利用周末，跑了20多家销售实体店去推销，可成效甚微。最后他注册了一家网店，并通过微信群发、朋友圈宣传等方式，为土蜂蜜找"销路"，并获得意外惊喜：当日群众的蜂蜜就预定出340斤，销售地涵盖了8个省份。

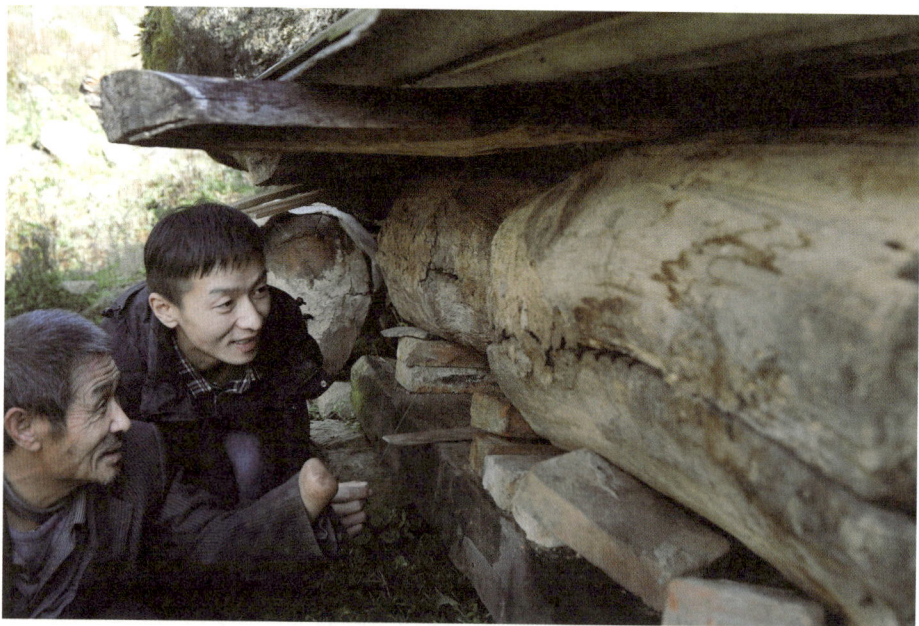

2015年11月27日，杨甲（右）在全村最远最高的贫困户夏志云家了解中华蜂过冬情况。新华社记者 陶明 摄

2015 年 11 月 27 日，杨甲（左一）在贫困户曹仁兴家了解农产品销售情况。新华社记者　陶明　摄

2015 年 11 月 27 日，杨甲（左三）和群众一起上山栽植核桃树。新华社记者　陶明　摄

　　为了减少运输成本，杨甲和村民一起用背篓把蜂蜜背下山，再按照客户的要求对蜂蜜进行了包装，还免费赠送当地的木耳、香菇、天麻等，快递到客户手中。虽然自己亏了 1000 多块钱，但对网络销售农特产品的信心大增。

　　如今，村里成立了特色产业合作社，走企业＋合作社＋农户的产业发展模式，土蜂蜜、天麻、香菇等特产也销售一空。

　　留坝县今年选派 52 名机关优秀干部到村任"第一书记"，帮助村里的弱势群体拓展致富渠道，推动精准扶贫，成效显著。

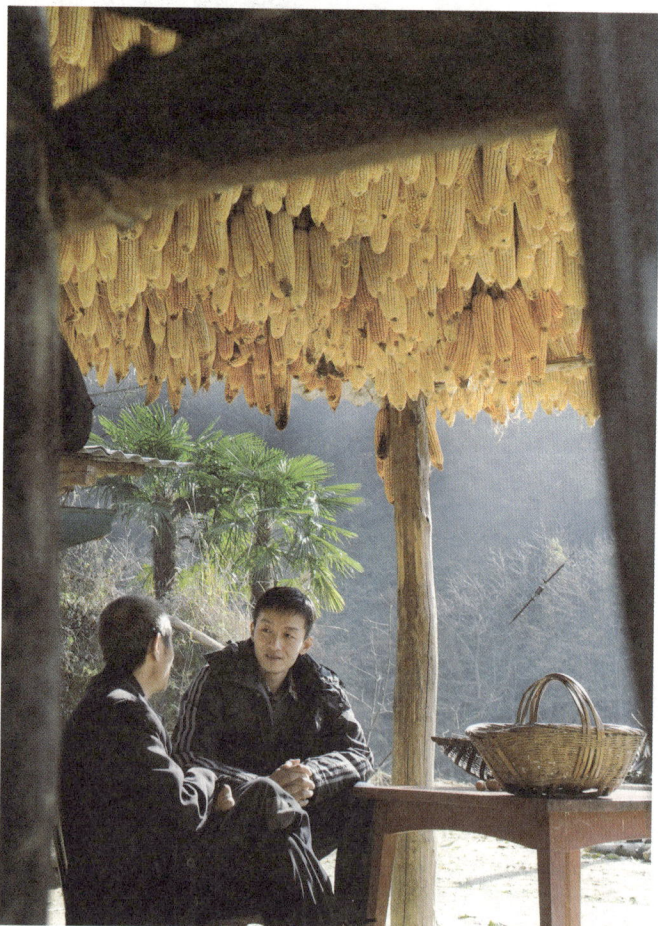

2015 年 11 月 27 日，杨甲（右）在全村最远最高的贫困户夏志云家了解情况。新华社记者 陶明 摄

曾守福：撒播希望的驻村第一书记

2014 年，福建省委组织部干部曾守福走进福建省宁德市下党乡下党村，履行驻村第一书记的职责——驻村帮扶，实施精准扶贫。

他驻村后因地制宜，发展茶产业和锥栗、猕猴桃等生态特色农业，推行"互联网＋ TV"销售模式，并带领村干部、村民以茶产业为依托做起乡村旅游，使青山绿水的下党村成为远近闻名的休闲旅游度假村。2015 年下党村入选第一批"全国乡村旅游扶贫试点村"，村民人均纯收入达 9000 多元，实现收入翻番。

2016 年 10 月 11 日，曾守福（中）和制茶师傅刘辉（左）在贫困户王友国的"爱心定制茶园"了解茶叶种植情况。新华社记者 林善传 摄

2016 年 10 月 11 日，曾守福（左）和村干部在讨论乡村旅游规划。新华社记者 林善传 摄

2016 年 10 月 11 日，曾守福（左）和同事在当地茶厂查看茶叶品质。新华社记者 林善传 摄

精准扶贫让五指山苗寨从脱贫摘帽到美丽乡村

　　地处海南省五指山生态核心保护区的水满乡新村曾经是一个贫困苗族村，人多地少，好山好水难富苗族群众。

　　近两年来，在中国海洋石油总公司派驻新村的第一书记王江涛的带动下，从申请贫困户困难救助，到协调推进危房改造、特色建筑打造等，点面兼顾解决农户和村集体的难事；从推广优质番薯种植、帮扶豪猪特色养殖到申请新建环村路道、文化活动场所等，长短结合推动新村发展。

　　2016 年新村成为五指山市第一批脱贫摘帽的建档立卡贫困村，王江涛也被评为五指山市优秀驻村第一书记。目前，500 多名苗族群众和第一书记王江涛一起撸起袖子加油干，共同建设美丽苗寨。

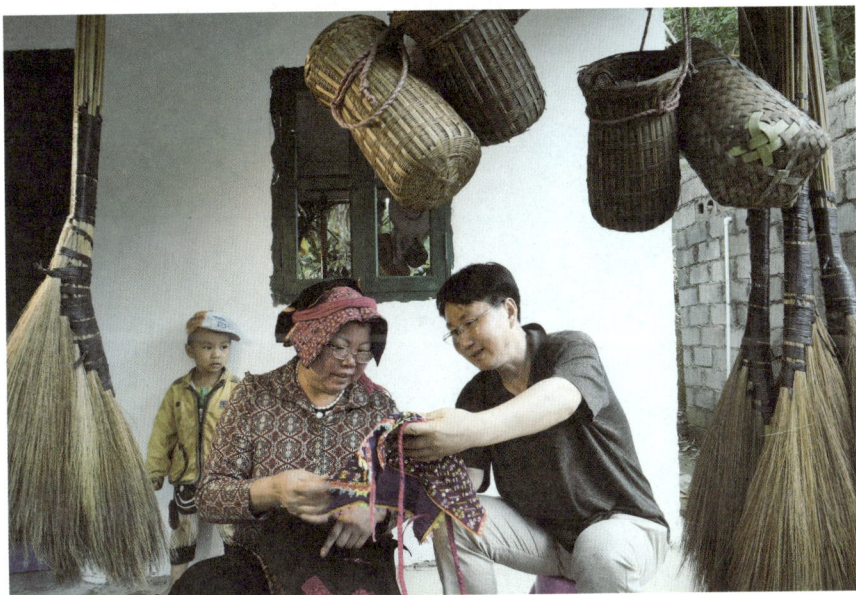

2017 年 4 月 13 日，在五指山市水满乡新村，第一书记王江涛（右）向苗族村民蒋玉珠了解苗绣的生产销售情况。新华社记者 赵颖全 摄

2017年4月13日，在五指山市水满乡新村，第一书记王江涛（左）向苗族村民李金梅了解番薯的生长情况。新华社记者 赵颖全 摄

图为2017年4月13日航拍的五指山市水满乡新村风貌。新华社记者 赵颖全 摄

2017 年 4 月 13 日，在五指山市水满乡新村，第一书记王江涛（右）向施工工人了解新村特色建筑打造的进展情况。新华社记者 赵颖全 摄

"电"亮脱贫致富路

——第一书记开播啦!

吉林省白山市靖宇县大北山村驻村第一书记高世龙(右二)与
吉林省蛟河市青背村驻村第一书记曾丽圆"直播带货"推介农副产品
(2020年4月12日摄)。新华社记者 许畅 摄